Jason Brennan　Peter M. Jaworski
Markets without Limits: Moral Virtues and Commercial Interests

道德与商业利益

〔美〕 贾森·布伦南　彼得·M. 贾沃斯基 著
郑强 译

上海社会科学院出版社
Shanghai Academy of Social Sciences Press

目　录

第一部分　所有东西都可以被售卖吗

第一章　是否应该有金钱不能购买的东西 / 3

第二章　如果可以无偿做某事,那么也可以有偿做此事 / 14

第三章　商品化的争论与什么有关,与什么无关 / 28

第四章　关键在于方式,而非对象 / 44

第二部分　市场是否意味着不敬

第五章　符号论反对意见 / 67

第六章　仅为商品论反对意见 / 76

第七章　错误信号论和错误货币论反对意见 / 91

第八章　反对意见:符号本质论和注意我们的方式 / 114

第三部分　市场会导致腐化吗

第九章　腐化论反对意见 / 133

第十章　如何提出一个合理的腐化论反对意见 / 138

第十一章　自私论反对意见 / 147

第十二章　挤出论反对意见 / 160

第十三章　不道德偏好论反对意见 / 186

第十四章　低质论反对意见 / 199

第十五章　公民论反对意见 / 217

第四部分　剥削、自我伤害和分配不当

第十六章　根本性反对意见和偶然性反对意见 / 229

第十七章　因为昂贵的平等而排队 / 246

第十八章　购买婴儿 / 264

第十九章　出售选票 / 285

第五部分　指出直觉的错误

第二十章　反市场的态度是顽固的 / 307

第二十一章　反市场的态度从何而来 / 313

第二十二章　厌恶的伪道德性 / 326

第二十三章　结语 / 349

参考文献 / 355

索　引 / 373

致　谢 / 387

第一部分　所有东西都可以被售卖吗

　　现代文明能有今天,很大程度上缘于无视那些愤怒的道德家的说教。

——F. A. 哈耶克

第一章
是否应该有金钱不能购买的东西

争论已经结束,市场赢得了论战,但是……

尽管市场制度存在一些糟糕的缺陷,但它仍然是人类迄今所遇到的最好的东西。

迪尔德丽·麦克洛斯基(Deirdre McCloskey)说过,我们可以将经济史归结为一个简单的故事:"我们曾经很穷,后来资本主义开始兴盛发展,现在,我们因此而变得富有。"[1]我们甚至可以这么说,今时今日一个达到美国政府规定的贫困线的人,其生活质量也比1900年美国的人均生活水平高出3倍多。[2]或者,让我们援引保罗·克鲁格曼(Paul Krugman)写于1996年的文字:"1950年,绝大多数家庭的物质生活水平并不优于今日的穷人或准穷困人群……毫不夸张地说,在物质生活水平上,1996年的贫困家庭与1950年的中等家庭相差仿佛甚至相较更优。"[3]平均来看,在过去200年里,全球的生活水平至少增进了20倍。而在某些国家,生活水平的提高幅度更大。

这一切都要归功于市场和经济增长。在 50 年前,我们现在享有的这些财富还不存在,更别说 1000 年前了。2013 年,仅美国的产出就比 1950 年全世界的产出还要多出 50%,这近乎公元 1000 年全球经济产出的 80 倍。[4] 财富并不仅仅是在流通,它还在被创造出来。即使将公元 1000 年全世界的财富平均分配给当时每一个活着的人,其人均生活水平仍然不会优于今日的海地(Haiti)或马拉维(Malawi)。

经济学家们早就已经知悉这些事实。或许,有时事评论员和选民,甚至一些意识形态学科和反科学人文学科的教授们还对这些增长的原因存有异议,但是专家们并不这么认为。当今,发展经济的观点正在成为主流。比如,长期以社会活动闻名的 U2① 团长博诺(Bono)现在也在"宣讲资本主义":

> ……想想上一次全球衰退,假如没有中国和印度的经济增长……假如没有亿万购买美国和欧洲商品的新兴中产阶级……设想一下。想想上一个 5 年。
>
> 宣扬资本主义的摇滚明星,这还真是令人吃惊,哇喔,有时候连我自己都不敢相信这些话是我说的……
>
> 但是贸易是真实的。它就在我们周围,确确实实。援助的作用是极其有限的。相较之下,贸易、企业资本主义却可以让更多的人脱离贫困,我们都明白这一点。[5]

---

① 1976 年成立于爱尔兰都柏林的摇滚乐队,他们对政治性话题并不避讳。——译者注(全书脚注均为译者所加,后文不再注明。)

当然,并非每个人都平等地受惠于增长。自马克思以来,市场社会的批判者们就认为,最重要的是普通人真正有能力做些什么,这意味着要给他们切实的资源以使其能实现目标。但是,这种成功——普通人拥有切实的资源——只能建立在市场社会之上,而非其他。[6]

对于明白这一点的人道主义者而言,争论的重点不再是我们是否应该拥有市场社会,而是我们应该拥有**怎样**的市场社会。

那么,是哪一种市场社会呢?

在市场关系中,交流的模式是双方进行自愿的交换。[7]一般来说,市场是自愿交换商品和等价有偿服务的地方。[8]

人们或许会问:我们应该建立一种怎样的市场社会呢?这个问题过于空泛,我们需要将之分解为一组更细致的问题,比如:

1. 政府应该在何种程度上介入和调控市场?
2. 最好的财产权制度及法律制度的背景是什么样的?
3. 在市场上,政府应该提供何种社会保障或其他福利项目以保护其公民免于遭受不幸?

这些都是有价值的问题,不过,它们并不是本书所要关注的。在本书中,我们关注的是第 4 个问题:

4. 哪些东西可以被出售,哪些不能?

这个问题关系到市场的**范围**。即便我们都认可市场经济是最好的,但哪些东西应该或不应该在市场经济中被交易这样的问题仍然存在。多数人认为有些东西是不应该出现在市场上的,在他们看来，在市场上交易这些东西是不合适的。

有害的市场？

下面这些例子，有些你熟悉，有些你陌生。不过请自问：在每一个例子中，你认为售卖这些商品或服务在道德上是错误的吗？

（1）人身广告　在东京（Tokyo），一家名为 Wit 有限公司（Wit Inc.）的公关公司让年轻女性将广告贴纸贴在大腿上，并为此付给她们 121 美元的日薪。这些女性必须年轻、受欢迎、苗条、美丽，她们必须同意穿上短裙或热裤。公司的首席执行官解释道："这绝对是投放广告的最佳位置，因为这是人们非常想看的部位，同时也是姑娘们想要展示的部位。"[9]

（2）看我的女友　在美国和其他一些地方，人们可以付费订阅这样的网站：搜罗男人们上传的前女友的裸照或有关性的照片。这些照片本属于隐私；照片中那些女性本只愿意在彼时让她们那时的男友看到这些内容。有时，人们上传这些视频是为了羞辱他们的前任。（这被称为"报复性色情内容"。）

（3）卖淫　当然，除了浏览图片，你也可以买春。比如，在华盛顿特区的某网站上，耶西卡（Yessica）的费用是每小时 200 美元，而在另一个网站上，杰西卡（Jessica）的费用是每小时 280 美元。

（4）你的价格是？　WhatsYourPrice.com 是个交友网站，它的用户花钱让别的用户与其进行初次约会。22 岁的大学生"Vva33"发布过一张她身穿黑色小比基尼出水的照片，并告诉别人"低于 300 美元拒绝见面"，因为她收到了"太多更高的报价"。一些相关的网站则保证能安排想成为"甘爹"(sugar daddy)和想成为"甘女儿"(sugar baby)的用户会面。

（5）**假发** 接发和假发通常是由人类的真发制成的。这些头发通常来自第三世界国家的穷困妇女，因为她们别无选择，不得不卖掉"她们珍视的财产"。[10]

（6）**其他快速通道** 在机场排队的时候，并非每个人都是平等的。长期以来，头等舱的乘客可以使用一条独立的通道，以先于其他人登机。现如今，有些航空公司也在出售这些快速通道，以使购买者可以提早登机。你只要花上 18 美元就可以排在其他人前面。

（7）**人类卵子和代孕** 当我还在上大学的时候，一对不孕夫妇在校报上登了一则广告——他们愿意花 2.5 万美元向一名高挑、金发、蓝眼的女子购买一个卵子。另外，在我写这些东西的时候，我的一位最近刚结婚的同性恋朋友及其丈夫不久就将购买一个卵子，当这个卵子受精后，他们就会雇用代孕为他们生一个孩子。为此，他们很可能要付出总计 10 万美元的费用。

（8）**史上最卖座的电影** 为什么亿万富翁托尼·斯塔克(Tony Stark，Aka 钢铁侠)这个虚构人物要驾驶一辆奥迪(Audi)而非一辆阿斯顿·马丁(Aston Martin)或一辆布加迪(Bugatti)呢？原因很简单：奥迪在电影中为其产品购买了广告。事实上，在所有高成本的好莱坞暑期档电影中，你看到的剧中人物使用的产品商标或标识都极有可能是付费的植入。

（9）**（唱片公司对电台的）商业贿赂** 有时候，电台播放的音乐本身也是植入产品。唱片公司有时会付费让电台播放音乐。在美国,只要电台说明歌曲是受赞助的,那么这一行为就是合法的,但是这个规定执行起来很有难度,而且很多电台并不披露他们收钱这一信息。

(10) 购买成绩　根据经济学家罗兰·弗赖尔(Roland Fryer)的研究,很多学校正在开始尝试让那些成绩不佳的学生花钱购买好成绩。

潜在的有害市场?

在以上所有例子中,那些市场要么是现存的,要么是直到最近才出现的。除此之外,让我们再看看下面这些可能存在的市场,这也是一些人希望将之合法化的:

(11) 老虎养殖　老虎现在濒临灭绝。导致这一现象的一个重要原因是,偷猎者杀虎取皮。禁止偷猎及虎皮贸易的法律并不能解决老虎濒临灭绝的问题,因为偷猎和老虎的黑市交易实在难以禁绝。由此产生一个问题:为了挽救老虎,政府是否应该允许老虎养殖?即政府是否应该允许私人农场养殖老虎并杀虎取皮?就像政府允许农场主养殖牲畜或兔子以获取其肉和皮毛那样。老虎养殖的支持者们认为,老虎与猪之间并没有道德上的区别,既然可以养猪,那么为什么就不可以养老虎?而且,允许老虎养殖将消弭偷猎背后的经济动机,并由此防止老虎的灭绝。

(12) 对恐怖行为下注　在21世纪初,根据很多经济学家对信息市场的预测能力的研究,五角大楼曾考虑建立一个政策分析市场(Policy Analysis Market, PAM)。这些信息市场将允许人们对某些事件——诸如恐怖袭击或中东的某些冲突——的发生时间进行投注。这类市场的设计使得一个投注的价格可以反映出一个事件的发生概率（比如，在恐怖分子明天袭击波士顿这个项目下，0.87美元每份的投注价格等于事件发生概率为87%）。政策分析市场的支持者们相信，五角大楼、中央情报局（CIA）和其他机构将会依次借助于这些信息来拯救生命。

你或许会反对以上一些市场，或许会觉得上述市场中至少有一些是无礼的、令人反感的、不体面的，甚至是不道德的。假如你真的这么想，那也很正常。多数人认为有些东西是不应该且不能用金钱购买的，他们认为这些东西应该与市场的供需关系隔离开来。

我们是批评者的批评者

德布拉·萨茨（Debra Satz）将那些让人产生"强烈厌恶感"的市场称为有害的市场。[11]她说，存在"一种对某些市场交易的天然的厌恶或痛恨"。[12]玛格丽特·简·雷丁（Margaret Jane Radin）将市场上的这些商品称为"有争议的商品"，[13]她坚持认为有些东西在市场上是"不可转让的"，即这些东西不应该被允许出售。[14]有争议的商品包括器官和血液、性、代孕、排队服务[15]及一些类似的市场。

关于市场的道德界限的书似乎总是有着无限的市场。（市场的批评者们认为他们可以销售关于市场的界限的书籍，并且他们中的一些人还靠着卖这类书赚了不少钱。）近些年来，他们中的德布拉·萨茨、露丝·格兰特（Ruth Grant）、迈克尔·桑德尔（Michael

Sandel)、罗伯特·斯基德尔斯基(Robert Skidelsky)、玛格丽特·简·雷丁、本杰明·巴伯(Benjamin Barber)和乔治·里策尔(George Ritzer)都分别论证过有些东西是不应该拿来出售的,以及市场的扩张会腐蚀我们的个人品格和公民品格。我们将这些思考者及其知识界的盟友称为"反商品化理论家"。他们反对被其称为"商品化"的东西,他们所指的"商品化"是对把此前人们无意买卖的东西拿来出售这一行为的蔑称。

他们的作品的主旨是,虽然市场是公共利益的仆人,但随时都会反戈一击。从某些目的的角度来看,市场或许是好的,或许是可以被容忍的,但是市场会扩张,并将主宰一切。

他们认为,商品化是市场心态的一种内在缺陷。不管是PayPal的创始人彼得·蒂尔(Peter Thiel)这样的资本家,还是电影制作人迈克尔·摩尔(Michael Moore,净资产5000万美元[16])这样的反资本主义者,人们总是在找机会赚钱。假如有人可以为一种此前未被出售的东西找到销路并能够凭此牟利,那么这种东西很快就会被售卖。同时,怨言也会出现,比如市场上没有什么是神圣的,市场那贪婪、肮脏的手总会染指一切。

我们认为,关于市场之邪恶的谣言被极大地夸大了。现在是为市场作出公正辩解的时候了。

我们想通过本书破除那些夸张的谣言。我们要向那些反市场化的理论家们证明,他们关于市场范围的批评根本就不在点子上。我们确实也认为有些东西不应该被交易,但原因是人们本就不该**拥有**这些东西。除此之外,我们还将论证,在关于我们该**如何**买卖、贸易方面确实有些道德上的合理担忧,但是在我们可以对**哪些**

东西进行买卖、贸易方面,任何担忧都不合理。

在本书中,我们将论证,那些反市场化理论家们对市场的反对是错误的。针对他们论证的几乎所有在道德上不被许可的**有趣**案例,我们将反向论证这些市场是可以被允许的。对于他们认为的市场有不道德风气或意图腐蚀我们的地方,我们认为这些都是道德的,且可以改良。在他们认为对策应该是收缩市场的地方,我们认为对策是扩张市场。

为什么这种争论是重要的

现在,有大概 9900 名美国人正在肾脏移植的等待名单上。但他们中的大多数人并不会有幸得到肾脏移植。去年,超过 3000 人在等待肾脏的过程中死去。2010 年,大概有 4300 名加拿大人在等待器官移植,其中有 80% 的人等待的是肾脏。2012 年,有 84 人死于缺乏可移植肾脏。大多数像你这样的读者都可以将你的一个肾捐献给需要的人,并且从长远看,捐掉一个肾并不会对你的健康造成多大影响。[17] 但是,像大多数人那样,你的善良、慈爱和利他心并不足以让你捐出一个肾。

所以,这产生了一个问题:政府应该允许私人在市场上出售他们多余的一个肾脏吗?人们就是不愿意无偿送出别人需要的器官。政府规定的器官的合法价格是 0,这远低于隐性的市场价格。在这种情况下,经济学家们或许会说,只要一件商品的法定价格低于均衡价格,商品需求就会超过供给,市场上**当然**就会出现商品短缺。因此,很多哲学家和经济学家据此认为,器官市场能够消除器官短缺。［比如］你的善良或许还不足以让你捐出一个肾给陌生人，但是你或许愿意为了10万美元而做这件事。器官交易的支持者们相信，器官交易每年将会拯救成千上万的生命，同时还能帮助穷人致富。

不过，多数人还是不能赞同器官交易。诸如《重生男人》(*Repomen*)或《别让我走》(*Never Let Me Go*)这样的好莱坞电影将器官市场描绘得极其恐怖。多数人在内心深处认为器官交易是恶劣的、令人反感的、冷漠且让人厌恶的。他们为他们的厌恶之心找到了一个道德上的名义：他们抱怨器官交易将人的身体商品化，且没有给身体合理的尊重。他们还试图论证，器官交易势必会建立在对穷人的剥削之上。

我们将在本书中讨论很多种市场。有时候，有些情况很无趣：是否应该允许一名日本商人用女学生的内裤来满足其恋物癖？或者，是否应该允许一名手术医生在节日里雇人替他工作？但是，即使是在讨论这些无趣的市场时，我们也应该意识到，如何回答关于市场的道德性的问题仍然是最重要的。最后，我们将讨论夫妇是否可以有孩子，我们是否可以用现有的最好方式来预测恐怖袭击或者病人们的生死等问题。这本书将引领我们进入学术争论，但这场争论并不仅仅是学术上的。我们如何解答这些问题才是至关重要的。

注释

［1］McCloskey 1991, 1.
［2］我们使用了 Agnus Maddison 的历史人均国内生产总值数据，详见 http://

www. ggdc. net/maddison/Maddison. htm. See also Maddison 2003.

[3] Krugman 1996.
[4] Schmidtz and Brennan 2010, 122; and URL http://www. ggdc. net/maddison/Maddison. htm.
[5] 博诺于2012年11月12日在乔治敦大学的演讲,文字版详见:https://www. youtube. com/watch? v = PUZFgBqcYt8.
[6] See Schmidtz and Brennan, 2010.
[7] 感谢David Schmidtz 提出这一定义。
[8] 我们所说的"自愿"是指非强制状态。但我们明白市场交易也可以是"非自愿的",比如周边的环境迫使一个人不得不出售他的童年玩具,或被迫卖淫,或被迫进入血汗工厂。
[9] http://qz. com/107236/the-latest-trend-in-japan-is-to-advertise-on-womens-thighs/.
[10] http://www. guardian. co. uk/lifeandstyle/2012/oct/28/hair-extension-global-trade-secrets.
[11] Satz 2012, 4.
[12] http://www. econtalk. org/archives/2011/08/satz_on_markets. html.
[13] See Radin 2000.
[14] See Radin 1997.
[15] Sandel 2012a, 5, 22 – 28.
[16] http://www. celebritynetworth. com/richest-celebrities/directors/michael-moore-net-worth/.
[17] E. g. , see Ramcharan and Matas 2002.

第二章
如果可以无偿做某事,那么也可以有偿做此事

我们将花些时间来阐述一下我们的论点,并说明到底什么才是关于商品化的争论。我们必须说一下这些内容,因为很多参与到这场争论中的人使得争论变得混乱且含糊不清。只需阐明最重要的问题是什么,我们就可以解决大概一半我们所见到的反商品化批评者们所抱怨的问题。

我们的论点

无论如何,没有人真的认为在任何情况下任何东西都可以被拿来贩卖。至少大家都认为,在某些情况下,某些东西是不应该被售卖的。

尽管我们承认这一点,但我们的书名(英文原著书名:Markets Without Limits)却并不存在误导。有一个重要的理由让我们支持完全不受限制的市场。我们对市场范围的看法可以被总结为如下内容:

不受限制的市场：

如果你可以无偿做某事，那么你也可以有偿做此事。

更具体一点儿来说，假如你可以拥有、使用、占有并抛弃一些（并不属于别人的）东西且不收取费用，那么除了一些特殊情况之外，你也可以买卖这些东西。换言之，我们的论点是，市场并不会将本来可行的行为**变成**不可行的行为。市场并不会在原本没有错误的地方**引入**错误。再换句话说，在关于商品化的争论中，如果想要成功地证明我们确实需要对市场设置界限，那么市场上的某个东西就必须会导致错误或至少与错误有关。在解释其错误的时候，这个东西必须起到重要作用。

为了阐述这些观点，请考虑以下两个市场：

（1）儿童色情内容　人们在这个市场上售卖儿童色情图片。

（2）核武器　军火商在这个市场上售卖核武器。

我们也认为不应该售卖儿童色情内容和核武器。但是，这两个市场的问题并不在于市场本身，而是人们本就不该售卖这些商品。即便你是免费获得儿童色情照片的，持有它们也是错误的。儿童色情市场的错误并非源自市场，其问题根源在于这些商品根本就不应该存在。

尽管在核武器问题上存在更多争议，但我们认为这与上一个例子也是同样的道理，而且我们并不支持核武器。我们认为任何国家都不应该拥有核武器。但是，假如我们错了，假设诸如英国和法国这样相对和平的国家可以拥有核武器，而缅甸（Myanmar）和普通公民则不能拥有核武器——如果这种假设成立——那么我们的观点就是，英国与法国之间可以互相售卖核武器，但它们不能向缅甸或普通公民售卖核武器。

所以,我们也认同上述两个例子中的买卖行为是错误的。但是,原因在于占有这些物品是错误的,而这种错误与买卖行为无关。**拥有**这些东西是错误的,其直接后果就是,买卖这些东西也是错误的。

因此,我们认可以下原则:

不当占有的原则:

如果某人占有(从事、使用)X 的行为在道德上是固有的错误,那么(通常)此人买卖 X 的行为在道德上也是错误的。[1]

据我们所知,在关于商品化的争论中,所有人都认可不当占有的原则。那么根据这个原则,假如有人根本就不该拥有某样东西,那么他就不应该买卖这种东西。因为儿童色情是不应该存在的,所以它就不应该被售卖。

与之类似的例子还有斗狗。为了把问题说清楚,让我们先达成一个共识:斗狗是对狗的虐待,是错误的。如果这个共识成立,那么我们就应该同意,人们不应该出售斗狗的戏票,也不应该对此进行投注。但是,需要再次注意的是,人们不该出售斗狗的戏票的原因是因为斗狗本身就不应该存在。即使**免费**主办斗狗也是错误的。买票这一行为本身并不会为斗狗**引入**新的错误。

或者我们还可以举个显而易见的例子:买凶杀人之所以是错误的,是因为杀人这一行为本身就是错误的。在某些情况下,买凶杀人或许会**加重**其错误;但是,在讨论买凶市场之前,杀人本身就是一个不被允许的行为。

再举个例子,迈克尔·桑德尔对试图出售子女命名权的父母颇有微词。他担心孩子可能会被叫作"百事·彼得森"(Pepsi Peterson)或者"坚宝果汁·琼斯"(Jamba Juice Jones)。[2]但是,在我们和桑德尔看来,这里的问题是这些名字让人很丢脸。如果确实如此,那么即使不收钱,父母们也不应该给他们的孩子们取这样的名字。在这种情况下,给孩子取名为百事的冠名市场是错误的,原因在于给孩子取名为百事是错误的。这里的问题根本不在于市场。相较之下,布伦南为他的孩子取名艾登(Aiden)和基顿(Keaton)。鉴于他不收钱也可以这么做,那么在我们看来,他也可以收百事的钱并给孩子们取同样的名字。

再举最后一个例子,按照上面这些例子推论,我们都应该认可以下行为是错误的:学生们从网上购买论文,并以自己的名义上交这些论文。但是,这里的问题不在于**购买**论文,而在于学生剽窃论文。我们都见过很多学生剽窃免费获取的论文的例子。学术欺诈的市场是错误的,但这只是因为学术欺诈是错误的。假如学生们只是从网上购买论文,却并不抱有以他们自己的名义传播这些论文的企图,那么他们的行为就是无可指责的。但是,假如学生们以个人的名义传播这样的论文,即使这些论文是免费获取的,他们也有错。因此,设想一下,假如我们花钱让网站给我们写一篇关于某个愚蠢题目的5页篇幅的论文,比如《紫色水果的重要性》,但我们并不打算以自己的名义提交这篇论文,只是想看看他们会写出些什么东西来;只要我们永不以自己的名义提交这篇论文,那么购买这篇论文的行为就应该完全没有问题。

当诸如桑德尔或萨茨这样的市场批判者在撰写关于哪些东西不该被出售的书籍之时,他们的意图是指出那些成年人可以占有、持有、提供或使用却不可以被买卖或交易的东西。他们想要讨论的案例是，市场确实将可行的活动转变成了错误的行为的案例。在他们想要指出的案例中，买卖行为的错误源于买卖本身，而非被买卖的物品。

于是，桑德尔自然会认为，你可以在迪士尼乐园排队。他甚至认为你也可以在队伍中为你的孩子占个位置，你的孩子们只需在最后时刻排在队里就可以和你一起去玩过山车。但是，他不希望人们出售排队服务。在他看来，你可以免费排队，但是你不可以出售你排到的位置。

伊丽莎白·安德森（Elizabeth Anderson）不介意无偿跟你来个一夜情，也不介意无偿帮你不孕的姐妹代孕。但是她不希望别人出售性服务或代孕服务。在她看来，你可以无偿付出，但是你不能为此收费，别人也不应该购买这些服务。

如果你决定无偿为一个有需要的陌生人捐出一个肾，桑德尔和安德森对此都毫无异议。然而他们却认为，出售你的肾表现了对人类身体的不尊重，因为这个行为表示你仅仅将你的身体看作商品。

《钢铁侠》系列的编剧们决定让托尼·斯塔克驾驶一辆奥迪跑车，这或许是因为编剧们恰好喜欢奥迪，又或许是因为他们认为托尼·斯塔克应该驾驶一辆这样的跑车，总之，只要编剧们不为此而收钱，那么电影制作人摩根·斯珀洛克（Morgan Spurlock）就没有意见。但是，斯珀洛克认为，制片人将电影变成付费广告这个行为是有问题的。

我们不赞同上述每一个例子。我们将会论证这样一个观点：

如果你可以无偿做某事,那么就可以出售它。

在某些条件下的错误 vs 原则错误

因为一些特殊的环境,所以在很多案例中,某些人买卖某些原本可以买卖的东西的行为确实是错误的。我们想要在此说明一下为什么这并不与我们的论点相矛盾。事实上,这只是我们的论点的延伸。

考虑一下下面这两个例子:

(1) 用公民义务来牟利　假设现在是 2016 年 11 月 8 日,美国大选日。玛丽不打算投票。她的朋友、长期以来的积极分子娜塔莉对她说:"我给你 100 美元,你去投民主党,怎么样?"玛丽同意了,并投票给民主党。

(2) 但是你承诺过!　凯文和简正在处理搬家事宜。凯文想要办一次庭院售卖,以减少需要打包的物品。而简却是个感性的人,她希望保留尽可能多的东西。经过讨论之后,凯文向简承诺,尽管他已经不想要他的那些老式相机了,但他也不会出售其中的任何一台。可是在售卖会上,他背着简以 50 美元的价格卖掉了其中一台。简一直没有发现这件事,但是凯文知道,假如简知道了这件事,她一定会生气的。

多数人相信,上述两个案例中的出售行为都是错误的。他们认为玛丽出售选票是错误的,也认为凯文出售他的老式相机是错误的。

但是,多数人也认为上述两个案例的性质有很大不同。人们会说，出售选票是个**原则错误**。选票本就是不应该拿来出售的东西。（我们不同意这种看法，但在这里我们只是阐述别人会怎么想。）

相较而言，多数人认为出售老式相机这件事本身并没有什么原则上的错误。因为凯文违背了承诺，所以出售相机才成了错误。虽然出售相机这个行为有错，但只有在一个连带的、意外的、有条件的情况下才是错误的。简言之，在多数人看来，这两件事之间的区别在于，选票**本就不应该被买卖**，而除了一些特殊情况之外，相机本身是可以被买卖的。

让我们再看一个例子：

（3）（家暴中的）施暴者　奥林（Orin）来到迪克的运动用品商店，要买一根棒球棒。他高声说道，他要用这根球棒把他的出轨女友打死。

相比于第 2 个案例，这个案例更类似于第 1 个案例。卖给奥林球棒之所以是错误的，是因为我们都知道奥林打算用这根球棒去杀人。球棒本身是可以被买卖的；但是，在你明知它会被用来伤害无辜者的时候，出售它就是错误的行为。

看这个例子：

（4）非法得来的 iPad　假如你正走在路上，一个形迹可疑的人提出要以半价卖给你一台二手 iPad。你问他这是否是偷来的，他说："是又怎么样？你到底要不要？"

在这个例子中，多数人会认为购买这台 iPad 是错误的，而且小偷出售这台 iPad 也是错误的。但是，原因并非 iPad 本身不该被售卖，而是因为 iPad **不属于偷窃者，他也不应该出售**。

再看最后一个例子：

（5）受伤的孩子　内特(Nate)的孩子受了很重的伤。但是，内特没有带他去医院，而是先花1小时来卖他的车。

卖车本身并没有任何错误　内特的问题不在于他要卖一样不该拿来卖的东西，而是在于当时他有比卖车更重要的事情要做。

但是你承诺过、(家暴中的)施暴者、偷来的iPad、受伤的孩子，在这几个例子中，出售行为都是错误的，但究其原因，并非因为他们出售了本不该被售卖的东西。实际上，在上述每个例子中都存在其他一些道德义务，比如尊重承诺的义务、不伤人的义务、尊重财产的义务、照看的义务，这些道德义务恰巧跟这些交易或情况联系在了一起。我们也承认，这些例子都是真实存在的，而在这些例子中，买卖某些特定的东西也确实是错误的。所以，我们承认，在案例2至案例5中，出售行为是错误的。所以，在这个意义上来说，我们接受对市场的限制。

但是，请将其称为**在一定条件下的限制**。在上述每个案例中的那些商品通常都是可以被售卖的东西。

在案例2中，凯文承诺要保留这些老式相机，所以他应该留下它们。这事儿没什么可探究的。假如一个人承诺不做某事，那么几乎所有原本可行的行为都会被视作不可行。我们是可以听鞭挞金属乐的，但假如我们向爱人承诺过戒掉它，那么听这些音乐就是错误的。这个例子并不表明，可听的音乐被设定了任何界限，它只是表明，承诺可以促生原本不存在的义务。只要你没承诺过不在淋浴时唱歌，那么你就可以这么做。只要你没承诺过不吃意大利面，那么你就可以吃。只要你没承诺过不使用红色的牙刷，那么你就可以用。诸如此类。

在案例 3 中,即使免费送给奥林一根球棒也是错误的,因为奥林会用它来伤人。在案例 4 中,即使不涉及金钱,收下或送出那台 iPad 也是错误的,因为那台 iPad 是偷来的。在案例 5 中,即使花时间送出那辆车也是错误的,因为这么做就意味着忽视了孩子。但是很显然,这些都是特殊例子。在这些案例中,被售卖的东西本身没有问题,但是因为一些特殊的情况,在这些案例中售卖**任何东西**都是错误的。

在此类特殊情况下,几乎所有原本可行的行为都会被视作不可行。所以,我是可以听鞭挞金属乐的,但是如果听歌的代价是忽视我饥饿的孩子,那么就不能这么做。在这里,问题的关键在于,听鞭挞金属乐本身没有错误,但是我的这个情况很特殊,因为此时我应该做别的事情。

相较而言,当人们说不应该售卖选票或器官的时候,他们的意思其实是,选票或器官本身就是不应该被人售卖的东西。哪怕我们可以说明玛丽将自己的选票卖给娜塔莉这一行为并不会伤害任何人,多数人仍然会认为出售选票是错误的。(我们不同意这种观点。)

三种限制

总结一下,目前我们已经讨论过了三种对市场的限制:

A. 不当占有原则所带来的限制　有些东西是人们根本就不应该拥有的——确实,有些东西根本就不应该存在——所以,人们不该买卖(它们)。

B. 在某些条件下的限制　因为某些特殊的情况,比如某些人承诺过不出售某些物品,或者这些物品在这些情况下具有危险性,又或者因为某些人本来就有一些义务,这些义务要求他们做别的事情而非买卖东西,那么在这些情况下,某些人就不应该出售某些东西,虽然这些东西通常是可以被出售的。

C. 固有的限制　有些东西通常是人们可以以某种方式占有或持有的,但是这些东西不该被售卖。

在某种程度上,A 和 B 都是对市场的限制,不过这种方式既无趣也无关紧要。

当反商品化理论家们谈及我们应该限制市场的范围时,他们所考虑的既非 A 也并非 B,而是 C。

我们接受 A 和 B,但是我们不认可 C。我们认为,市场没有**固有的**限制。如果你可以拥有一件东西,那么就可以出售它;如果你可以将一件东西送给别人,那么也可以将之卖给别人。

让我们来解释一下,我们认为,如果某种投票方式在道德上是被允许的,那么以同样的方式收费或付费投票也应该在道德上被允许。[3]我们认为,如果你可以无偿与某人性交,那么也应该可以跟同一人进行性交易;如果你可以在游乐园排队,那么受雇替别人排队也应该是可以的;如果你选择无偿成为某人的终身奴隶,那么也应该可以卖身为奴。

请注意,这些主张都是有一定条件的,即"假如可以无偿做某事,那么也可以为钱而做某事"。在很多案例中,我们并不知道是否可以无偿做某事。比如说,我们不确定你自愿无偿成为某人的终身奴隶是否在道德上可行。对于这一行为,我们既有很好的理由支持它,也有很好的理由反对它。我们也不知道该如何平衡这些论据。这就是说,我们认为在自愿卖身为奴一事上,所有错误都来源于自愿为奴,而非交易。假设你愿意为了 100 万美元而把自己卖身为奴,如果这件事是错的,那么其原因是你不应该选择成为别人的奴隶,而非你把自己卖了 100 万美元。在解释一些交易的错误之处时,不应该把市场牵涉进来。

我们也认同,一个已婚男人不应该背着他的配偶去买春。但是,这是因为他不应该在没有得到配偶许可的前提下与别人发生性关系。这里的问题不是性交易,而是出轨。

沿着这个方向继续深入,我们也认同,一个人不应该从胁迫他人卖淫的皮条客那儿买春。但是,此处的问题在于不当占有——这些妇女本就不应该属于这些人贩子。市场本身并不会凭空引入错误。即使人贩子无偿把这些妇女交给你,又或者即使人贩子从来也没试图用这些妇女来挣钱,你也不应该与她们发生性关系。

我们认为,你可以买卖排队服务,只要不存在能解释你为什么不能这样做的连带原因或特殊情况。比如说,园方禁止排队服务。在这种情况下,你需要承诺不会出售排队服务,这样才能购买入园的门票。但是,这是针对具体事件的连带性限制,这与案例 2 里的承诺不出售老式相机别无二致。还有一种特殊情况就是,在你排队的那个时间,你本该参加此前承诺的出席朋友的生日宴会。在这种情况下,你不应该出售排队服务,并不是因为出售排队服务本身有什么错误,而是因为你已经承诺过要参加聚会而非在这里排队。

我们认为你可以出售一个肾脏。事实上我们确实也希望你这么做。(在大多数地方,卖肾是非法的,但是我们希望,当你力所能及的时候可以破除这样的法律。)很多人被灌输了这样的理念:卖肾这一行为本身是可耻的,而且它表现了对人的身体的不尊重。但是,我们将会证明这个理念是错误的。

类似的,我们认为购买"看我的女友"的会员也是不道德的,但是这并不是因为买卖成人色情图片本身有什么道德问题。《花花公子》(*Playboy*)、《阁楼》(*Penthouse*)、《猛男美男男性杂志》(*QX-men*)都是被许可的生意,而"看我的女友"不是。它的问题在于它的照片都是盗取的。我们反对它,正如我们反对买卖偷来的手表。买卖偷窃得来的手表是错误的,因为无偿交换偷来的手表就是错误的,但买卖行为本身是没错的。在"看我的女友"这个问题上,买卖偷来的照片并不会让一个原本可行的行为变成错误的行为。即使是免费浏览这些网站上的照片,也是不对的。

我们认为,将冰毒卖给五年级学生是错误的行为,但这并非市场的问题,因为即使将冰毒免费送给五年级学生也是不应该的。相较而言,假如在某些情况下你可以持有冰毒,并可以将之送给别人的话,那么在这些情况下,我们认为从逻辑上说冰毒买卖也是可以的。

总而言之,我们的观点是,除了在一些奇怪的情况下——比如当某人承诺不会进行买卖的时候——假如人们可以拥有、持有并赠予某些东西,那么他们就可以买卖这些东西。当然,在某些情况下,针对具体的物品,我们的买卖行为会受到相关的限制,但是,这些关联性限制也同样适用于其他所有与该物品有关的原本可行的行为。

如果不是从不好到糟糕,那么就是从糟糕到更糟

有些活动是人们不应该进行的,有些东西是人们不应该拥有的,而进行这些活动的市场可能会让这些活动变得更糟。物质上的刺激会正向循环。即使不在市场上交易,儿童色情也是个糟糕的事物,而儿童色情市场可能会让情况变得更糟,因为它可能会让更多的孩子受到伤害。

尽管我们不认为市场会将可行的活动变成错误的活动,但我们也承认,非法商品和非法服务的市场有时会让事情变得更糟。谋杀是个坏事,而买凶市场可能会让问题恶化。我们并不想让谋杀产业化。

从另一方面来看,原则上在某些情况下,一些进行坏事交易的市场可能会让事情变得更坏。设想一下,一种每个人都不该使用的新药被研发出来。人们只把这种药物当作礼物互相赠送。这种药粗制滥造,因此,其中的杂质会引起健康问题。那么在这种情况下,一个完全合法的、受监管的市场就至少有可能会对事情有所帮助,而不至于让情况恶化。为了避免官司,供应方或许会生产质量更好、纯度更高的药物。同时,在药物合法化之后,该药物的使用量或许会下降,而非上升。实际上,当葡萄牙和科罗拉多将某些药物合法化之后,对这些药物的使用和与之相关的风险确实随之下降了。

对此,我们的观点是,即使有些商品和服务是本不应该存在的,但是,将这些商品和服务商品化是否会改善现状?这是个可以通过实践来验证的开放性问题。为了找到答案,我们需要看到此

类市场是如何实际运作的。虽然对这些市场的检验已经不在我们这本书的讨论范畴之内,但我们仍要指出,"将一些人们不该拥有的物品商品化,这是否是个好主意?"这个问题的答案还有待检验。

注释

[1] "固有的"(inherently)这个词在这一原则中是有用的。考虑这样一个例子:鲍勃承诺卖掉他的相机,但结果他没有这么做。在这个例子中,鲍勃不应该再持有他的相机,因为他可以而且有责任卖掉他的相机。所以,如果没有"固有的"这个限定词,那么这个原则就不正确。
[2] Sandel 2012a, 188.
[3] 在2011年著作中的第135—160页,布伦南首次论证了这一立场。

第三章
商品化的争论与什么有关，与什么无关

七种反对商品化的意见

在本书中，我们将会关注许多反对"商品化"——比如说，反对允许售卖某些东西——的论证并对其进行驳斥。在本章中，我们将对各种反对意见进行分类。在接下来的章节里，我们会对每类反对意见及其背后的论证进行详细的说明。

A. 侵权论　有些商品或服务的市场可能会侵犯人们的权利。比如说，不应该存在被盗车辆、儿童色情内容或奴隶的市场，因为这些市场侵犯了人们的权利。

B. 伤害他人论　有些商品或服务的市场或许会引发更为严重的暴力，或者有可能给无辜者带来伤害。比如说，或许不该允许人们售卖斗牛犬，因为斗牛犬都非常危险，而且斗牛犬的主人们会给其邻居们带来更大的风险。

我们认同 A 和 B 这两个理由可以限制市场，原因是在一开始就决定了人们可以享有什么权利。但 A 和 B 并没有解释为什么将斗牛犬或儿童色情商品化是错误的,它们只是在解释为什么人们不应该拥有斗牛犬或儿童色情内容。A 和 B 并非特别对市场作出限制,而是限制你能拥有什么或能够做什么。正如我们在此前所说的,假如你可以免费拥有一件东西,那么就可以购买它;假如你可以将一样东西免费送给别人,那么也可以将它卖给别人。反商品化理论家们的想法是,找到市场本身导致了此前不存在的错误的案例,并据此给这样的市场添加限制。

C. 剥削论　有些商品或服务的市场可能会鼓励强者剥削弱者(或者占弱者的便宜)。一些反商品化的理论家们反对女性性服务市场或器官市场的理由是,他们担心此类市场会允许富人占穷人的便宜。一些马克思主义者反对一切雇佣劳动,他们认为雇用人们工作是种固有的剥削。

我们也认为确实存在避免剥削的显见义务。(因此,我们认为有些合同是不合理的,且不应该履行。)但是,这些义务仅在特定的案例中才会让某些市场交易变得不道德。**任何商品或服务都不具有固有的剥削性**。只有在一些特定的案例中,某个特定的交易才会包含不道德的剥削。以剥削作为反对意见的反商品化理论家们所要表达的是,诸如女性性服务这样的东西是不该售卖的。对于他们而言,重要的是证明所有此类交易都具有固有的、不道德的剥削性。否则,他们至多只能证明某些东西的交易方式是错误的,而不能证明这些东西本身不应该被交易——从理论上来说,这些东西应该是可以被交易的。[1]

D. 分配不当论　某些商品和服务的市场可能会导致对这些商品的分配不公。比如说,迈克尔·桑德尔认为排队服务和购买该服务以避免排队的行为是不道德的,他认为这体现了不平等——富人可以花钱避免排队,而穷人通常是没有这个能力的。或者,看看常青藤名校和与之类似的名校,它们本不会招收不达标的学生,但它们常常这么做的原因是这些学生的父母是富翁或者名人。校友子女的入学门槛更低,因为学校希望他们的父母们可以给学校捐更多的钱。有些人或许会轻蔑地将这一现象称为父母们为孩子们"购买"名校的入学资格。

E. 家长作风论 有些商品或服务的市场可能会导致人们作出自毁式选择。比如说,公共利益科学中心(Center for Science in the Public Interest)游说政府禁止销售许多种人们想要消费的食物,它的理由是,如果允许销售这些食品,那么人们就会作出不健康的选择。又或者,有些人或许会认为,买卖冰毒是不道德的行为,因为服用冰毒对吸食者是有害的。

与对待之前的剥削论一样,我们将会证明,当这些论点似乎站得住脚的时候,它也仅仅是在某些具体的事例上有效,或者,这些论点也只是证明了有些东西是完全不应该被人所持有的。但是,反商品化的理论家们无法证明的是:有些可以免费拥有的东西或无偿从事的活动绝不能被放到市场上交易。

F. 腐化论 参与某些市场可能会导致我们产生一些有缺陷的偏好或品格特征。比如说,有些人认为我们不应该给女孩子购买迪士尼的公主玩偶,因为这可能会强化某些有缺陷的性别特征。还有些人认为我们应该避免参与信息市场,因为这类市场可能会导致我们产生一些不道德的偏好。甚至有些人认为,参与市场交易通常会让我们变得更自私、更无情。

请注意,多数持腐化论反对意见的哲学家意图对所有市场都提出控诉。他们所抱怨的不仅仅是:某些被特定市场腐化的人不应该参与此类市场。实际上,他们通常想表达的是:这类市场通常会腐化大多数人,因此所有人都不应该参与此类市场交易。所以,即使存在两个一贯冷静沉着的人,买春、卖春对两人的品格都不会产生负面影响,但反商品化的理论家们仍然会认为,这证明并不是所有人都不会受到负面影响,所以应该限制这两个不会受到影响的人买春、卖春。

市场会腐化我们,这是个严重的控诉。假如这是事实,那么若是不彻底摈弃这些市场,就真是太可悲了。我们会非常认真地对待这类指控,要确认此类非难并不仅仅是政治迫害。我们将会提出一些问题,比如,哪些证据能够有力证明占有或交易某些特定商品真的会腐化人们?[2]同时,这些证据到底证明了什么?

为了回应腐化论反对意见,我们需要再次证明问题并非在于市场本身。我们还会拿出更有力的证据来论述这些腐化论反对意见通常是错误的,而且其他以此为基础提出的反对意见通常缺乏足够的事实证据作为支撑。我们将会从反面进行论证,证明最佳的事实证据表明市场会让人更高尚而非更腐化。

G. 符号论 参与某些特定的市场可以表达或传达特定的负面态度,或者不利于保有某些积极态度。符号论反对意见不同于A—F这几种反对意见,它的基础是:一种商品或服务 X 的市场是种交流形式,它表达了对待 X 的错误态度,或者说,它表达了一种与 X 的内在尊严不相容的态度,又或者说,它表现了对与 X 有关的习惯、习俗、信仰或关系的不尊重或傲慢。比如说,有些人认为器官交易就传达了这样一种理念——人的身体仅仅是一种商品,是一块肉;因而它没有对身体表现出应有的尊重。还有些人认为,代孕市场表现了这样一种理念,即妇女仅仅是生育工具。

针对符号论反对意见,我们将会论证:市场的意义在很大程度上是一种社会传统,而且我们可以根据这些传统的结果来评价它们。因此,如果 X 市场可以产生好的结果,而我们的文化符号却暗示 X 市场是坏的,在这种情况下,这种文化符号就不应该是我们禁止 X 市场的理由,相反,我们应该就此改变我们的文化符号。比如说,在美国文化中,器官交易被视为邪恶且令人厌恶、有辱人体的行为。就此,我们将论证,这是因为美国文化无视生命的尊严——假如美国人能更尊重生命,他们就不会给器官交易冠以负面的含义。在我们看来,任何对器官交易提出符号论反对意见的人都是在美化恶行。

我们的策略

至此,我们一直在阐述的是,这场争论到底是什么以及我们的立场如何。我们还没有清楚地阐述反商品化理论家们提出的最有力的论证。同时,我们也没有对自己的论点进行论述,没有解释为什么我们认为市场批评者是错误的。这些内容将构成本书的主要部分,我们很快就会讲到它们。

我们在本书中的主要策略是,针对反商品化理论家们提出的、意图证明商品化的错误性的论述进行详细阐述和解释,然后驳斥它们。我们知道,以反商品化理论家们所提出的条件为前提,那么所有可能存在的贸易和市场都不具有普遍的可行性。但是,如果我们可以不断证明批评者的指责是没有事实根据的,那么就可以为我们的论点建立依据。批评家们总是有可能提出好的批评,不过我们会不断让其承担举证义务。

我们认可反商品化理论家们提出的大部分道德约束,但我们仍然会揭露其结论的错误性,这也是本书策略的一部分。我们想要在他们观点的范围内进行论战并取得胜利。我们将不会用有争议的政治理论或道德理论作为论证的基础。事实上,我们将尽可能地把自己的论证建立在如下两点之上:(1)为多数人所接受的常识性道德原则;(2)目前最好的社会科学。鉴于我们的结论本身并非常识性的,所以我们将会用好的常识来弥补结论的不足之处。

可能有别的书尝试证明我们需要在别的观点范围内进行讨论。比如说,一些市场的支持者希望我们首先接受一个有争议的道德观点,继而证明"不受限制的"市场是由之而来的。比如说,很多自由主义者认为我们有一些消极权利,因为这些权利的存在,成人之间自愿的资本主义行为都应该被视为在道德上可行的。如果这是我们的指导原则,那么其结果就会是:我们应该允许卖淫、出售肾脏和血液、出售排队服务等,唯一不被允许的就是强制性贸易和强制性转让。鉴于强制与市场的定义有本质冲突,所以我们可以认为这种限制是对市场的观念性限制,而非道德上的。很多当代的自由主义者试图首先证明伦理的实质可以被归结为自我所有权、自然权利、互不侵犯、同意或契约。这些自由主义者的指导原则是"一切都是两厢情愿",或者,就如车尾贴的支持美国自由党的标语,"对任何事情我们都支持个人选择"。在不受强迫或欺骗的情况下,只要成年人之间同意进行交换,那么这种双方的同意就足以确定这次交换在道德上是可行的。但反商品化理论家们提出的一些担忧——比如因为贫弱而遭受的剥削,因为不平等而导致的分配不公等——都不是什么真正的道德层面的担忧。唯有对权利的侵犯才真正属于道德范畴。在两个或更多成人之间达成的协议条款问题上,其他一切担忧都不是真正重要的。

但是,我们之所以写了这本书而不是上面提到的那种书,原因有二。首先,反商品化理论家们、多数专业哲学家们和其他那些因其职业而长期并努力思考伦理学根本问题的人们,他们并不认可自由主义的政治伦理。我们不仅想与这些人讨论伦理学的根本问题,还想与他们讨论市场的道德限制。我们想就他们所看重的伦理问题进行探讨,而不是以退出相威胁,迫使他们讨论我们的观点。

其次,更重要的原因是,我们也不认同自由主义者的政治伦理。虽然我们也怀有典型的自由主义式同情,但我们并不是动画片里的那种自由主义者。我们以那些反对者们提出的伦理问题为基础,因为这恰好也是我们的伦理基础。在本书中,我们努力想与那些反商品化的理论家们进行对话,并且我们之间拥有相似的、常常是一致的、基本的道德信念。

所以,我们旨在证明反商品化理论家们的指责都是错误的、缺乏证据的、混乱的、偷换概念的,换言之,我们要证明他们的立场缺乏足够的哲学或实践证据。我们将通过揭示他们的错误来捍卫我们的立场:如果你可以无偿获得 X,那么也就可以购买它;如果你可以无偿将 X 送给别人,那么也就可以将它卖给别人。

商业伦理 vs 什么可以被出售

我们希望确保包括反商品化理论家们在内的人们不会将这本书所探讨的问题——什么样的东西可以被贩卖——与其他与之密切相关的问题相混淆。

有时候,因为某些公司的运营方式,人们会认为我们不应该购买某样东西。比如说,当人们发现 Chik-Fil-A① 的老板曾为同性婚姻权利运动捐过款之后,很多人都抵制这家店。有些人则会因为苹果公司的代理工厂工作环境恶劣而抵制苹果公司。有些人可能会因为发薪日贷款公司的掠夺性贷款行为而对其进行抵制。此外,还有人可能会因为某些汽车经销商的不诚信或过于侵略性的销售技巧而抵制它们。[3]

出于论证的目的,让我们假设在这些例子中,我们应该抵制这些公司。在这个意义上讲,市场应该是有界限的。但是,这并不是在讨论什么应该被售卖时那些反商品化的理论家们所应该考虑的。根据批评者们的看法,这些公司的问题不在于它们的产品——鸡块、iPhone、发薪日贷款或二手车——这些产品本身并不是不该被售卖的东西。在批评者们看来,它们的问题在于,它们的运营方式有悖于商业伦理。

如此一来,甚至可能某个行业中的所有公司都在以这种糟糕的方式运作,以致于它们都该遭到抵制。比如说,设想这样一种情况:因为某些奇怪的理由,当下所有鸡块卖家都是恐同者,他们

---

① 一家连锁鸡肉快餐店。

都捐出一半利润来反对[同性恋者的]民权。在这种情况下,人们或许会有不购买这些产品的理由,但这只是产品受到了牵连。这并不表明鸡块是不应该被出售的东西,只能表明鸡块的销售方式是不对的,或者说,鸡块的售卖者是不道德的,是我们应该避开的。

我们都在教授商业伦理课程。我们不会告诉我们的学生们,公司可以随他们的喜好来运作,而是会告诉他们,公司是受很多消极义务约束的,比如避免胁迫、伤害、剥削和不诚信等义务,同时,公司也可以获得很多积极义务。我们也认同,在一些例子中,当公司极大地亵渎了商业伦理的基本原则时,人们应该中止与这些公司的交易。

但是,这场关于商品化的争论并不是关于商业伦理的(反商品化的批评者常常混淆这一议题),它所讨论的是,某些东西是否应该被售卖。重要的是不要将这两个不同的议题混为一谈。假如购买 Chik-Fil-A 的鸡块是错误的,那么这并非因为购买鸡块是错误的,而是因为 Chik-Fil-A 是不道德的。假如他们出售的产品是地毯而非鸡块,那么情况也没什么不同。所以,在这个例子中,问题不在于被销售的产品,而在于销售者。相较而言,当反商品化的理论家们指出购买排队服务是错误的行为时,他们认为问题不在于售卖服务的**人**或售卖服务的**方式**,而在于产品本身。

请考虑下面三种观点:

1. 撒谎是不道德的。
2. 欺骗是不道德的。
3. 偷窃是不道德的。

根据1—3，我们可以推导出4—6：
4. 戴着帽子时撒谎是不道德的。
5. 戴着帽子时欺骗是不道德的。
6. 戴着帽子时偷窃是不道德的。

根据1—3，可以从逻辑上推导出4—6：如果1—3是正确的，那么4—6就是正确的。但是，假设有人写了本名为《帽子的道德界限》(The Moral Limits of Hats)的书，并在书中试图通过论证4—6来证明所有戴帽子的行为是错误的，那么我们就会意识到，问题不在于戴帽子，而在于撒谎、欺骗和偷窃。戴帽子只是与之相关的行为。与之类似，在这场争论中，我们也在思考市场的道德界限是什么。正如我们一直强调的，在讨论市场的界限时，应该证明**市场本身**就是问题所在——而非像4—6的例子中戴帽子的行为那样，只是连带性的——才是至关重要的。

受监管的市场 vs 自由市场

我们曾经目睹过一位同事与一位反商品化理论家就某些商品或服务是否应该被售卖而进行辩论。那位反商品化理论家提到，在很多方面，某些商品和服务的自由市场将会是糟糕的。我们的那位同事被带进了沟里，他花了很多时间试图证明这些商品或服务的自由市场并不会很糟糕。

我们举这个例子是为了澄清反商品化的争论。对于某些商品和服务而言，允许相关的市场存在是否是道德的？是否可以允许**自由的、完全不受监管**的相关市场存在？这是两个问题，不能混为一谈。我们的论点是，什么东西可以被拿来买卖，这本身是没有固有界限的。某些看法认为，有些东西，或者甚至**所有**东西都应该在高度监管的市场里交易，这与我们的观点并不冲突。在关于反商品化的争论中，市场是否应该是自由且不受监管的，这个问题与争论毫不相干，却常常被人拿来混淆视听。

为了说明这一点，请注意以下两个条理清晰的案例：

A. 反市场的自由主义者　G. A. 罗斯巴德（G. A. Rothbard）——马克思主义者 G. A. 科亨（G. A. Cohen）和自由主义者默里·罗斯巴德（Murray Rothbard）的孩子[①]——认为市场是坏东西，我们从不应该买卖任何东西，并反对一切商品化，甚至包括书籍和铅笔这样的普通物品。但是，G. A. 罗斯巴德同时也认为人们拥有绝对的消极权利，这些权利让他们在买卖东西时不受干预。就像言论自由的权利允许我们说一些错话那样，他认为，即使有些买卖行为是不道德的，但我们也有权这么做。因此，G. A. 罗斯巴德认为公平正义禁止对市场的任何强制监管，但也认为任何东西都不该被售卖。

B. 支持商品化的管制主义者　默里·科亨（Murray Cohen）——他俩的另一个孩子——认为一切可以被占有的东西都可以被售卖，但也支持对每笔交易进行广泛的政府监管。

我们不认识任何持以上立场的人，但是这些立场是符合逻辑的。

因此，让我们再次提醒这些反商品化的批评者，商品化的问题与自由主义及自由市场无关。它们是完全不同的问题。事实证

[①] 虚构人物，意指这两人思想的部分组合。下文的默里·科亨也一样。

明，自由市场的支持者并不太在意商品化，不过无论如何，它们都不是同一个问题。

法律 vs 伦理

虽然法律与道德有时会有所重叠，但不可将它们混为一谈。因此，当人们提到某些东西不应该被售卖时，区分法律上与道德上的禁区是非常重要的。

1. 法律禁区：法律应该禁止买卖 X。
2. 道德禁区：(无论是否合法)买卖 X 是不道德的。

有时候，反商品化的理论家们所要表达的仅仅是，售卖某种商品和服务是错误的。其他时候，他们的意思则是，售卖某些商品和服务是非法的。

有时候，反商品化的理论家们认为虽然法律应该允许人们卖东西，但这仍然是不道德的。比如说，有些反商品化的理论家们就认为，售卖可卡因是不道德的，但是禁毒的危害要甚于可卡因，所以，他们认为政府应该允许人们售卖可卡因。

总的来说，除非我们特别指出，否则本书的讨论将专注于售卖某样东西是否在道德上不被允许，而非法律是否许可该行为。当我们讨论法律是否允许售卖某物时，我们会作出特别说明。

售卖的权利 vs 售卖的正当性

我们的观点是，任何你可以免费进行的活动，你都可以为了钱去做。由这个观点得出的一个推论就是:如果你可以拥有某样东西,那么也可以出售它。

在这里,我们希望确保人们不会觉得我们的论证将会了无新意。让我们思考一下所有权等同于什么。

拥有某样东西就是拥有其**财产权**。但是,正如多数财产权方面的哲学家们所指出的那样,财产权并非单一的权利,它是一系列独立的权利的集合。戴维·施密茨(David Schmidtz)是这么解释的:

> 当今,"财产权"这个名词通常被认为是包括售卖权、出借权、遗赠权、抵押权甚至销毁权在内的一系列权利的集合。(约翰·刘易斯[John Lewis]通常被认为是第一个使用"一捆柴"①这个寓言的人,当时是1888年。)不过,任何财产权的核心都是拒绝权——即排斥非所有人的权利,这一事实从来都不曾改变。换言之,排他权并不仅仅是这一系列权利里的某一项权利。我们更乐于将财产比作一棵树,其他权利都是它的分支,而排他权则是主干。[4]

财产权确实是一系列独立权利的集合,它通常包含了售卖权、购买权、租赁权、销毁权、更改权和使用权。而财产权的核心则是排他权。比如说,我拥有自己房屋的财产权,这意味着我有权不让你使用我的房屋——除非在一些特殊情况下——你需要得到我的

---

① 类似汉文化里一根筷子和一把筷子的寓言。

许可才能占用我的土地。假如财产权是一系列权利的集合,那么我们或许就会将排他权视为主干,而将其他权利视为附着于其上的分支。

我们想要明确的一点是,我们**并非**在论证这样一种(根据"财产权"这一概念的定义)由逻辑推导出的观点:假如某样东西可以是某人的财产,那么他就可以出售它。某些自由主义者或许会不自觉地使用这样的论证,但我们拒绝这么做,理由有三点。

首先,假如我们试图用财产权作为论证的基础,那就不能真正地解决这场争论。这只会将争论变成另一个相关的争论。假如我们坚持认为,拥有某样东西的所有权意味着拥有其售卖权,那么这场争论至多也只能变成人们有权拥有什么。这并不能改变什么。

其次,我们认为这个论证的基础是个源于对财产权分析的概念性错误。毕竟,我们有决定借由不同的方式、不同的东西会产生什么结果的权利——而与此权利相关的一系列权利都是因条件而变的。而且,我们的权利的强度也会变化。我可以对一只猫或一辆车有所有权,但我对猫的控制权——在这里,"监护权"可能比所有权更恰当——允许我对它做的要比我对车的所有权允许我对车做的少得多。我对猫享有财产权的方式和我对车享有财产权的方式是不同的,后者与对一把吉他的所有权也不同,也不同于对一块土地的所有权,诸如此类。比如说,我对一把吉他的所有权包括我有权任性地毁坏它,但是我对猫的所有权却不包含这一权利。我对我的房屋的所有权包括售卖权,但是,因为一些契约限制,这一权利并不包括将它粉刷成带有粉红斑点的橘色的权利。

现在让我们来看一下售卖权。某些财产权是附带契约限制的——你可以购买一些东西,但是你没有相应的售卖权,或者你的售卖权是受到一些限制的。比如说,我——杰森——拥有一个游泳俱乐部的会员资格,但是我只能将这个会员资格卖给买我房子的人,而售价必须是游泳俱乐部规定的价格。我对这个会员资格的所有权并不同于我对吉他的所有权,因为只要买卖条款得到双方认可,我就可以出售我的吉他。还有一个例子:你可能拥有一项使用许多软件的许可,但是购买该许可时的条款之一就是,当你使用完软件之后,无权对其进行二次出售。

再次,我们认为这个论证犯了一个更大的概念性错误,它将两个独立的问题混为一谈:

A. 你有权对你的财产做什么

B. 怎样处理你的财产才是正确的

A 与 B 是不同的。总的来说,如果你有权做某件事,这并不以道德上的正确性为前提。权利与权利人在道德上可以做什么事无关。事实上,权利更多的是关于其他人在道德上可以对权利人做些什么。比如说,假设我的妻子满怀爱意地送给我一把吉他作为我的生日礼物。这把吉他属于我了,而且我有权毁坏它——别人不应该阻止我这么做。但是,假如我真的毁坏了这把吉他,那么我的行为就是恶劣的,因为这会伤害我妻子的感情。或者我们换个例子,我有权参加新纳粹的政治集会,也有权表达对犹太人的仇恨,但是这么做是不道德的。没有人有权阻止我成为一名纳粹,但我确实也不应该这么做。

因此,反商品化的理论家可以简单地承认人们**有权**售卖某些东西(排队服务、性、器官等),但也可以接着宣称,即使这是属于人们的权利,买卖这些东西也是不道德的、错误的。反商品化的理论家们继而会总结道,即使某些市场是极端不道德的,但它们也应该是合法的。在此,我们的目的是挑战对这些市场的道德谴责。我们希望论证的是,像器官和性这样有争议的商品,其市场不仅仅属于人们的权利,而且在道德上也是可行的。

注释

[1] 萨茨也承认——她认为,鉴于普遍存在的"男女地位不平等",所以女性性服务市场并不必然是错误的。假如可以消除这种不平等——在100多年内可能会成为现实——那么彼时的性服务市场就应该是可以存在的。从这个意义上来说,萨茨与我们的看法在根本上是一致的。但是,我们在具体细节上并不认同萨茨的看法。我们认为,在当下,尽管存在男女地位的不平等,但买春通常也是可以的。(Satz, 2012, 153)

[2] 我们要将这些内容归功于 David Schmidtz。

[3] 关于这个问题的哲学探讨,参见 Hussain 2012。

[4] Schmidtz 2013.

第四章
关键在于方式,而非对象

在本书接下来的几章里,我们将逐一讨论一些最为有力的反商品化论证。我们将检视各种各样的反对市场的意见,以及大量案例——在这些案例中,某些商品和服务的市场被认为导致了一些本不存在的错误。我们发现,每个案例中的反对意见都并非很能站得住脚。有些时候,这些反对意见建立在一些错误的经验前提之上。有些时候,它们则建立在糟糕的道德前提之上。总之,我们的结论是,这些最有力的反对一切市场的论证并不成功。

在此,我们向反商品化的理论家们提出一个大概念上的挑战。我们假定他们的问题并不真的在于被售卖的**对象**,而是被售卖的**方式**。这并不意味着这个问题不重要,而是意味着反商品化的理论家们对问题作出了错误的诊断。

我们认为,即使售卖某些商品和服务的某种方式不好,但总存在一种情况,在一个不同的时间、不同的地点,以不同的方式售卖这些商品或服务是无可争议的。比如说,假如有人抱怨售卖肾脏将会导致对穷人的剥削,那么我们也可以通过监管来大体上消除这个问题。

我们在本书中的论点是,如果你可以将某样东西赠予某人,那么通常也可以将它卖给此人。假如你可以从某人那儿得到某样东西,那么通常也可以从此人那儿购买此物。市场并不存在固有的界限,这些界限都是连带性的。假如我们偷了一辆宝马,那就不能把它卖给你,这并不是因为宝马车属于不应该被售卖的东西,而是因为它不属于我们。假如你只有 2 岁,那么我们就不能卖给你一辆三轮车,这并不是因为不该买卖三轮车,而是因为你的年纪还不够大,还不具备同意这桩买卖的能力。假如我们承诺不卖出我们的手表,那么就不能出售它们,这并不是因为手表是绝对不应该被买卖的东西,而是因为我们恰好承诺过不出售它们。诸如此类。

时间、地点和方式

按照第一修正案(the First Amendment),美国宪法中列出了对言论自由的保障。联邦最高法院认为,将言论分成三种并给予每种言论不同程度的保护,这是合适的。"猥亵性言论"几乎不受保护,"商业性言论"会受到中等程度的审查,而政治言论和表达性言论则受到最高程度的保护。当涉及政治言论和表达性言论时,最高法院的表述是,限制和管制是可以的,但是不应限制言论的内容。除去为了保障国家重大利益而限制言论的例子,他们认为符合第一修正案的限制应该是内容中性的。它的重点不在于你说了**什么**,而是你在**何时、何地、以何种方式**说出这些言论。

让我们看看第一修正案的一些著名案例:

1. 焚烧国旗案　1984年,乔治·李·约翰逊(George Lee Johnson)在得克萨斯州的达拉斯点燃了一面国旗。当时,1984年共和党全国代表大会正在达拉斯举行。他此举的目的是抗议当时的罗纳德·里根(Ronald Reagan)政府和大企业。得州当局迅速逮捕了他,并根据一项禁止亵渎"受尊敬对象"的法条对其提出起诉。州法院判决约翰逊罪名成立,但是得州刑事上诉法庭驳回了这一判决。经过上诉,联邦最高法院支持得州刑事上诉法庭的判决,判定约翰逊可以按照其意愿自由地焚烧更多的国旗。[1]

2. 摇滚对抗种族主义案　纽约中央公园里有一座露天剧场。公园里有一处叫作"绵羊草坪"(Sheep Meadow)的地方,它的设计初衷是供人们安静地阅读、散步和休闲。摇滚对抗种族主义(Rock Against Racism, RAR)这个团体自1979年起就开始利用露天剧场进行反种族主义的演讲和音乐会。绵羊草坪上的人们和中央公园西部边缘一些公寓楼的住户们多次对反种族主义者们举办的音乐会的音量进行投诉。1984年,音乐会仍然过于吵闹,法院为此发了两次传票,最终,警察切断了音乐会的电源。次年,纽约市政府决定,管制音乐会音量的最好办法是要求人们使用市政府提供的音响设备,而且这些设备必须由特定的音响技师操作,而不是每次都让音乐会的举办方自己提供设备和技术人员。摇滚对抗种族主义团体将市政府告上法庭,他们坚持认为这些要求侵犯了第一修正案赋予他们的权利。但是最高法院作出了有利于市政府的判决,他们认为,通过限制音量,纽约市可以获得重大的实际权益,而且,这种管制仅仅是为了实现这一目的,所以这些管制是内容中性的。

3. 公共政治集会案　20世纪60年代,路易斯安那州的巴吞鲁日(Baton Rogue)按照种族对午餐台实行隔离。这一行为引发了抗议和示威。一度曾有23名来自黑人院校的学生遭到逮捕。逮捕发生后,名为B.埃尔顿·考克斯(B. Elton Cox)的牧师在法院大楼前组织了一场抗议示威,有2000人在大楼对面的街道上参加了这场抗议。而在另一边的街道上则有100~300名白人聚集。考克斯在演讲中号召抗议者坐在那些午餐台边,这引发了白人抗议者的抱怨,随后,警长试图驱散考克斯这一方的抗议者。在遭到抗议者拒绝后,警长下令逮捕考克斯,并指控他扰乱治安、在法院前聚集抗议及阻碍公共交通。最高法院推翻了这些罪名,同时还强调,他们的主要判定依据是,抗议者在警察出现前是和平的,而且他们并没有真正地阻碍公共交通。如果确实发生了扰乱治安的行为,又或者如果示威者确实在通勤高峰期聚集在大道上并因此而阻碍了交通,那么判罚结果就不会是这样的了。

在以上案例中,最高法院坚持认为,第一修正案禁止任何反对言论自由的立法。在这种情况下,当涉及政治言论和表达性言论时,美国人可以合法发表"不受限制的言论"。对于这些言论,不存在针对言论或内容的限制。你什么都可以说。同时,法院支持对发表言论的时间、地点和方式这些条件进行限制。[2]事实上,法院已经表明,关键在于方式而非内容。

关于约翰逊的案子,法院曾指出,尽管他的行为造成了严重的冒犯,但是他有权以焚烧国旗的方式来表达自己。在一定程度上,这个案件的判罚取决于行为方式。假如约翰逊焚烧国旗的方式可能会激怒一个理性的人,并导致其采取暴力行为,那么得州政府就有权逮捕他。

摇滚乐对抗种族主义的案件也取决于言论的方式而非其内容。人们当然可以自由地主办一场反对种族主义的音乐会。但是,假如你在诸如中央公园这样的地方举办一场音乐会,那么你的举办方式就必须符合纽约州的音量规定。[3] 人们当然也有权鼓动自己的朋友、邻居甚至陌生人去为某个候选人投票。但是你不能在半夜跑到一个城郊社区,用吵人的扩音器宣传你的候选人。同样,你也可以在类似法院旁的人行道上这样的公共场合举行政治集会,但是你不能"坚持认为在高峰时刻的时代广场中央集会也是一种言论自由的形式"。[4]

在美国,政治言论和表达性言论并不存在固有的界限,只存在对发表言论的时间、地点和方式这些条件的限制。所以,但愿对市场的限制也只是类似的对时间、地点和方式这些条件的限制,而与相关产品或服务的市场的道德可行性无关。

对这一点的证明意味着至少一些反商品化的理论家们过于一概而论了。他们混淆了固有界限与连带性限制。对这一点的证明还意味着我们可以据此将反商品化的论题缩减成一个关于商业伦理的问题。

一些案例

让我们看看以下案例:

案例1:人寿(保险)和死亡
假设你的朋友刚刚去世。虽然他是你的密友,但尽管你是销售人寿保险的,但他却从来都懒得买人寿保险。他的妻子要为他的葬礼支付很大一笔费用,而这笔金额巨大的费用会让他的妻子和孩子陷入贫困。他原本买得起保险,但只是懒得去买。你参加了葬礼,随身还带着自己的名片。在与其他出席者的谈话中,你向他们说明了你朋友的情况,给他们递上名片并说道:"拿着。买一些人寿保险,不要让詹姆斯的故事在你们身上重演。"

案例1展示了一个时机把握得极为糟糕的例子。我们中几乎没有人认为卖保险会有什么道德上的问题。诚然,在某个时刻购买人寿保险是一个人负责任的表现。但是在案例1中,我们反对的不是买卖人寿保险,而是买卖的**时机**。在市场上,总有适合进行人寿保险买卖的时机,但是在葬礼上售卖保险绝对是糟糕的时机选择。

案例2:地点、地点、地点

房地产中介商总是喜欢说:"地点、地点、地点。"他们的意思是,一处房产的价值通常由它的地点所决定。同样的道理也适用于某些市场。

耶稣在圣殿里的故事可以很好地说明这个观点。[①] 耶稣并没有在他进入圣殿的路上推倒门外城中小贩们的桌子,他只在圣殿里做了这样的事。他这么做是要对商人们说:"地点、地点、地点。"——有时候,一些交易地点是错误的。虽然我们中既没有神学家也没有研究《圣经》的学者,但我们也不会认为这个故事的关

---

① "耶稣一进圣殿,就赶出在圣殿里做买卖的人,推倒兑换银钱之人的桌子和卖鸽子之人的凳子;也不许人拿着器具从圣殿里经过。"(《圣经·马可福音》11:15—16)

键在于佐证了人们想象中的"神圣的"圣殿与"世俗的"市场之间的冲突。我们怀疑,即便当时法利赛人是在圣殿中练习瑜伽或玩地掷球,耶稣也应该会感到生气,也会掀翻瑜伽垫或地掷球。圣殿是用来冥想和祈祷的地方,不应该被用作他途。至于商业活动,耶稣大概不会介意法利赛人或其他人售卖东西,他所针对的只是那些选择在圣殿中进行商业活动的人。

同理,一个小商贩也不能跑到马路中央去展示他的货物。如果不愿意,房主们可以不让吸尘器推销员进门,也可以拒绝举办特百惠(Tupperware)活动;虽然我们认可这些行为,但这并不代表我们反对市场。他们的拒绝并非因为售卖吸尘器或者特百惠的产品有什么错误,而是因为有时选择的售卖地点非常糟糕。关于言论,美国法院根据其场所将其分为传统公共论坛、有限定的公共论坛和非公共论坛。有很多不同的发表言论的场合,根据不同的地点,有时限制会更宽松一些,有时则会更严格一些。这些言论仍然是内容中性的;它们的区别仅在于发表地点的不同。

这也是我们观点的一部分:问题常常不在于被售卖的东西,而在于它被售卖的方式。有时候时机糟糕,有时候地点不对。反商品化的理论家们也看到了这一点。他们意识到,商业活动的时间界限和地点界限并不等同于商业活动本身的界限。如果他们不能明白这一点,那么我们就将证明,在某个商品的市场上,不只有一种售卖方式,市场有很多模式,所以买卖方式也有很多种。对市场模式的调整是对市场运作方式的调整。有时候,问题常常是这样的:一种有着特殊特点的特殊市场并不适用于某些商品或服务的交易,于是售卖这些商品或服务就会引起人们的反对(或者说反感,即使这种反感之情与道德无关)。简而言之,问题在于**方式**而不在于**商品**。

用第一修正案的案例来类比可能会引起误解,那么就让我们再解释一下。用这个类比的意思并不是说政治性和表达性言论行为与市场交易相像,而是说最好将市场交易视为用某些特定语言——比如英语或法语——表达出来的言论行为。所以,关于市场的道德界限的讨论就很类似于关于英语语言行为——而非语言行为本身——的讨论。这一点非常重要,理由如下。我们已经否定了对市场的反对就是对交易本身的反对。我们不能售卖奴隶,也不能雇用杀手,不过这并非因为市场将某种原本道德的东西变成了不道德的东西。售卖奴隶或雇用杀手这些行为本身就是错误的,这种错误与它们被作为礼物交换、被共享或被放到市场上毫无关系。人们反对的应该是"奴隶"而非"售卖","谋杀"而非"雇用",这才是令我们的良知感到反感的东西。

假如我们要写一本关于英语语言行为的道德界限的书,也可以否定那些具有原则错误的内容表达,因为不管用什么语言来表达,它都是错的,这跟英语语言本身毫无关系。然后,我们就可以讨论时间、地点和方式对没有原则错误的英语语言行为的限制如何引发了行为的错误。一个内容本身无错的语言行为,但由于这些要素的变化,就可能是错误的、无错的(有时是正确的)语言行为。如果我们在一个坐满观众的剧院里谎称"着火了",那这种行为就是错误的。但是,假设它真的着火了,那么高喊"着火了"就是正确的。公开拥护种族主义言论是错误的,但如果我们是以嘲讽的方式表达,而且听众都没有误解的话,那就不能算有错。比如说,关于南部邦联州的伪纪录片表达了种族主义的言论,但它的呈现方式是取笑这种言论、嘲笑持有该观点的人群。假如它所表达的种族主义言论是发自内心的,那就是错误的,如果只是嘲讽,那就不算错。

现在,我们就想以这样的方式为市场正名。我们想要证明的是,人们对市场的看法和判断通常并非基于所有市场共有的那些固有的或必备的特点,而是基于某些特殊市场的个别特征。当我们变更一个市场的时间、地点和方式时,通常并不会因此而改变交易的本质——它不会从一个市场交易变成一个非市场交易。在下午5点售卖一件T恤和在晚上10点做这件事都是同样的市场活动。在苹果商店或在大学里售卖iPod也同样没什么区别。在拍卖行卖一匹马或在Craigslist[①]上卖一匹马是不同类型的市场交易行为。我们的意思是,在提出反对意见时,反商品化的理论家们需要作出谨慎的区分,因为有些反对意见只能针对某个具体的市场,而不能针对一切市场。

在此,我们的主张是,市场的时间、地点和方式可以改变我们对一些事物的看法,比如对交易品的看法以及对市场上交易伙伴的看法,它们还可以改变分配结果,消除人们对剥削的担忧,消灭某个特定市场的交易行为的错误特性。

方式的设计

我们不仅拥有不同商品的市场,还存在同一商品的不同类型

---

① 这是一个大型免费分类广告网站。

的市场。在有些市场上，价格是固定的，比如你家当地的沃尔玛。而在某些市场上，你可以讨价还价，比如车库甩卖。有些时候，你需要在交易所里跟一群买家一起参与买卖。在有些情况下，你需要暗中竞价，出价最高者或次高者才可以获得商品。有些时候，在竞拍前大家需要事先分别购买竞标权。有些时候，你必须先加入一个俱乐部然后才能买东西，比如好市多（Costco）。有些市场禁止使用金钱，比如在物物交易的网站上。而有些市场则禁止工业生产品的交易，它们要求交易品必须是手工制作的，比如Etsy。在有些市场上，你需要对产品有起码的了解后才能购买它，比如车行里的试驾。有些时候，我们限定某些商品的售卖者必须持有相应的执照或者必须是某个行业的从业人员，比如医疗保健行业。

对于某些商品，我们反对的可能并不是对商品本身的买卖，而是买卖的方式。当德布拉·萨茨及其他一些人担心某些市场会对其参与者的品格、德性和认知能力产生影响时，他们必须明白，同一商品或服务的不同类型的市场将会对参与者产生不同的影响。这是市场设计的问题，[5]或者按我们的说法，这是"市场结构"的问题，而绝不是市场本身的问题。

举个常见的简单例子，假如你打算把一块派分给你的两个孩子。一种方式是设计一个分派的游戏，让一个孩子切派，而让另一个孩子选择切好的派。这种方式的好处是可以减少争议，同时，两个孩子都很可能会认可最终的分配结果是公平的。两个孩子感到的不公平和由不满而产生的怨恨可以被视为分派的负面结果。这种分配的设计最小化（或消除）了这些负面结果。现在，假如这个聪明的分派方法还没有被发明出来，让我们设想一下对分派这个行为的批评吧。批评者可能会抱怨,说我们不该分派,因为这会让人们产生怨恨和愤怒之情,有时候还会引发争吵甚至殴斗。批评者可能会将某种分派的方式所引发的负面结果与分派这件事本身混为一谈。他或许会说:"我们不该对有些东西进行分配,特别是派。"但是这种批评是错误的,因为可以用其他方式做这件事——分派——而不必导致负面结果。

我们将会证明,反商品化理论家们所提出的很多反对金钱和市场的意见都可以被理解为对某些特定市场而非所有市场的抱怨。若是如此,我们要问的是,是否存在一些方式,可以改变市场结构以减少或消除这些抱怨?对此,我们的答案是:"有。"对于不同种类或不同模式的市场,其中每一个单一市场都有各自的社会生态。对于不同类型的市场,人们已经构建了与其相对应的意义。在本书的第二部分,我们将会论证纯粹的符号论反对意见是错误的,不过得先假设我们是错误的。在本章中,我们将会论证,可能通过某些类型的市场来售卖某些商品是错误的,但通过其他类型的市场来售卖这些东西却是可行的。

保持这些关于意义的社会习俗不变,我们的结论是,反商品化的理论家们忽视了市场模式的多样性,而且他们还常常将这两种反对混为一谈:(1)对一种物品的某个交易方式的反对;(2)对市场本身和某些物品、商品或服务的内在特性的固有冲突的反对。

伊丽莎白·安德森的代孕市场

伊丽莎白·安德森说:

商业代孕使得市场准则替代了某些父母之爱的准则。最重要的是,它要求我们不再将亲权理解为信任,而是将之理解为某种类似财产权的东西,也就是说,我们对拥有的东西有使用权和处置权。因为在商业代孕中,孩子生母怀孕的目的是为了放弃孩子以换取更好的物质条件。她放弃母亲的责任并不是为了孩子好,也不是为了实现她和孩子的共同利益,而只是为了她自己的考虑(同时,如果"利他主义"是一个动机,也有可能是为了想成为父母的人考虑)。她和付她钱让她放弃亲权的夫妻都将她的权利视为一种财产权。因此,他们将孩子视为一种可以正常买卖的商品。[6]

安德森有很多反对代孕市场的理由。她反对代孕者对待孩子的态度,反对她发现的对待妇女生殖分娩的态度,而且认为这是代孕本身所固有的。[7]她反对代孕的契约性,因为尽管代孕者可能会反悔,但受合约的约束,她必须放弃孩子。她们之所以会改变主意,很大一部分原因是很多信息的缺失——代孕者并不知道,当她们要履行合约时,她们与孩子的感情纽带会有多牢固。她反对孩子的权益无人代表这个事实,这就像"没有任何一个产业会安排人去关照其商品的'权益'"一样。[8]最后,她反对当下的代孕交易中经纪人所担任的角色,认为这是腐败堕落的。根据安德森的说法,即使代孕者与孩子产生了感情或者改变了主意,经纪人也会在利益的驱使下努力让代孕者放弃孩子。

只有在一种情况下,安德森才能得到她想要的结论,即我们必须全面禁止代孕,也就是说,不论采取何种方式,代孕市场中看待女性的生育和孩子的态度都不正确。这种情况或许也有可能,但它至今还没出现过。事实上,安德森至多只能证明,在**当下这种**存在经纪人的代孕市场上,女性的生殖分娩(以及这个分娩的产物——孩子)被错误地、不受尊重地商品化了。

要想证明市场不适用于代孕,安德森需要证明以下两点中的至少一点:1. 以代孕的情况不变为前提,当下的代孕市场的形式是必需的且固定不变的;2. 不可能存在一种不会将女性分娩及其分娩的产物——孩子——错误地商品化的市场。

让我们想想这个例子:经纪人并非代孕市场中的一个必要因素。经纪人或许会让市场更"有效率",他减少了我们信息搜索的时间并节约了交易成本(毕竟,经纪人是一种专业人士)。但是,他们几乎不算是市场的组成部分。即使没有经纪人,我们仍然可以合理地称代孕市场为"市场"。所以,通过合理的设计将经纪人排除出代孕市场,这就可以消除以经纪人为理由的反对意见。或者,我们还可以对经纪人的"好"或"坏"作出区分。坏的经纪人将赚钱视为首要目的,他们不能妥善地对待代孕双方,也不能确保代孕双方发自内心地、不受强制地完成交易。所以,我们不能依靠坏的经纪人来实现商业代孕,但是我们在此应该反对的是坏经纪人的行为,而非经纪人制度本身。

此外,合同的本质也要依情况而定。安德森担忧的是,当下的代孕合同要求,即使生母对孩子产生了依恋之情或者改变了主意,她也必须放弃孩子。关于这个次要问题,我们要指出的是,当代孕者改变主意时,她和孩子的生父可以获得亲权,法院不会要求他们出示特定的证据。我们可以重新设计代孕合同,加入"改变主意"

的条款:在任何情况下,只要代孕者改变主意,那么合同就会失效。这样,安德森的这种担忧就无关紧要了,且代孕市场仍然成立。所以,安德森对代孕市场的反对似乎也是针对方式而非代孕本身的。

没有人能代表孩子的权益,这也不是市场的必要特性。我们可以设立一条规定,要求在所有代孕中都必须有一个中间人来全权代表孩子的权益。这正是我们在处理继承权争议时所采用的方式:假如一个继承人因为年龄太小而无法捍卫自己的权益时,就会有一个中间人来代表他。代孕完全可以采用这一制度。

还有些更值得注意的反对意见,这些意见更接近于反对代孕市场本身的原则性意见。这些意见所反对的是:人们对孩子和女性生殖分娩所抱有的态度,或在旁人看来他们对此所抱有的态度。安德森正是这么看的,她似乎认为在所有市场中,市场参与者都会错误地看待孩子和女性生殖分娩,他们会将孩子看作营利手段,而非有尊严的生命;他们不会将女性生殖分娩看作一种特别的劳动形式,而只是将之视为一个在经济过程中可以带来产出的抽象投入。在安德森看来,这似乎是所有代孕市场的固有特性。

首先,我们要质疑这种观点。我们想指出的是,人们也曾对儿童保险抱有类似的担忧。人们一度曾反对此类保险计划,理由是这些保险计划"给孩子们的生命标价","将儿童商品化"。[9] 或许在一段时期里,当人们取得保险时,这就是他们看待自己孩子的态度,也或许是保险公司看待孩子的态度。但是,时过境迁,现在,尽管这些看法确实古怪而不寻常,但我们仍然可以认为它们并不会对儿童保险产生什么影响。取得这类保险的人们已经不再被猜疑,我们也不再认为取得儿童保险意味着你将孩子视为商品、赚钱手段,也不会认为你这是在给人类的生命标价。是否有这样一种可能:安德森所认为的代孕的主要构成部分只是人为产生的新东西,而非此类交易中所固有的部分?对此我们存疑,不过我们先代表安德森暂且搁置这个质疑。

我们还可以提出另一种质疑。我们不认为我们的态度与财产权之间有任何关联。我们中的很多人都拥有一些不仅仅被我们视为商品的东西。我(彼得)有一块表,它是我已故的祖父送给我的礼物。我对这块手表怀有很深的感情。尽管我很清楚我对这块手表拥有财产权,但是我绝不可能只把它视为一件商品。所以,我脑袋里有两种并存的态度——"这块表是我的财产"或"我对这块表享有财产权",和"对于我而言这块表不仅仅是个商品"。这两种态度都符合逻辑,且不存在任何矛盾。但是,让我们再次代表安德森将这个质疑暂且搁置。

接下来我们要提出的更重要的回应也认同安德森的担忧。出于论证的目的,让我们做这样一个假设:当下的代孕市场确实导致了一种对孩子和女性生殖分娩的不尊重态度。另外,我们当然也认同安德森的观点,即这些态度是错误的,很大程度上或完全仅仅将孩子或分娩能力当作一种商品绝对是不道德的。让我们进而假设,即使我们禁止经纪人介入,并在合同中加入"改变主意"条款,然而这种态度依然会存在。同时,让我们维持市场的社会意义不变。假如你并未被此说服,又或者代孕所导致的积极结果并不足以让我们反对将社会意义与代孕联系起来的社会行为——即安德森所提出的代孕的问题,那么,我们是否可以调整一些因素,以使其克服人们因为商品化的态度——假设这种态度也是由市场导致的——而产生的对此类市场的反感之情呢？

交易方式

吉他效果器的前面板上有很多按钮，是用来控制音量、均衡、放大（也被称为"过载"或"失真"）和其他功能的。有些效果器很"敏锐"，或者说"很难调"；意思是说，只有在一些特殊的设定下，它们才会有很好的音效。比如说，只有在一些特定的设定下，Mesa Boogie 的 Mark 系列效果器——一种很有名的效果器，数千首摇滚、金属和爵士歌曲中都使用了它——才会表现出好的音效（具体来说，几乎必须关掉低音，适当调低中音，调高高音和放大，同时还必须将内置的五频段均衡器调成 V 字型）。还有另一个例子：传奇吉他手史蒂夫·范（Steve Vai）的标志性效果器 Carvin Legacy 需要将"极高频"键调到 7 档；调高一点儿就会有颤音，调低则会听起来绵软无力。其他效果器都"很好调"。比如说，基本上在任何设置下，传奇的 Marshall Super Lead——另一款你在无数唱片里听到过的效果器——都会呈现出很好的音效。

市场与吉他效果器有些类似。就像吉他效果器有着各种按键（放大、音量、低音、中音、高音、极高频、共鸣、高频削减、加强、中频削减等）一样，市场也有很多变量，它们也可以被调整成不同的设置。如同有些吉他效果器只在特定的设置下才会呈现出好的音效一样，或许有些市场只在特定的设置下才能良好运行。或者说，正如某些吉他效果器在任何设定下都能呈现良好的音效那样，或许有些市场也能在任何情况下都运行良好。

所以，如果一个市场就像一个效果器那样，那么它会有哪些按键呢？这些按键又分别起到什么作用呢？在我们看来，市场交易方式由下列变量组成，我们称之为市场模式的七个方面：

1. 参与者（买家、卖家、中间人、经纪人等）
2. 交易的媒介（金钱、物物、本地货币、比特币、礼品卡等）
3. 价格（高、低、适度等）
4. 分配（各方各可以获得多少）
5. 交易方式（拍卖、彩票、集市、消费合作社等）
6. 支付方式（工资、奖学金、小费、慈善捐款等）
7. 交易动机（营利、公共利益、回收成本、非营利、慈善等）

假如以上每个方面都各有3个选项（其实远不止3个），那么我们将会得到37种排列组合，即2187种市场模式。假如我们再加入时间和地点这两个变量，那么就会有更多种不同的方式。要想反驳反商品化论者对商业代孕的反对意见，我们只需从最少2187种市场模式中找到反例即可。在讨论代孕市场时，我们有很多种不同的市场模式可以选择。市场的参与者可以被限制。可以有很多种价格选择，可以在出售服务者、经纪人、中介等所有参与者之间进行金钱的分配，其分配方式的选择也各有不同。出售服务者所收到的酬劳也不必是金钱，可以是以她的名义捐献的慈善款项，也可以是这个孩子或她下一个孩子的教育基金。我们可以设定价格下限或价格上限，或者对所有代孕者采取单一的标准化定价。

除了参与者、支付方式、价格和分配之外，我们还可以改变交易方式。代孕可以采用彩票方式，由一群希望成为父母的人购买彩票，他们每个人得到一个孩子的机会是同等的，而代孕者则从彩池里获得一笔固定的酬劳。孩子们或许可以被拍卖,尽管我们估计会有很多读者对此深感不悦。但是,这种不悦可能是因为没有理解拍卖的社会意义。接下来,我们将对此进行详细的解释。(事实上,儿童拍卖市场可能是个非常雅致的市场。)

这些变量的任何变化都可能引起相应的各种交易的象征意义的变化。与这些变化相对应的交易可以被看作属于同一类市场。我们仍然可以将之视为代孕市场,只不过这些市场各自有所不同。是否存在这样一种市场结构,它的某些市场方式的一个特点是:这个市场上的人会对孩子抱有正确的态度?在下文中,我们将着重讨论一个你或许已经开始思考的问题,即我们对"市场"构成的理解是否过于宽泛了?难道市场不是必须以利润为导向吗?难道在现代市场中,金钱不是必要的交易工具,而物物交换或奖学金才是主流?一旦我们提出这个问题,接下来就会在谈及实证文献之前先证明改变方式是切实可行的。如果我们认定改变市场结构可以克服其他各类市场的类似问题,那么我们就可以认为,改变市场结构不仅可以克服商业代孕的问题,也可以克服其他许多类市场的问题。

这是我们对反商品化批评者提出的总体上的质疑。他们仅仅能证明在一些甚至许多"设定"下的某些市场不好(道德上不可行),这是不够的。他们需要向我们证明的是,在所有设定下,某类商品的市场都是不好的。否则,对于某个市场,只要我们能找到一种可行的"设定"就足以证明我们的观点是正确的。所以,让我们来举个笨例子,假设买卖肾脏在如下几个条件下才可以被准许:价格必须是5.6万美元比特币,买卖双方都要高唱"当我64

岁时",且交易必须在5月的第4个星期五进行。但即便如此,这也只意味着肾脏是可以被买卖的东西,而反商品化的批评则是错误的。

在某些人的引导下,人们或许会认为,假如某样商品只能在由这9个变量组成的某个特定"设定"下才能被买卖,那么这个市场就*近乎*是不道德的。人们或许会认为,所谓好的商品就应该可以在这9个变量的任意组合下被买卖。人们或许会认为,对于某种商品而言,可接受的"设定"越是受到限制,那么相应的,这个市场就*越是*不好。

但是这种想法并不适用于效果器市场,类似的,这种想法也不能适用于其他许多商品和服务市场。让我们考虑这样一种情况:Mesa Boogie Mark IIC +、III 和 IV 型效果器只在少数非常特定的设定下才会呈现出好的音效,但是它们并不会因此而变成坏的效果器。相反,它们特别优秀,正因为如此,你才会在数千张唱片里无数次听到它们的呈献。你需要做的只是明白如何调它们。类似的,肾脏市场或许只在某个特定的"设定"下才是可以被允许的,但是这个特定的市场仍然是个很好的市场,它会比大多数其他商品的市场更能造福这个世界。

但即便如此,我们也不想就这么简单地宣布胜利。假设某个市场在理论上可行,但是它所需要的条件非常严格,以至于几乎不能被满足。[10] 然而,即使这种情况存在,也不会改变我们的论点,不过它的趣味性可能会大大降低。所幸的是,到目前为止,我们的书中似乎还没有出现这样的情况,因为我们确实找不到合适的例子——比如说,只有当一个人连续掷 666 次硬币都是反面时,出售肾脏才是可行的。实际上,多数为人们所反感的市场都可以轻易地被"修正"。

要　点

在最初几章里,我们解释了究竟什么才是关于商品化的争论。我们在超过 20 个不同的场合展示了这一部分内容,事实表明,这种解释非常有帮助。在听取了解释之后,我们遇到的很多倾向于抱怨商品化的人都意识到,他们所担忧的其实是方式**方法**,而非**买卖行为**本身。

在本章中,我们在总体上对反商品化的理论家们提出了挑战:如果他们要证明某些商品[可以被免费占有、赠予或获得但]不可以被买卖,那么他们就需要"调节"市场的"那些按键",以确保在任何"设定"下,那些商品都不可以被买卖。或许,我们只能在一些特定条件下才能买卖诸如肾脏这样的商品。但是,尽管如此,它们依然是可以被买卖的,这就是我们的论点。

在本书的第二、三、四部分中,我们将检验并抨击一些试图应对我们挑战的论点。在第二部分,我们将仔细审视那些针对某些市场的符号论反对意见。在第三部分,我们将聚焦腐化论反对意见。在第四部分,我们将主要讨论剥削论、伤害论和分配不当论这三种反对意见。针对每个例子,我们都将证明与之对应的反对意见是站不住脚的。

在第四部分开始前,我们将证明反商品化的主要观点都是错误的。但是,我们估计很多读者在内心深处仍然会觉得买卖某些东西是错误的。在第四部分,我们将仔细审视这种发自内心的感受。我们将会论证,至少有些反对意见是厌恶情绪的表达;我们还将证明,这些感受并不能可靠地指明对错。

注释

[1] *Texas v. Johnson*, 491 U. S. 397 (1989).
[2] 从严格意义上来说,这种说法是否属实仍有争议。法院以言论的正确性对其进行排序,其中商业性言论、猥亵性言论、挑衅性言论受到较低程度的保护,相较而言,法院所认为的更为重要的言论——比如政治言论——则会受到更多的保护。不过,我们在此简单地采用了他们的说法。在此处,美国的法院是否在现实案例中也坚持他们所宣称的标准并不重要。
[3] *Ward v. Rock Against Racism*, 491 U. S. 781 (1989).
[4] *Cox v. Louisiana*, 379 U. S. 536, 85 S. Ct. 453, 13 L. Ed. 2d 471 (1965).
[5] 在博弈论中,市场设计是机制设计的一种。在市场设计中,经济学家试图通过改变一个市场"或游戏"中的相关特点来产生或避免一些结果。很多经济学家对提高房地产市场的效率有兴趣。比如说,有些经济学家尝试降低交易成本,或减少负面的外部影响。
[6] Anderson 1990, 76.
[7] "售卖儿童所表现出的重要意义是我所不能认同的。在通过买卖转让孩子的过程中,代孕合同中的各方以此表达出的那种态度破坏了父母之爱的准则。他们都认同,金钱激励可以削弱生母与其孩子之间的纽带。"安德森,1990,第77页。
[8] Anderson 1990, 76.
[9] Zelizer 1994.
[10] 感谢一位匿名审稿人对此观点的贡献。

第二部分　市场是否意味着不敬

第五章
符号论反对意见

金钱有某种意义

买卖的意义并不只是获得商品或赚得金钱。它也可以是一种表达行为,一种呈现,或者一种向别人展现态度和信念的方式。

让我们看看这个例子,著名的市场批评者内奥米·克莱因(Naomi Klein)发现,品牌原先只是一种让消费者辨别和区分不同产品的途径。可口可乐和百事可乐的味道略有不同,而不论你身在何处,都可以根据品牌选择你喜欢的那款饮料。但是,现在品牌的意义已经不止于此,不同的品牌意味着不同的生活方式、态度和意识形态。购买某样商品,就是在选择一种形象或生活方式。

比如说,人们购买苹果电脑而非其他相对便宜却性能相仿的电脑,是因为他们想向别人表明自己跟他们是某一类人。又或者,由于购买苹果电脑,他们(在某种程度上)**成了**那样的人。我们向消费者灌输某类商品和服务,或者说,某些品牌给这些商品或服务赋予了意义。不管你喜欢与否,拥有一台苹果而非别的电脑这件事都表现了一些关于你的信息。

我们可以再举个例子,想想豪华轿车市场。宝马 335i 和梅赛德斯 C400 的性能并不相同,这两款车之间确实有着明显的区别。但是,在两者之间作选择的时候,大多数买家所依据的并不是它们在物理性能方面的差异或价格的区别。

事实上,宝马和梅赛德斯这两个高端品牌都有意识地、细致地为各自的用户塑造了不同的形象。因此,很多购买宝马用户释放了(或试图释放)这样的信号:他们热爱驾驶,追求精确和性能。而购买梅赛德斯的用户则倾向于表现他是有教养的、老练的、高雅的人。

我们给购买或不购买某样东西的意愿赋予含义。比如说,想想美国人对卖淫的主流看法。有些人认为买春并不是不道德的,但即便在这些人中,大多数人也**看不起**买春者,在他们看来,买春是下等人才做的事,因为上等人的性爱应该是无偿的。人们还会为他们将要买卖的东西设定界限,以此来表达某种态度或者表明某种处事原则。我们可以举个例子,一些人以做某些事为荣,比如在地下室安装板墙,但他们认为雇人来做就不值得自豪了。这些人认为,不愿花钱雇人做事表现了某种美德。或者,想想免费族①,他们不主张购买食物,而是在垃圾堆中寻找别人丢弃的仍可食用的东西。他们自得地这样描述自己:"信奉团队精神、慷慨、关怀社会、合作和分享,反对一个建立在物质主义、道德冷漠、竞争、随大

---

① 反对资本主义和消费主义的人,他们不主张购买消费品,试图通过回收利用废品生存。

流和贪婪之上的社会。"[1]成为免费族所表达的不仅仅是要免费获得物品,它还代表了一种身份和社会理念。

正如我们在第一章中所见,对于所有市场的商品化,都有许多基于道德理由的反对意见,它们包括:

A. 剥削论　某些商品或服务——比如器官交易——的市场可能会鼓励强者剥削弱者。

B. 分配不当论　某些商品或服务——比如常青藤名校的入学资格——的市场可能会导致对这类商品的分配不公。

C. 侵权论　某些商品——比如奴隶——的市场可能会侵犯人们的权利。

D. 家长作风论　某些商品或服务——比如冰毒或烟草——的市场可能会导致人们作出伤害自己的选择。

E. 伤害他人论　某些商品或服务——比如斗牛犬或手枪——的市场可能会导致更严重的暴力。

F. 腐化论　参与某些市场——比如为自己购买奢侈品,或为女儿购买迪士尼公主玩偶——可能会导致我们产生有缺陷的偏好或品格特质。

在本书接下来的内容中,我们将会一一讨论这些反对意见。在本章中,我们将专注于这样一类反对意见,即认为买卖某样东西**可能是种错误的表达**。

某些表达方式或事例是错误的。人们不应该随意对别的司机竖中指,不应该谱写表达对犹太人仇恨的新纳粹音乐,不应该对自己善良慈爱的母亲说:"嘿,妈,我希望你死掉,在地狱里腐烂。"诸如此类。即便在我们有权表达这些态度的时候,这么做也是错误的。(所谓我们有自由表达的权利,只是指别人不应该阻止我们表达某些观点。这与我们表达这些观点的行为的对错无关。)

比方说,假如你告诉一个虔诚的基督徒你曾在别无他法时把《圣经》当作厕纸,设想一下,她可能会怎么想?即使你无意表达对基督教的蔑视,但是她也有可能因此而被深深地冒犯。甚至很多非基督教徒也会觉得这种行为是种冒犯。

很多人认为,某些商品和服务的市场会以同样的方式冒犯别人。这些人认为,我们应该从道德上甚至法律上限定可被售卖的东西的范围,因为在某些领域内进行市场化可能会冒犯原本应该受到尊重的东西。很多哲学家、政治理论家和外行人都深信,在我们前面所指出的 A—F 几类反对意见之外,还存在一类反对意见。针对某些商品和服务,这些哲学家们提出的反对意见被我们称为符号论反对意见。迈克尔·桑德尔声称:"市场并不只是配置商品;它们还会表达……对交易品的某种态度。"[2]这正是符号论反对意见的理由。它们一般是这样的:

G. 符号论反对意见　不同于 A—F 这几类反对意见,它也认可某些商品或服务 X 的市场是一种交流方式,但它认为这种方式表达了一种看待 X 的错误态度,或者说,它与 X 的内在尊严相冲突,又或者说,它会表现出对与 X 有关的某些习惯、风俗、信仰或关系的不尊重。

符号论反对意见以这样一种理念为基础:某些商品的市场传达了、标志着、表达了某种错误的态度,或者会将错误的态度符号化。市场是一种语言,或者说,它是一种社会意义系统。市场行为——将商品和服务引入市场,用诸如金钱这样的金融工具购买商品和服务,以及金融工具本身等——都有各自的意义。根据符号论反对意见,因为某些市场行为自身意义的缘故,将某些对象商品化的行为必然是不尊重的,且会贬低这些对象(或者与这些对象相联系的东西)。

符号论反对意见并不是多余的

按照我们的定义,符号论反对意见不同于对剥削、分配不当、侵权、自我伤害行为、伤害他人或品格堕落的担忧。因此,为了理解我们所说的反对将某些商品商品化的符号论反对意见,请设想这样一种情况:买卖这种商品不会导致任何剥削,不会妨害分配公平也不会导致不道德的分配,且不会引发自我伤害行为,不会导致他人被伤害,更不会导致我们自己堕落。但如果在这种情况下,这种商品的市场仍然是错误的——因为这种市场会表达或传达不尊重,或者破坏某种关系的意义——那么符号论反对意见才能成立。

比如说,很多人深信不该售卖性服务或色情制品,因为这种行为在本质上是可耻的。[3] 很多人也对器官售卖持有同样的观点。但是,假设比尔·盖茨决定以 100 万美元的价格将他的肾卖给沃伦·巴菲特。尽管这笔交易不存在剥削,但是很多人会认为这笔交易体现了对人体的不尊重态度。萨茨讨论过这样一种情况:一所大学花钱雇学生打扫宿舍,以此来给可能入学的学生及其家长留下良好印象。但是,她认为这种交易关系不是一所大学及其学生间该有的关系。[4] 安德森的担忧是,代孕市场有着本质上的对妇女和儿童的不尊重。传言中的侵权行为也是她所担心的事情之一。除了侵权之外,她还担心花钱雇女性代孕会释放出女性是"生育工具"这种信号,而且这种服务还会破坏亲子关系。[5]

有些很显然属于符号论的反对意见则依附于非符号论的反对意见。买卖奴隶传达出了不尊重,因为奴隶制侵犯了奴隶的权利。对于血汗工厂的标准主流反对意见认为这是一种剥削。如此,购买血汗劳动力就表达了不尊重,因为这也是一种剥削。儿童色情市场涉及伤害和剥削儿童。儿童色情内容中包含的伤害和剥削解释了为什么它们会表达不尊重。但在我们对符号论反对意见的评估中并不包含这些内容,因为我们只打算讨论那些与伤害、鲁莽、侵权、剥削、分配不当和腐化无关的反对意见。

请注意,在关于哪些东西不该被售卖的争论中,符号论反对意见并没有什么独特之处。很多民主理论家在捍卫民主时也会部分地采用符号论的反对意见,其理念就是:有且只有民主制度才表现了我们基本的道德平等。[6]

让我们来看看符号论的一些反对意见。桑德尔反对领养拍卖:"即使买家没有虐待他们买来的孩子,儿童市场也会传达或促进一种对孩子的错误的价值判断。孩子不应该被视为一种生活消费品,他们应该是值得我们去爱、去关怀的存在。"[7] 后来,他还反对金钱馈赠或礼品券,声称"传统的礼物馈赠"表现了"关怀",这是这些礼物所不能表现的。[8] 他还反对恐怖主义信息和死亡信息市场,他说:"假如人们反对对死亡下注,那么这一定是因为这种下注行为表现了非人道的态度。"[9]

伊丽莎白·安德森主张,为了创造能够让人们自律的社会条件,"可能会需要一些限制,以便建立不同的坚固集合,人们可以在各个集合内进行各种估价"。[10]她说,"人们通过不同的方式为不同的商品作出不同的估价",为了保证他们的自由,我们必须创造不同的"包容这些不同估价方式的集合",界限"不仅存在于国家与市场之间,还存在于这些惯例与其他方式的自我表达之间"。[11]安德森的符号论反对意见不如桑德尔的清晰。但是,正如前文引用的她的话所表现出来的那样,她的一个反市场的主要论点是,为了实现康德式的自律,我们必须为不同的商品设定不同的集合,这样我们就能采用不同的估价方式。

类似的,迈克尔·沃尔泽(Michael Walzer)认为,当商品分配违反了相应商品的社会意义时,这种分配就是不公正的。[12]不同的商品——比如职位、荣誉和爱——需要遵守不同的规范,因为它们各自代表了不同的、独立的集合,这些集合必须有所区分。沃尔泽反对金钱可以"侵入"其他集合,并对"侵入"颇有不满。他说:"**卖淫和贿赂**这些词就像**圣物买卖罪**一样,它们所描述的是买卖那些根据其意义本不应该被买卖的东西的行为。"[13]所以,在沃尔泽和安德森看来,某些东西不能被售卖,因为这违反了这些商品的**意义**。

理查德·蒂特马斯(Richard Titmuss)和彼得·辛格(Peter Singer)也提出了类似的论点,戴维·阿查德(David Archard)则进一步提出,卖血是"帝国主义式的",因为它涉及"对意义的玷污"。[14]他指出,如果我们允许卖血,那么"非市场交易的意义就会被市场交易所玷污。继而,市场交易给任意交易品所标注的货币价值就会'渗入'非市场交易并改变其意义"。[15]

据我们所知,符号论反对意见是针对商品化的一种**最常见的**反对意见。几乎每个反商品化的理论家都在某种程度上以此为依据,或提出此类意见。当然,每个理论家也会提出非符号论的反对意见,但是,尽管如此,却没有人对符号论反对意见本身作出系统的研究或批评。

三种符号论反对意见

简单地说,我们的观点是,符号论反对意见站不住脚。(虽然我们不知道在其他争论中,符号论论证是否正确。)在第二部分接下来的三个章节里,我们将检验并反驳一些看似有理的符号论论证:[16]

1. 仅为商品论反对意见　买卖某些商品或服务表明人们认为它们仅有工具价值。

2. 错误信号论反对意见　无论人们态度如何,买卖某些商品或服务都表现了对该对象的不尊重。

3. 错误货币论反对意见　在某些关系中引入货币和市场会导致疏离,这是令人讨厌的、冷漠的。

对此,我们的主要应对将是,解释为什么在通常情况下,市场的意义是一种非常视条件而定、非常不固定且由社会建构的现实。市场交易本身并没有什么必不可少的意义。市场交易的意义必须取决于一个文化的解释性习俗,而这些解释性习俗取决于道德评价。在我们看来,文化有时候会以一种有害的、对社会有破坏性的方式给市场注入意义。与其说这给了我们回避市场的理由,不如说它给了我们修正原本赋予市场的意义的理由,或者说,假如我们没有能力作出修正,那么也应该认真地反抗或忽略我们的社会赋予这些市场的意义。

注释

[1] Quoted from http://freegan.info. The Freegans are so anti-consumerist they wouldn't even buy the more expensive.com domain.

[2] Sandel 2012a, 9.

[3] Anderson 1995, 45.

[4] http://news.stanford.edu/news/2010/june/class-day-lecture-061210.html.

[5] Anderson 1990, 71. For a similar view, see Pateman 1998, 207.

[6] E.g., Christiano 2008, 98 – 99, 287; Gilbert 2012; Rawls 1971, 234; Rawls 1993, 318 – 19; Rawls 2001, 131; Freeman 2007, 76.

[7] Sandel 2012a, 10.

[8] Sandel 2012a, 106.

[9] Sandel 2012a, 146.

[10] Anderson 1995, 142 – 43.

[11] Anderson 1995, 141.

[12] Walzer 1984, 7 – 10.

[13] Walzer 1984, 9.

[14] Archard 2002, 87 – 103.

[15] Archard 2002, 95.

[16] 对我们方法的一个注释:诸如迈克尔·沃尔泽、安德森、桑德尔、萨茨和雷丁这样的反商品化理论家们总共举出了数百个例子,他们认为在这些例子中,对某些商品的商品化行为是不道德的,其中很多都包含了对剥削、分配不当、伤害他人、自我伤害的选择、品格腐化或侵权等情况的担忧。此外,这些理论家们还提出了符号论反对意见。为了清楚地阐明我们对这些观点的看法,就必须检验他们提出的每一个例子,然后尝试证明 A. 相关的商品或服务的市场并不会传达他们认为会传达的内容;B. 假如这种东西的市场不被允许,那也并非因为某些"符号化的"担忧,而是因为将这样东西商品化会伤害别人、侵害他们的权利、导致自我伤害或分配不当,因为这不公平或包含剥削。所以,我们会换一种方式,去检验一些常见的符号论反对意见和关键案例。我们会作出一系列论证,它们将会让人们对我们没有讨论到的案例产生怀疑。

第六章
仅为商品论反对意见

论　证

　　我们将首先驳斥相对无力的符号论反对意见。我们这么做的原因是,这将在某种程度上帮助我们理解一些相对有力的符号论反对意见到底有什么问题。

　　让我们考虑一下"商品"这个词所内涵的意义。假如有人这么解释:"毕加索的画作仅仅被视为一种商品!"他所抱怨的是,在买卖油画的过程中,人们没有欣赏并尊重油画的非工具价值。简单来说,我们常常用"商品"这个词来指代那些被买卖的且被视为仅有工具价值的东西。当反商品化的理论家们抱怨某些东西被变成商品时,他们通常是指,我们仅仅将这件东西视为满足我们的工具,而事实上,这个东西(或者与之相关的东西)应该得到尊重。

　　因此,当我们售卖某些商品或服务时,如果我们会不可避免地忽视这些东西的非工具价值,那么一个符号论反对意见就是成立的。如果市场中的人们仅仅将某种商品或服务 X 视为一件商品,

而 X 却又不仅仅是件商品,那么在这种情况下,X 的市场就可能会是不道德的。我们可以这样论证:

仅为商品论反对意见

1. 某些东西不仅仅是商品。它们具有非工具的价值,且这种价值不能被市场价格所反映。

2. 售卖某种商品或服务必然意味着人们仅仅将这些东西视作商品。

3. 假如 1 和 2 成立,那么售卖这种商品或服务就是错误的。

4. 因此,售卖这种商品或服务是错误的。

这种论证试图在如下两个条件之间建立一种必然关系:A. 买卖某样东西;B. 对这样东西不尊重。

商品 vs 仅仅是商品

这种观点的一个问题在于,它巧妙地利用了"商品"的两个互相矛盾的定义。比如说,伊丽莎白·安德森曾说:

> 假如在一个习俗中,某样东西的产出、分配或享受由具有市场特性的一个或多个规则主宰,那么在这个习俗中,这样东西就被视为商品。市场规则在生产、分配和享受这样东西的人们之间建立关系。比如说,在市场交易中,交易各方的意愿和渴望决定了他们之间可自由让渡的权利的分配。在法律要求的最低限度之上,每方都应该顾及自己的利益,任何一方都不该顾及别人的利益。[1]

或许安德森认为这是对一件商品的定义。根据她的定义,一件商品就是由具有市场特性的规则所主宰的一样东西,而且市场规则从本质上来说与道德无关,因为规则的目的在于获得最大化的满足。若是如此,那么她就可以给"商品"一词附加各种消极的内涵意义。那么根据这种观点,将某样东西看作商品就是认为其仅具有工具价值,同时,在这件商品的买卖中,人们应该只遵守最低限度的消极道德义务。[2]

但是,这并不能成为反对所有商品化行为的基础。假如我们决定用这种方式来定义"商品",那么显而易见的结论就是,在将某样东西视为商品的同时,就是认为这样东西(或与之相关的习俗)不值得尊敬。但是,买卖某样东西和按照如上定义将之视为商品却不一定是同一回事儿。事实上,当人们买卖一件东西时,是否会将这样东西视为以上述方式定义的商品,这一直是个开放性问题。

安德森和沃尔泽[3]似乎认为,在市场上买卖某样东西与将之视为一件商品(按照上面讨论的消极内涵意义)之间有着必然的联系。但是,我们可以分辨某样东西是 A)一件商品,还是 B)**仅仅**是一件商品,这两者是有区别的。这样说吧,一件商品就是任意有价格标签且可以在市场上交易的东西。从这个意义上来说,称某样东西为商品并不包含对其道德地位或关于人们为什么可能错误地看待它的评判。但是,认为某样东西仅仅是商品则包含道德暗示。一件仅仅是商品的东西是有着价格标签、可以在市场上交易且被人们认为仅具有工具价值的东西,因为有些东西可以仅仅是满足交易各方(非道德的)欲望和偏好的工具。

通过分辨一件商品和一件仅仅是商品的东西,我们可以理解为什么仅为商品论反对意见是有瑕疵的。假如某样东西被买卖，那么从定义来看，它就会被视为一件**商品**。但是，认为一个买卖某样东西的人**仅将这样东西视为商品**，那么这个有趣的观点就是另外一回事儿了。根据某人将某样东西视作商品这个事实，我们不能自动得出他仅仅将之视为商品的推论。我们都知道，假如一件东西在被售卖，那么从通常意义上来看，这件东西就是商品。但是，要认定人们仅仅将某样东西视为商品，我们还需要对人们的观点和意见作传统的心理学研究。

当你购买某样东西时，或许会仅将之视为一种任你处置的、令你愉悦的工具。当我们谈及苹果、避孕套和三明治的时候，这种说法就是正确的。但是，我们并不会以这种态度对待所有商品。事实上，在买卖东西时，人们常常并不仅仅将之视为商品。

商品，但不仅仅是商品

以宠物为例。起码有些动物——比如狗、海豚和黑猩猩——都具有内在的、非工具价值的重要意义，不应该仅被视为商品。虽然宠物通常是被人们买卖的，而且很多人（无论他们如何获得他们的宠物）确实会虐待他们的宠物，或者不能认识到宠物的内在价值，但是也有很多人珍视他们所购买的宠物，而且很多宠物饲养者对他们所饲养的宠物都怀有深厚的感情。[4]

与之类似的，在艺术品市场上，阿尔弗雷德·巴恩斯（Alfred Barnes）收集了世界上最有价值的一批杰作。巴恩斯应该会认同伊丽莎白·安德森所写的这段话："真正欣赏艺术的人不会仅仅将艺术品视为一种可以任他处置的东西,他会将之视为应该被欣赏、被重视的东西。为了满足某些人的非伦理性偏好而随意毁坏艺术品的审美价值是可鄙的,一个令人钦佩的、有教养的人的标志是他偏向于欣赏艺术。"[5]巴恩斯及其他数百名收藏家的行为常常能证明他们具有一个令人钦佩的、有教养的人的标志,但同时,他们也参与了艺术品买卖。巴恩斯比大多数人更重视艺术品,这也是他购买他收藏的那些艺术品的原因。

很多天主教书店也售卖蜡烛、念珠、祈祷卡和其他祈祷用品。在很多天主教传统中,购买这类祈祷用品是常规行为。但是,在很多消费这些用品的天主教徒看来,这些商品与其他标价出售的普通蜡烛是有所不同的。一间名为卡瓦纳面包公司(Cavanagh Bread Company)的厂家生产和销售了几乎全美国的圣餐礼圣饼。[6]卡瓦纳一家人都是虔诚的天主教徒,他们将为自己牟利的产品视为某种神圣的东西。(比如说,他们不允许凡人的手触碰被用过的圣饼。)

除此之外,还有很多类似的例子,我们可以通过这些例子得出这样的结论:人们买卖物品的行为并不天然地表明他们对这些物品抱有错误的态度。事实上,人们在日常买卖物品的同时,也可以对商品或与商品相关的行为和习俗保持敬意。在本书接下来的内容里,我们还将多次提到这个观点。

现在,反商品化的理论家或许会这样应对我们的论证:他们会试图证明,当人们买卖某样东西时,买卖行为会逐渐随着时间的变化而**导致**他们仅仅将这些东西视为商品。这个新的论点承认,人们在买卖某些东西——比如艺术品——时,可以不仅仅将这些东西视为商品。但是,这种观点认为,随着时间的流逝,当更多的人开始买卖更多的此类物品时,市场会消磨掉我们的敬意。

但是,这种新观点其实是一种腐化论反对意见,而不是一种符号论反对意见。请注意,因为没有心理学或社会学研究的实证证明,所以这种新观点并不完全是哲学意义上的。提出这种观点的人必须承担举证义务,他需要进行相关的实验,或找到足够的实证证据来证明他的假设。但是,鉴于我们在本章中讨论的重点是符号论反对意见,所以我们暂且先不讨论这个新观点是否正确。我们会在第三部分中对这种反对意见作出回应。但是我们认为,这个例子很好地证明了我们的假设,即符号论反对意见至多只是其他反对意见的附庸。在这个例子中,一个看似符号论的反对意见变成了一个腐化论反对意见,所以这个符号论反对意见并不成立。

到目前为止,我们已经证明了购买商品和服务的人们并不一定会仅仅将他们买卖的东西视为商品。但是,这并没有解决问题。我们目前只击破了一个相对无力的符号论反对意见,现在我们必须面对那些更有力的反对意见。

市场的含义

类似的评论也适用于"市场"一词。在本书中,我们对"市场"的定义比较宽泛。(请注意,到目前为止,这场争论的其他参与者也采用了宽泛的定义。)从广义上来说,市场就是对商品和服务进行等价回报交换的地方。鉴于关于商品化的争论的主要议题是,是否应该允许用金钱交易某些商品和服务,那么我们所考虑的也就是在商品和服务的交易中涉及市场和金钱的那一部分。

现在,有些人可能会希望给被称为"市场"的这样东西附加一些传统标准,比如说,市场交易必须包含纯粹利己的动机,又或者,市场的参与者必须认为交易品缺乏内在价值。如我们刚才所见,这种想法可能是错误的。事实上,人们在买卖物品时并不会抱有这样的态度。但是,避免给"市场"附加此类消极标准的另一个原因是,这会让反商品化理论家们的论证变得简单。毕竟,如果将市场交易定义为自私且无关物品真实价值,那么由此而来的一个直接推论就是,将某些商品或服务市场化就无法对其表现出足够的敬意。但是,这使得 schmarkets①——在这个市场中,人们买卖商品和服务,但是他们却不像某些人希望的那样抱有必然存在的对市场的所有错误态度——的存在成了可能。如果我们都认可这样一种观点——即根据定义,市场中的态度无关道德——那么反商品化理论家们就可以轻易证明,某些商品和服务的市场是无礼的,但是他无法证明这类商品的 schmarkets 是无礼的。此外,反商品化的理论家们想要告诉我们一些有关现实中市场行为的事情。如果采用这样的定义,那么在现实世界中,任意给定售卖行为究竟是发生在市场中还是在 schmarket 中就成了一个实证问题。在我们看来,最终结果可能就是:所有现实中的市场都是 schmarket。因此,采用具有消极内涵意义的"市场"定义并不具有实际意义。我们应该采用一个宽泛的定义,并将市场中人们的动机是什么这个问题视为

---

① 这其实是在 market 这个词之前加了个德语的语气前缀词,表示是市场的一个变体,可翻译为"实市场"。

一个实证问题。

深入反思后发现,仅为商品论的反对意见并不是真正反对市场本身或商品化本身;它所反对的至多只是市场参与者在买卖时可能抱有的或缺乏的态度。只要买卖者抱有正确的态度,那么这种反对意见就不能成立。这种意见所反对的并不是被售卖的**那样东西**,而是售卖的**方式**。它所反对的也不是售卖品,而是售卖者。

关于价格的意义的注解

对商品化的抱怨常常与经济学家对人类理性的建模方式紧密关联。包括安德森的《伦理学和经济学的价值》(*Values in Ethics and Economics*)、沃尔泽的《正义诸领域》(*Spheres of Justice*)和雷丁的《质疑商品》(*Contest Commodity*)在内,很多批评商品化的著作都有大量反对成本效益分析或关于是否可以用普通数字标准来衡量所有价值的内容。反商品化的理论家们认为:[7]

1. 世界上不仅有很多不同价值的东西,还有很多不同种类的价值和衡量价值的**方式**。

2. 相应地,不应该用一个通行的主要价值尺度来衡量这些商品,尤其不应该使用货币作为评判标准。某些东西的价值不仅仅体现为它的价格。

3. 但是,经济学家们似乎认为,我们的一切价值都可以用一个通行的主要货币标准来衡量,而且某样东西的价值就是它的价格。因此,经济学家**曲解**了物品的实际价值。

4. 因此,很多经济学家对世界的解释及其提出的对应政策都源自被曲解的或错误的价值认知。

比如说,当一个政客需要在拯救雨林与允许增加工业生产之间作出选择的时候,经济学家或许会提出这样的建议:我们应该确定雨林的价值,以及工业增长会带来多少货币价值,然后选择更值钱的那个。虽然理性的经济学家肯定会承认这种评估是很困难的,但他仍然会坚持认为原则上需要作出此类评估。但是包括所有主要的反商品化理论家们在内的很多哲学家则对此怀有异议。即使雨林中的一些物品所产出的价值可以用货币标准来衡量,但这并不能反映出雨林的价值。

或者,让我们来看看一个个人的例子。在布伦南遇见他现在的妻子劳伦(Lauren)那一天,他还遇见了另一个女孩(现在,他和劳伦将她称为"闪亮裤子"),而这个女孩明确表示她愿意与布伦南约会。经济学家或许会说,尽管当时布伦南更愿意与劳伦约会,但他仍然可能选择 A. 与闪亮裤子约会,并获得 1 万美元;而不是 B. 与劳伦约会。若是如此,那么布伦南的选择似乎可以证明,可以用价格来表示他对劳伦和闪亮裤子的初始评价。但是,不仅布伦南是个奇怪的人——是那种教授政治经济学课程,会写书来捍卫商品化的人——而且劳伦也同样具有这些选项,当她选择布伦南而非别的家伙的时候,也可以用价格来表示她对布伦南和其他人的评价。或者,至少这是经济学家们倾向于选择的方式。反商品化的理论家们则担心,经济学家的这种方式错误地理解了人们衡量物品价值的方式。

我们所担心的是,反商品化的理论家们错误地理解了经济学家的做法。从哲学概念的角度来看,经济学家们有可能犯了许多罪。但是，即使人们承认(1)存在很多不同种类的价值；(2)我们衡量这些东西的价值的方式各有不同，我们也仍然有可能用一个单一的**主要**标准来衡量这些东西的价值。这是由很多关于理性的看似合理的假设推导而来的,此类证明非常有技术性,但我们将会在此对证明的主要步骤进行总结。

假设兰迪(Randy)完全是理性的。此处的"理性"并不是指兰迪是个经济人，或是某种将个人利益最大化的反社会卡通形象。假设兰迪对所有道德的、庄严的东西都怀有适当的敬意，但是，他不像我们这样完全理性而全知，那么下列这些关于兰迪的描述看上去就是正确的，因为每条描述看上去都是理性的准则：

1. 在任意给定时刻，兰迪总是可以决定某个选项是否优于另一个，或者两个选项一样好(或一样糟)。

2. 如果兰迪仅选择 A 而非 B，那么他就不会选择 B 而不选择 A。但是如果他觉得 A 与 B 没有区别，那么他也会觉得 B 与 A 没有区别。

3. (在任意给定时刻)如果兰迪在 A 与 B 之间选择 A，在 B 与 C 之间选择 B，那么他也会在 A 与 C 之间选择 A。

4. 兰迪对每个选择的偏好度至少与其选择差不多。[8]

根据上述准则，我们可以得出兰迪的"序数效用函数"。即我们可以为兰迪对世界上的各种情形从好到差(包括同等情况)进行排列。我们说兰迪有个效用函数并不是指兰迪认为所有价值都可以被归纳为一个被称为"效用"的**共同特性**。对于兰迪而言，他当然可能有许多种不同的价值观和衡量价值的方式。经济学上的"效用"并不是指**所有东西的基本价值**，而是经济学家用来表示兰迪的偏好排序的方式。经济学家也没有断言所有价值都要依主观而定,实际上他们对此也是持不可知论的。他们只是试图表明兰迪的想法在多大程度上是理性的。

到目前为止,这些准则让我们有了一个**顺序量表**。有些东西(实现一个完美的公平社会)比其他一些东西(比如在 Flappy Birds 上获得一个新的高分)更好。但是,反商品化理论家们所抱怨的不仅是经济学家认为一个理性的(且道德的)人或许有个选择排序,或许还会优先选择某样东西;他们还抱怨这样一个事实:经济学家们认为我们除了对价值排序之外,还可以用一个**主要的数字**标准来衡量这些价值。这似乎意味着每种价值都可以轻易地被其他每种价值替代,因此,这就意味着与初始假设——存在许多种不同的价值——矛盾。

在此,为了避免让本书的内容过于偏向技术性,我们必须简要解释一下**为什么**经济学家们会这么认为,不过我们不会对其进行深入证明。据我们所知,反商品化的理论家们并不熟悉约翰·冯·诺依曼(John von Neumann)和奥斯卡·摩根斯特恩(Oskar Morgenstern)的著作,这两位经济学家对经济学中的效用理论作出了革命性的贡献。冯·诺依曼和摩根斯特恩证明了,如果在上述准则里加入了其他一些看似合理的准则,特别是关于理性人如何对待**彩票**和如何处理**风险**(比如说,在更好的奖品与不那么好的奖品之间,在更好的概率与更低的概率之间,理性人都偏向于前者)的准则,那么我们就可以将任意序数效用函数转化为基数效用函数。即给定 A. 兰迪对世界上所有东西的排序和 B. 兰迪理性选择彩票的方式,我们就可以得出 C. 一个新的序数效用函数,在这个函数中,所有价值都可以用一个主要数字标准来衡量。[9]（如果兰迪衡量金钱的价值,那么我们就可以用货币计量来表示这个数值。）事实表明,不论一个理性主体是利己的还是利他的,是无关道德的、不道德的还是道德的,是一元论者还是多元论者,他可能会作出的各种权衡的**每个**组合都可以被一个连续的、数字的效用标准所表示。我们要再次说明的是,这并不意味着这个主体真正看重的只有**效用**,这只是意味着我们可以用这一标准来正确表示这个主体的价值判断。

总的来说,经济学家粗略地假设只存在一种价值——**以价格来表示的效用**——这种说法是错误的。事实上,以一系列看似合理、关于理性偏好的准则为基础,经济学家们的结论是可以用一个单一的、连续的、数字的标准来衡量所有此类偏好的。无论这个主体是价值一元论者还是价值多元论者,这个结论都是正确的。因此,反商品化的理论家们不能仅仅认为某些东西具有工具价值之外的价值,或者仅仅抱怨每样东西都可以被金钱所替代,又或者仅仅指出存在多种价值。经济学家可以并确实接受所有这些观点。

假如反商品化的理论家们想要反驳经济学家,那么他们就必须提出更激进的主张（事实上他们中很多人确实这么做了。）仅是断言某些东西因为有不同**种类**的内在价值,所以其价格就与价值不匹配,这还不足以反驳经济学家。（从纯粹工具性的角度,我看重1万美元,而同时,我也看重我的孩子们在上一个父亲节送给我的卡片,它是蕴含感情的物件。但是,坦白而言,我认为1万美元比卡片更有价值,部分原因是这1万美元可以帮我创造更多的与孩子们的记忆。）事实上,反商品化的理论家们需要证明（不仅仅是宣称)某些价值**在根本上与价格不相匹配**,因此我们无法以任何方式来对它们作出比较,也无法在它们之间作出选择。

比如说,安德森认为巴赫和达尔文都非常有才华。但是他们各自所拥有的才华是不同的,巴赫拥有音乐才华,而达尔文拥有科学才华。安德森认为拿他们的才华来作比较没有意义。我们既不能说巴赫比达尔文更有才华,也不能说达尔文比巴赫更有才华,更不能说他俩拥有同等的才华。请注意,她并不是简单地认为我们对他们的认识不足以让我们对其进行比较,也不是说这种比较非常困难。她所说的是,这种比较、排序和并列在理论上是不可行的。假如上帝存在的话,那么即使上帝也不能宣称他们中的某一人比另一人更有才华,也不能说他们两人有着同等的才华。若是如此,那么安德森或许就可以这么说,理论上我们无法评判谁的才华更有价值。[10]

或许安德森是对的,但是我们必须承认,我们不觉得她的论证有一丝一毫的说服力。她的根本理由是,因为达尔文和巴赫拥有不同类型的才华,所以我们无法对他们进行比较。但是,这似乎并不正确。请考虑一下:达尔文是个杰出的科学家,布伦南是个平凡的作曲家(他的音乐才华远逊于巴赫)。我们似乎可以轻易得出这样的结论:作为科学家的达尔文要比作为作曲家的布伦南更有才华。(如果安德森否认这一点,那么布伦南大概会感到很高兴。)

安德森说:

> [巴赫和达尔文]的才华既不比对方高,也非大致相当。如若不然,那么如果他们中某一人的才华有了微小但重要的

增长,就足以让人们的评判更倾向于此人。因此,假如达尔文在遗传学中提出了跟演化论一样的洞见,那么据此认为他的才华超越了巴赫也是很可笑的想法。[11]

但在我们看来,这个想法并不可笑。事实上,一个人的才华的增长最终会导致人们对他作出更高的评价,这在我们看来是显而易见的。假如说,达尔文的成就是他自己和爱因斯坦的成就的总和,那么他就是比巴赫更有才华。在安德森的例子中,如果达尔文的才华有了微小而重要的增长,那么这是否会让人们给他更高的评价? 对此,我们没有肯定答案的原因是,我们无法确定总体而言究竟是巴赫还是达尔文更有才华,或者说,我们无法确定他们的才华有多么接近。据我们所知,安德森的论证并不能帮助我们区分 A. 是否在理论上无法比较达尔文和巴赫;B. 是否他们可以被比较,但我们没有足够的信息进行这种比较。安德森非常倾向于 A,但我们非常倾向于 B。

我们没有对此进行进一步的论证,而是止步于此。我们在本书中的论证并不依赖于在这里所说的内容。我们的主要目的仅仅是告诉那些反商品化的理论家们,他们似乎是在给经济学家附加一大堆经济学家并不需要接受的知识上的包袱。

注释

[1] Anderson 2000a, 19 – 20.
[2] Similar remarks apply to Walzer 1984, 95 – 127.
[3] Walzer 1984, 95 – 115.
[4] 我们应该指出,这是可以进行实证检验的。比如说,我们可以通过虐待

宠物的比例来分析错误态度与获取宠物的渠道之间的关系。如果反商品化的理论家们是对的,那么我们可以提出这样的假设:相较于以礼物或通过收养获得宠物的人,购买宠物的人更容易虐待宠物。假如我们控制了其他因素(比如对待猫、狗及其他宠物的此前态度),那么这就是一种检验反商品化观点的方式。

[5] Anderson 1990, 72 – 73.

[6] Katie Zezima, "Bread of Life, Baked in Rhode Island," New York Times Dec. 24, 2008. URL http://www.nytimes.com/2008/12/25/business/smallbusiness/25sbiz.hmdl? pagewanted = all&_r = 0

[7] Anderson 1995, 44 – 64, 190 – 216; Radin 2000, 2 – 3, 88 – 94, passim; A. Brennan 1992; Kelman 1981; Sandel 2012a. 47 – 51; Walzer 1984.

[8] Gaus 2008, 36 – 37.

[9] Gaus 2008, 40 – 49; von Neumann and Morgensrem 1944.

[10] Anderson 1995, 56.

[11] Anderson 1995, 56.

第七章
错误信号论和错误货币论反对意见

论 证

上一章证明了人们可以同时相信这两点:A. 一个东西可以在市场上被售卖;B. 这个东西也具有重要的非工具价值。但是,反商品化的理论家们可以这样回应,C. 仅仅将某样东西视为商品和 D. 像它仅是件商品那样对待它,这两者之间存在区别。在市场上,买方和卖方或许都相信他们买卖的这些东西具有非工具的价值,他们或许也都认为必须尊重自己买卖的这些东西。但是,反商品化的理论家们仍然会争辩称,至少在**有些时候**,当我们买卖某些东西时,会以错误的方式对待这些物品,即使我们本人并非仅仅将它们视为商品,但也会这样对待它们。我们对待某些东西的态度与我们处理它们的方式可能并不一致。即使我们并未抱有不尊重的态度,但我们的行为也可能会表现出不尊重。

因此,一种常见的、直觉上似乎正确的符号论论证就专注于市场所传达的信息,而不是市场参与者**意图**传达的信息。

错误信号论反对意见

1. 买卖某些物品通常会表现出某些会受到道德谴责的态度，或者很可能无法传达出对某些物品的应有敬意。

2. 这种表达与商品化该物品的人可能抱有的其他态度无关。

3. 如果上述假设成立，那么将某些东西商品化就是错误的。

4. 因此，将某些东西商品化是错误的。

上述第2条前提是这套逻辑成立与否的关键。我们并非简单地通过语言和行为来表现自己的主观意图，实际上这些语言和行为常常与我们的主观意图毫无关系。比如说，在我们的文化中，竖大拇指表示认可。但是在其他一些文化中，竖大拇指跟我们竖中指的意思类似。假如我们去某些国家旅游，或许会对某人竖大拇指以表示认同，但我们实际表达的却是蔑视。因此，在认为这类行为是一种蔑视的地方，我们不应该做这样的动作。

一种与之紧密联系的反对意见成立的条件是：在某些情况下，在一段关系中掺杂金钱会冒犯、破坏这段关系，或与这段关系产生冲突。这种反对意见担忧的是，在这种关系中掺杂现金与这段关系的意义并不相容。假设我们提出付给自己的爱人100美元让其打扫房屋、照看孩子、做饭或做爱，那么他们也会感觉受到冒犯。这种提议表现出的是一种不尊敬的态度，这与我们之间的这种关系不相容。

有人或许会尝试对这些忧虑进行概括，以试图证明某些东西是不应该被售卖的：

错误货币论反对意见

1. 为某些服务付钱会表现出隔阂。

2. 在某些关系——比如伴侣之间、同胞之间、朋友之间等中，表现出隔阂在道德上是错误的。

3. 如果以上假设成立,那么在某些关系中,为某些服务付钱或将之商品化就是错误的。

4. 因此,在某些关系中将某些服务商品化是错误的。

比如说,安德森常常以康德的理念——某些东西是有尊严的,不该对其标价——为基础,并以此为理由反对售卖某些东西。[1]她曾控诉出售性服务使得性关系的意义变得堕落,因为在卖淫关系中,性伙伴彼此之间交换的东西并不一样。[2]

请注意,错误货币论反对意见并非认为买卖某些商品或服务的行为是**绝对**错误的,这种意见只是认为**在某些关系中**用钱来换取某些商品和服务是错误的。假如错误货币论成立,那么付钱给配偶让其做饭、打扫或照顾孩子就是错误的,但是这并非因为将做饭、打扫或照顾孩子的劳动商品化这一行为是错误的。我们在餐馆里花钱吃饭,或者雇用女佣,或者雇用保姆,这些行为都没错。所以,错误货币论所表达的似乎并不是某些东西不该被售卖,而是某些关系中不该掺杂金钱交易。

对过度商品化表示忧虑的哲学家们告诉我们,价格和市场是一种惯常语言,是一种社会意义系统。这些理论家们所担心的是,将某样东西置于市场之中会传递出不敬或者其他糟糕的态度,又或者,这种行为从根本上就与尊敬和其他好的态度不相容。

我们的基本应对策略

我们对上述两种观点的基本应对策略是进行这样的论证:如果

没有反商品化的非符号化意见,那么商品化所带来的结果将会确立主要标准,我们会根据这套标准来评价我们的文化符号。也就是说,我们将论证,如果对某些商品或服务的市场不存在独立的、非符号论的反对意见,那么这类市场交易行为的意义就很可能只是一种依情况而定的、相关的社会观念。这些市场交易行为很可能没有什么必然意义。

根据一个文化中的社会构建符号,假如某些市场表现出不敬或利己的动机,但是假如这些市场确实或将会产生好的结果(或者禁止这些市场就会产生坏的结果),那么(至此)这个文化中的人就应该**修正**他们那些判定该行为表达了不敬或自私的社会习惯。如果在社会习惯造成了高额的成本之时还认为这些习惯是理所当然的,那么在道德上,这种想法可称得上是误入歧途。我们将进一步论证,假如无法或很难修正文化中的社会习俗,那么个人可以主动地选择拒绝他们的社会习惯,并参与那些受争议的市场活动。他们会表现出不敬或自私,但他们的行为不仅会被谅解,还会被证明是正确的。

简而言之,我们的观点是:当符号与结果产生矛盾的时候,结果更为重要。不过,我们并非认为代表市场的后果主义观点比反对市场的符号化观点更有价值。我们更愿意支持另一个更强有力的、更有趣的观点:除了符号论反对意见之外,假如没有对市场的道德忧虑,假如没有对非法剥削、伤害他人、侵权等问题的担忧,那么后果主义考量将允许我们**评判市场交易的符号**。

金钱和交易的意义是一种依情况而定的社会概念

在本段内容中,我们展示了许多社会学和人类学的证据,这些证据表明,金钱或市场交易并没有必然的意义,而金钱的意义则是一种依情况而定的社会概念。在没有针对市场的非符号论反对意见时,金钱、市场和商品化的社会意义都是相对的,而不是客观存在的。请注意,我们并不是指**道德**是相对的,也不是说道德是一种社会概念,而是说我们赋予市场交易的意义才是一种相对的社会概念。

与此相反,桑德尔、安德森或卡罗尔・佩特曼(Carol Pateman)宣称,即使有些市场不包含剥削、伤害等行为,即使市场参与者不会抱有不好的态度,[3]这些市场也必然会释放出不敬的信号——即此类商品化行为会释放出不敬的信号,这不仅仅是个依情况而定的社会习俗。他们或许是对的,稍后我们会更深入地考量他们提出的本质符号论。但是目前我们想要检验一些社会学和人类学的证据,这些证据表明市场的意义不仅是依情况而定的,还是由社会构建的。

确实有某些关于哪些符号、语言和行为会释放出敬意信号的事实。但是,当不存在对剥削、伤害、权利等问题的担忧时,这些事实似乎是因文化而异的。想想这个例子,波斯的大流士王(King Darius of Persia)曾经问希腊人他们是否愿意食用他们父辈的尸体。希腊人对此坚决予以拒绝。当然,对于希腊人而言,正确的做法应该是在火葬堆上焚烧尸体。食用死尸意味着对逝者的不敬,这是仅仅将逝者视为食物的行为。大流士又问卡勒天人(Callatians)[①],他们是否愿意在火葬堆上焚烧他们的父辈。对此,卡勒天人坚决

---

① 一个传说中的族群。

予以拒绝。对于卡勒天人而言,正确的做法是吃掉自己的父亲,这样父亲的一部分就与儿子融为一体了。焚烧死者意味着仅仅将他们视为垃圾。

希腊人和卡勒天人对各自的义务有着相同的看法。他们都认为,每个人都有对死去的父亲表示尊敬的道德义务。他们各自都发展出了一套语言和文化规范,并都在规范内履行了这一道德义务。他们也都各自发展出了一套仪式,以此来表达对父亲的尊重。这里的问题仅仅在于,希腊人和卡勒天人有着不同的(仪式)语言。希腊人和卡勒天人都惊骇于对方的做法。但是,向死者表示敬意或不敬,这似乎并没有一种普世标准。乍看之下,追问究竟是希腊人还是卡勒天人的做法才是表达敬意的正确做法,这似乎有点儿像追问究竟是英语还是法语才是正确的语言一样。鉴于我们应该对别人表达敬意不仅是个社会概念,乍看之下似乎我们用来表达敬意的符号和仪式都仅仅是社会概念。

桑德尔认为付钱而不是赠予非金钱的礼物这一行为释放出了一种缺乏关怀的信号。但是,有证据表明这只是当今欧洲文化中的一种概念。对于马达加斯加的梅里纳人(Merina)而言,礼金并不代表没有人情味或不周到。[4] 相较赠予在桑德尔看来"周到的"非金钱礼物,梅里纳人认为送出等值的金钱意味着更有关怀或更妥帖。正如在某些文化中竖中指并不意味着不敬那样,在梅里纳人的文化中,人们并不认为一个在桑德尔看来"周到的"礼物会比金钱礼物更为周到。

在当今欧洲文化中,我们更有可能认为礼金或礼品卡代表缺乏人情味或不周到,但即使这种想法也只是文化演进过程中最近才出现的。对于美国人而言,礼金曾有着不同的意义。社会学家维维安娜·泽利泽(Viviana Zelizer)曾提到,在 19 世纪 70 年代至 20 世纪 30 年代的美国,礼金曾被认为是**特别**周到的表现:

> 同样的,家庭、密友和商业也将金钱重塑成恐怕是它最陌生的样貌:一个用来表示关怀和爱意的情感礼物。谁送的礼金、谁收的礼金、何时送出的、以何种方式送出的、如何花掉的,这些都很重要。金钱的传统符号是中性的、没有人情味的、可替换的,而礼金却不遵循这些符号意义,它被作为一种由社会习俗所约束的、有意义的、非常客观的、不可替代的流通货币。在圣诞节、婚礼、洗礼仪式或其他宗教仪式和世俗活动中,现金成为一种庄重的、受欢迎的礼物,它几乎不像市场货币,而且与其他本币有着明显的区别。[5]

因此,从社会学家的角度来看,"周到的"礼物与"不周到的"礼物之间的区别似乎只是一个依情况而定的、与文化相关的社会概念。诚然,泽利泽所著的关于金钱和交换的意义的大量作品似乎向我们证明了,对商品化和现金的"污名化"并不是一个关于市场经济本身或关于现金本身的深刻事实,而是我们的文化在特定时期的一种特性。泽利泽在她的作品中发掘了很多例子,在这些例子中,不同时期的不同文化并不像桑德尔那样把问题归咎于金钱的意义或市场的意义。[6]

社会学家莫里斯·布洛克(Maurice Bloch)和乔纳森·佩里(Jonathan Parry)都同意如下观点:

问题似乎在于,对于我们而言,金钱意味着"经济"关系的一个集合,它在本质上是没有人情味的、暂时的、无关道德的、精打细算的。因此,用金钱作为表现本应该是私人的、持久的、道德的和利他的关系的礼物,这就有点儿不合适。但是,这种不合适来源于这样一个事实,即在由金钱的"自然"环境——"经济"——所构建的那种自治领域中,一般的道德观念并不适用(cf. Dumont 1977)。在不被视为独立的和无关道德的领域中,在经济被"嵌入"社会并服从社会的道德律的地方,金钱关系不太会被视作亲属关系和朋友关系的对立面,因而,用礼金来加固这种关系就没有什么不合时宜之处了。[7]

布洛克和佩里所写的这段内容总结了人类学家和社会学家对金钱和市场的发现。与泽利泽一样,他们的结论是,在不同的地方金钱和市场的意义各有不同。不过,他们认为商品化看上去被我们西方人所厌恶的原因是,我们西方人倾向于将交易和市场的领域视为"独立的、无关道德的领域"。布洛克、佩里和泽利泽都认为,我们因此而错误地假定这是关于金钱的一个"自然的"或必然的事实。我们可以从不同的角度来看待金钱,正如卡勒天人是从不同的角度来看待焚烧逝者尸体的。

类似的,这种想法是很诱人的:当一个男人付钱让一个女人与他发生性关系时,逻辑上这必然意味着他将她视为妓女,无论缘由是什么,这种不敬都是个必然结果。但是,这种在哲学家们看来具有逻辑必然性的意义,在社会学家和人类学家们看来却是依情况而定的、由社会构成的。在某些文化中,用钱来换取亲密关系是很正常的。在梅里纳人的文化中，男人应该在性交后付钱，不这么做就意味着不敬。在梅里纳人看来，婚姻关系与卖淫是有区别的，但用钱来交换性并不代表着将妻子视为妓女。金钱之于他们和之于我们的意义是不同的。对于他们而言，将妻子与妓女区分开来的**并不是**性的金钱交易，而是这段关系是否正式、有爱或者无爱、认真还是随意。[8]对于泽利泽而言，梅里纳男人在某种意义上是在买春，但是，他们这种做法是为了对他们的妻子表示敬意。[9]

人们或许不禁会以这样的理由提出反对：这种习惯仅仅是父权的体现。实际却正好相反，社会学家基尔斯滕·施特贝洛（Kirsten Stoebenau）在对吉莲·弗利－哈尼克（Gillian Feely-Harnick）的著作的总结中解释道，在马达加斯加，性关系是"开放和随意的：一个年轻男子会向一个年轻女子提出性交的提议，如果这个女子有兴趣，那么她就会允许这个男人进到她的住所。按照传统，这个男人会在枕头下放一些钱，以此表示对这个女子的敬意，因为她将自己的身体之力（即生育能力）给了他"。[10]没有留下礼金则是对这名女子的大不敬。施特贝洛还论证了，在马达加斯加，针对女性的父权主义态度其实是法国传教士带来的。用金钱交换性的习俗实际上早于这种对待性的父权主义态度。

人们或许还会不禁提出这样的反对：梅里纳男人在性交后付钱给妻子的行为并不能算是市场行为，因为男人们不是1.与他们的妻子们相同的主体；2.男人们想要表示敬意；3.男人们并不认为与妻子的性关系的价值可以与金钱互换，等等。但是，正如我们此前所说，反商品化的理论家们应该谨慎地避免提出此类反对意见。如果他们决定将"市场"定义为没有人情味的交易场所，且市场中的参与者都只关心自己并认为交易品只具有工具价值,那么人们就可以轻易地得出这样的结论,某些商品和服务的市场会表达出不敬,或不能表达出敬意。不过,即便如此,究竟是否应该允许买卖这些商品和服务呢?这个问题依然没有答案。因为买卖的情况究竟发生在 schmarkets 中还是市场中是个悬而未决、需要实证检验的问题。回忆一下,schmarkets 的运作方式与市场一样,区别在于,schmarkets 中的人们并不抱有在反商品化的理论家们看来在市场上必然存在的那些应受谴责的、不道德的态度。

现在,让我们来想一下,什么样的行为标志着或象征着亲密或疏离。对于不同的人、不同的文化、甚至同一文化下的不同时期而言,标志着亲密或疏离的行为可以迥然不同。比如说,在印度的某些地方,朋友和家人间不会为了某些被认为是朋友分内或家人分内的事而说"请"和"谢谢"。假如你是个印度人,如果因为一些普通的行为就对爱人说"请"和"谢谢",那么就冒犯了他。在印度的某些地方,对亲友表示感激就标志着你将其视为陌生人。而在西方,在关系中掺杂金钱通常标志着同样的意义。我们做出了冒犯的举动,因为我们释放出了与家人或朋友疏离的信号。

我们至少可以想象,在一段健康的婚姻关系中,即使夫妻双方都深爱彼此,并像其他夫妻那样对彼此有着坚定的承诺,但是他们决定为了许多服务而向对方付钱。假设夫妻双方都是经济学家,特别是那种支持信息市场的经济学家。假设他们都能深刻理解金钱和价格在展现信任、诚挚、偏好度方面所起到的作用。他们都同意将他们的婚姻关系中的某些方面商品化,因为他们都认同经济学文献的观点:强迫人们对物品标价是对不真诚的惩罚。这些文献认为,空谈没什么成本,但是要让人们为了说的话而付钱就不同了。比如说,在一段不以金钱为基础的关系中,关系各方可以夸大其他人的行为对他们的困扰。但是,在一段货币化的婚姻关系中,当一方意识到她并不愿意花 5 美元去制止一个行为时,或许就会因此而明白,即使她任由这个行为继续,也不会感到多么困扰。(请注意,即使有人认为她有权无代价地摆脱这种行为,这个观点依然成立。[11])因此,我们的经济学家夫妇或许会理性地选择将他们婚姻关系的一部分商品化,以此来确保他们对彼此和对自己的坦承。[12]所以在理论上,两个经济学家之间完全商品化的婚姻可以与普通的婚姻一样健康。这种婚姻关系没什么错;我们选择了与此不同的婚姻方式也只是因为个人情况不同而已。

事实上,NBC 新闻曾经报道过一对夫妻的故事,计算机科学家贝瑟尼·索尔(Bethany Soule)和丹尼尔·里维斯(Daniel Reeves)这对夫妻就是以此为理由将他们的婚姻关系商品化的。[13](索尔和里维斯是密歇根大学战略推理小组的校友。[14])这对夫妇使用计算机科学、行为经济学和博弈论的工具来增进他们的夫妻关系。正如他们所说,他们将讨厌的"但是上次是我洗碗的"换成了"但是上次是我洗碗的,而且我因此而挣了 40 美元","如此,这简直是棒极了!"[15]如果这对他们有效——而且迄今为止都一直有效——那我们就不觉得有什么可在道德上反对这种做法的理由。索尔和里维斯有自己的一套对意义的解读,这与桑德尔和安德森的不同,而我们也不觉得索尔和里维斯有义务遵循桑德尔和安德森的那套理解。

桑德尔让你设想的情况是:在你的婚礼上,你的伴郎的致辞让你落泪。但是接下来他又让你设想这样的情况:你发现这段动人的致辞并不是你的伴郎所写,而是你的伴郎花钱请职业演讲稿撰写人写的。桑德尔认为,你或许会觉得买来的讲稿不如伴郎自己写的有价值。为了证明这一点,桑德尔提出了一个测试——你觉得,告诉收礼人礼物是买来的是否比告诉他这是你自己做的更让你觉得不舒服? 如果是的话,那么桑德尔认为,"有理由怀疑这是那件事的不好的说法"。[16] 他认为,婚礼致辞是"一种友谊的表现",因此,人们应该自己写致辞。[17]

让我们再想几个这样的例子,多问几个问题。为什么在情人节买一张 Hallmark 卡片是可以的,而购买婚礼致辞却不行? 为什么在伴侣的生日带她去吃晚餐而不是自己做饭给她吃是可以的,而为她亲手烘焙一个生日蛋糕却似乎比给她买一个蛋糕更合适? 为什么在节日给你的孩子买礼物,而不是亲手做木刻是可以的? 为什么给你的配偶买花而非自己种花是可以的?

对于上述问题,有些情况可以被接受而有些则不能,似乎在我们的文化中这种现象是依情况而定的。情况可以完全颠倒,这里面没有什么更深层次的原因。

请考虑一个类似婚礼致辞的例子:假设在你父亲的葬礼上,数百人前来哀悼他的离世。现在,假设你刚刚丧偶的母亲发现很多送葬者并非朋友、亲人或熟人,而是你花钱雇来的。她会有什么反应呢? 好吧,如果她是罗马尼亚人或中国人,或是生活在查尔斯·狄更斯(Charles Dickens)的《雾都孤儿》(*Oliver Twist*)时期的英格兰人,她或许会因为你这有责任感的行为而感谢你。在某些文化中,雇用职业送葬者来参加葬礼是正常且理所当然的。[18] 在这些文化中,雇人来送葬的意义与当下美国文化中的意义不同。在美国,考虑到人们的感情,雇用职业的送葬者是一种冒犯,我们美国人不一定认为这样做是对的。

假设有一个平行地球,这个地球上有个平行美国。平行美国的文化与我们这个美国的文化很像。但是,在平行美国,伴郎购买致辞是种惯例。在平行美国,伴郎通常会花一大笔钱尽可能从最好的演讲稿撰写人那儿购买最美妙、最动人的致辞。在平行美国,**自己动手写致辞**会被认为是小气且漠不关心的表现。并且,在平行美国的文化中,新娘的父亲或母亲必须亲手烘焙蛋糕,而不是从蛋糕店购买,这是他们那儿的惯例。在平行美国还有一所平行哈佛,那里有一名政治理论家,名叫平行迈克尔·桑德尔。平行迈克尔·桑德尔在最近写的一本书中写道,地球上的父母选择花钱请职业糕点师制作婚礼蛋糕而不是自己亲手烘焙,这是非常可怕的事情。但是,他毫不介意伴郎花钱买致辞这件事,因为这在他看来是正常且合适的。

事实是存在一些普遍的文化预期,即有些东西应该人们自己去做,而有些东西则应该由人们购买。我们为前一类东西赋予了特定的意义。但是,这一切都高度依情况而定,正如职业送葬者或平行桑德尔的例子所表明的那样。事实上,亲手制作一样东西是被视作有意义的、中性的还是小气的、粗俗的,这可以而且确实因人、因文化而异。

当今西方人认为金钱交易是缺乏人情的、工具性的、自私的。[19]桑德尔的、沃尔泽的、安德森的和其他符号论的抱怨都反映了这种西方式观点。但是,佩里和布洛克则认为,对于那些在西方人看来令人厌恶的、不该买卖的东西,我们似乎总能在不同的文化中找到人们买卖它们的情况,而对于这些文化中的人们而言,这种买卖行为的意义与西方人的认知有所不同。[20]我们西方人也可以赋予市场与现在不同的含义。

因此,我们在此面临着一个两难问题。一方面,杰出理论家们的哲学论证告诉我们,我们可以通过推理判定,市场必然会释放出不敬的信号。而另一方面,社会学和人类学的一些研究似乎表明,那些商品的现有市场所代表的意义常常与我们西方人所认为的完全不同。如果我们选择认同哲学家,那么结论就必然是,其他文化中的人们是错误的:梅里纳男人就是不尊重他们的妻子,他们只是不能认识到这一点;当中国人在新年发红包的时候,他们是没有人情味且疏离的,他们只是不能认识到这一点。或者,我们也可以选择认同社会学家,那么结论就应该是:当其他文化中的人们买卖某些商品和服务时,他们没错。依赖符号论的反商品化理论家们没有发现金钱的一个本质意义,而是将当代西方的道德观念具体化了。但是,这同时也意味着我们西方人可以对金钱和交易的意义有不同的看法,因此,这也开拓了我们**应该**有不同看法的可能性。

我们认为社会学家的理论更有说服力。出于论证的目的,暂且请读者和我们一起站在社会学家和人类学家的角度来看一看,这场关于商品化的争论可以从哲学上获得什么借鉴。

意义的代价:为什么我们不应该认为符号是理所当然的

文化会给某些行为、言辞和对象赋予象征意义。由于这些规则的存在,某些行为就会象征着道德败坏。但这不是没有代价的,我们不应该将这些规则视为理所当然。相反,我们应该思考是否有理由维持、修改或放弃这些规则,或者思考是否应该认真地反对、反抗或忽略这些规则。这在很大程度上取决于采用这些规则的结果和机会成本。总体而言,假如采用一套规则的结果弊大于利,那么我们就应该放弃这套规则。这就是说,我们的符号语言应该取决于成本效益分析的结果,如果不合适,就应该放弃这些符号语言。

某些类型的符号语言具有社会危害性,因为它们会造成很大的伤害。而某些类型的符号语言则有着极高的机会成本,因为它们会妨碍我们做那些有益的事情。这些例子都是支持我们修改或至少停止遵守现行做法的强有力理由。比如说,如果某个文化认为避孕表现了对生命的轻视,那么在这个文化中,贫困和妇女地位的低下就更有可能长期存在。如果某个文化将麻醉视为对神意的蔑视,那么这个文化中的人们就会遭受毫无必要的痛苦。如果某个文化将人寿保险视为通过死亡获利,那么这个文化中的孤儿和遗孀就更有可能要完全依赖于慈善。

为了说明这一点,请将语言的意义视为一种社会概念。"猫"这个词指代的确实是猫而非狗。但是,"猫"这个词所表达的意义则是依情况而定的社会概念,它可以不表达任何意义,也可以表达别的意义,将来,它所指的很可能是别的什么东西。据此,请设想这样一些情况——感谢古怪的物理定律:假如每次我们对别人喊出"我尊重你这个人!"或"有些东西应该有尊严而非价格!"之时,都会有一个婴儿死去,那么我们最好还是停止做这样的事情。或者,假如每次我们喊出"我鄙视你,我希望你永远在地狱里受煎熬!"之时,都有一个人的癌症会被魔术般的治愈,那么我们绝对应该以这样的方式说话。

如果我们能发现这样的实例,那么就有充分的理由去修改我们的符号语言。假如可以的话,我们应该改变英语的含义,让"我鄙视你,我希望你永远在地狱里受煎熬!"这句话不再含有负面意义。我们甚至可以让它成为一种非正式的问候。拒绝改变自己的习惯,反而认为改变是错误的,这种做法才是不敬的。如果我们展现的是缺乏对生命的关怀,这才是真的更为严重的。

让我们来举一个现实生活中的例子,某些文化中发展出了这样一种理念:对逝者表达敬意的最佳方式就是吃掉他们的尸体。在这些文化中,没有吃掉逝者的尸体就表示不敬,而吃掉正在腐烂的尸体则表示敬意,这其实是一种(由社会构建的)现实,而无关乎人们的意愿。但是,让我们再来看这样一个例子:巴布亚新几内亚(Papua New Guinea)的福尔族人(Fore)因为食用死去亲人的大脑而深受朊病毒感染的困扰,在20世纪50年代,这种习俗就被禁止了[21]。这种将食用死尸与表达敬意混为一谈的习俗是种极具伤害性的糟糕习俗。这个文化中的人们有强有力的道德理由去要求改变这种表达敬意的文化符号。

在某些文化中,妇女被要求遭受性器官的损坏。现在,这些文化为损坏女性性器官的行为提供了许多结果主义的理由:他们认为这样可以提高卫生状况、防止先天性缺陷、减少生育率,或防止出轨。此外,他们通常还有一些文化符号方面的理由。在一些文化中,损坏性器官意味着忠贞和对群体的尊重,或者标志着忠贞和对宗教的尊重。某些此类习俗(比如割礼)特别有害。这些文化有着强有力的道德理由去修正他们赋予损坏性器官这一习俗的文化符号。

现在,让我们把这套论证套用到关于商品化和市场意义的问题上。让我们看一看器官售卖的问题,在这个例子中,器官售卖的象征符号具有很高的机会成本。很多人认为,器官售卖会导致剥削或对器官的分配,但是请你暂时把这类看法放到一边,先专注于符号论反对意见。为了检验这类符号论反对意见本身是否成立,先假设器官售卖确实是以反对者们所认为的那种方式运作的。

我们来回顾一下,人们支持器官售卖最初是因为注意到了器官的极度短缺。人们就是不愿意把器官送给别的需要的人。政府设定的合法器官价格是 0 美元,这远低于实际的市场平衡价格。因此,经济学家或许可以这么说,**当然**会存在短缺——如果一件商品的法定价格低于平衡价格,那么商品的需求就会超过供给。因此,很多哲学家和经济学家认为,器官交易市场会消除短缺。出于论证的目的,假设他们是正确的。假设器官市场会让病人重获健康,会让穷人更有钱,并能避免每年成千上万人死去。[22]再假设我们可以设计或管理此类市场,以使得剥削或分配不当不能存在。

或许,即使这样,以现今的西方习俗来看,按照桑德尔的话来说,器官市场仍然会被视为"将生命商品化"。但是,我们的结论是,这并不能让我们有理由限制销售器官或将器官市场评判为不道德的,而是让我们有理由认为现在的习俗在道德上失效了。假如器官市场确实会带来这样的结果,那么我们就有充分的理由去修改我们的解释性习俗。与其说器官售卖表现了对身体的不敬,不如说我们的文化符号对不敬的解读是有害的。如果器官售卖确实能拯救生命,而且针对器官售卖并不存在其他严重的、非符号论的反对意见,那么人们就应该**克服**他们对此类市场的厌恶之情,正如他们克服了对人寿保险和麻醉的文化符号所导致的厌恶之情那样。

让我们来看看另一个例子。在 21 世纪初,根据很多经济学家对信息市场的预测能力的研究,五角大楼曾考虑建立一个政策分析市场。这些信息市场将使得人们可以对何时何种事件会发生进行下注,比如恐怖袭击或战争。很多经济学家相信,在预测方面,信息市场非常有效,因为 1. 它们从纷乱的不同渠道获取信息;2. 它们奖励预测正确的人,惩罚预测错误的人。[23]

但政策分析市场一直没能建立,公众的愤怒扼杀了它。正如桑德尔所说,"对别人的死亡进行下注"的想法带有一种"道德上的丑恶"。[24]参议员罗恩·怀登(Ron Wyden)曾说,政策分析市场是"可笑的"和"荒唐的",而参议员拜伦·多根(Byron Dorgan)则认为它"令人不快"。[25]但这些批评者都没有否认政策分析市场是有效的;他们只是基于文化符号的理由而认为它是不道德的。[26]

在我们的文化中,考虑到我们所构建的那些文化意义,对恐怖袭击下注或许会被解读为冷漠地对别人的死亡下注,正如过去(我们文化中此前曾有的文化符号)为家人购买人寿保险会被理解为将死亡商品化的一种伪装。但是,如果政策分析市场按设想的那样运作,它本可以挽救很多生命。若是如此,那么认为政策分析市场卑鄙且令人不悦的文化本身就是卑鄙且令人不悦的——在我们的文化中,另一个被错误思想引导的特点就是,我们愿意让别人去死,因为我们给一些行为赋予了负面的象征意义。[27]我们在这里所关心的不是政策分析市场是否比其他选择更为有效,而是我们认为,如果政策分析市场能够像宣传的那样运作,那么我们就不应该以文化符号的理由去禁止它。相反,我们应该修改围绕着政策分析市场的文化符号(再次强调,前提是没有针对政策分析市场的、独立的非符号化反对意见)。

我们的文化符号也可以只有一些小规模的机会成本。即使某些商品的市场不能拯救生命,但当人们选择参与这个市场的时候,这通常也意味着这对参与者是有利的。这表示参与者认为他们可以从交易中获益,那么消除这种交易机会就会消除他们的首要选择。因此,我们必须非常谨慎,不要给很多东西赋予负面的象征意义,以避免过度限制选择。

我们并不认为修改我们的文化符号是件简单的事情。在修改人们所处的文化中的符号时,个人应该负有什么样的责任是个复杂的问题。但是,我们并不认为人们可以因为这些复杂的因素就反对我们的观点。请思考这样的例子:女权主义者认为西方的文化符号给很多对象、习俗、语言、颜色、职业、行为等都赋予了性别意义。她们认为,这些符号对女性和男性都有害处,因此,她们认为我们应该修改我们的文化符号。我们估计不会有人这么想:因为修改文化符号很难,所以女权主义者的批评就是错误的。类似的,我们估计也不会有人认为:因为很难明确个人责任,所以女权主义者的批评就是错误的。人们或许会争辩,改变我们的文化符号有**道德**成本,我们可以认为这种看法是反对改变的。我们可以接受这种观点,但是请注意,类似的批评也可以针对女权主义者提出的改变性别文化符号的要求。所以,我们没有更深入地探讨这个问题,我们只是指出,针对这种反对意见,我们的回应跟女权主义者的回应一样。

假设不可能改变某个文化中的符号。假设这个文化中有一组符号,它决定了该如何表达敬意或好的目的,但是,这组符号是有害的,或有着过高的机会成本。再假设无法修改这组符号——有些原因使得这个文化中产生了这组符号,但是这个文化非常固执,从不改变。

那么,人们是否就必须遵守这套符号规则,制止那些表示了不敬或错误目的的行为? 我们不这么认为。相反,正确的做法似乎应该是:人们应该认真地拒绝或忽视这套规则。为了明白其中的道理,让我们来看看市场之外的一些例子:

1. 在一些文化中,损坏女性性器官被认为是表达敬意,这只是个依情况而定的事实。但是,假设这些文化不会改变——不管我们怎么努力,就是不能让他们理解不同的东西。那么,这个文化中的成员是否有义务损害她孩子的性器官呢? 答案似乎是否定的。相反,正确的做法似乎应该是,当一个人意识到损害性器官的社会意义是在一定情况下产生的,且这种习俗有着极大的害处,那么这个人就可以单方面拒绝这种习俗,并违反她所处文化中的这种规则。别人或许会将之视为不敬,但是从道德角度来看,这只是那些人的悲哀罢了。漠视这种文化符号不仅应当被谅解,更是完全正当的。

2. 福尔族将族内食人视为对死者的敬意,这是个因为当地文化而存在的事实。但是这种习俗会传播库鲁病(kuru)——这是一种致命的朊病毒疾病。现在,假设福尔族很固执,拒绝改变他们的文化符号。请问:一个明白这种习俗的危害的福尔族人是否应该吃掉他亲人的尸体?在这个例子中,看上去正确的做法应该是,他应该认真地拒绝参与这种风俗活动,即使这会冒犯别人。他对这种文化符号的漠视不仅应当被谅解,更是完全正当的。

3. 某些文化曾将麻醉视为对宗教的不敬,这是个因为某些原因而存在的事实。假设你生活在一个固执的文化中,这个文化拒绝摒弃对麻醉的厌恶。现在,假设你的孩子病了,而且需要手术。你是否有义务不让你的孩子接受麻醉,以避免在你的文化中表示不敬?在这个例子中,看上去正确的做法应该是,你应该认真地选择让你的孩子接受麻醉。你会表现出不敬,但你的做法是正当的。

请注意,我们说过你**可以**认真地选择拒绝意义规则。这应该与认真地反对有所区别:我们并没有提出更激进的主张,要求你必须参与某种公开抗议,也没有要求你为了自己的行为而忍受惩罚,并希望你的牺牲可以诱使其他人作出改变。

请注意,我们也不是在说,上述三个例子中的结果都比对象征意义的担忧更为重要。我们的意思并不是人们有义务遵从他们文化中的那套规则,也不是认为避免伤害的义务比这种遵从的义务更为重要。我们的观点是,在这些例子中,遵从的义务**消失了**或**不再被提及,**而不是被击败或被更重要的义务所取代。

现在,让我们将这套论证套用到市场上。假设我们的文化虽无必要但也恰好将器官售卖视为不敬,而它本可以将出售器官和出售劳动力视为同样性质的行为。假设我们的文化很固执,无法让人们改变他们的想法。我们是否应该因此而阻止人们参与器官交易,以避免释放出不敬的信号? 我们的观点是,人们或许应该认真地拒绝采纳文化中的这种符号。假如多数美国人以文化符号为理由拒绝器官售卖,但因为器官售卖可以拯救生命,那么一些美国人或许就应该认真地拒绝遵从这种文化符号。他们不仅应该被谅解,而且其做法更是正当的。

注释

[1] Anderson 1995, 8.
[2] Anderson 1995, 153. Anderson's argument reminds us of the argument against homosexuality in Finnis 1997. Satz 2012, 142 – 43, thinks this is an implausible objection.
[3] 根据萨茨,2012,第117—19页的描述,佩特曼和安德森主张"本质论观点",即"生育能力本身就是不该被买卖的东西"。
[4] Carruthers and Ariovich 2010, 68.
[5] Zelizer 1997, 202 – 3.
[6] Zelizer 2013; Zelizer 1994, Zelizer 2007.
[7] Bloch and Parry 1989, 9.
[8] Carruthers and Ariovich 2010, 68.
[9] Zelizer 1995, 84.
[10] Stoebenau 2010, 111.
[11] 请考虑这样一种情况:我认为我的邻居应该无偿地让它的狗保持安静,但是他拒绝这么做。假设现在一个魔仆提出,只要我付出10美元,它就会念一段咒语并让我摆脱这些噪音,但是,即使在冷静的状态下我也会拒绝付钱。这证明了与其让我花钱,我并不介意让狗继续叫。
[12] E. g., Hanson 2013, 151 – 78.
[13] http://www. nbcnews. com/business/consumer/couple-pays-each-other-put-kids-bed-n13021.
[14] http://web. eecs. umich. edu/srg/? p = 1508.
[15] http://www. nbcnews. com/business/consumer/couple-pays-each-other-put-

kids-bed-n13021.
[16] Sandel 2012a, 98.
[17] Sandel 2012a 98.
[18] Thanks to Vlad Tarko for this example.
[19] Mitchell and Michael 1999, 569.
[20] Bloch and Parry 1989, 19 –33.
[21] Jamieson 2009.
[22] E. g. , Brennan 2012a, 91 –92; Taylor 2005.
[23] For an overview, see Luckner et al. 2012.
[24] Sandel 2012a, 151.
[25] BBC News. "Pentagon Axes Online Terror Bets," July 29. 2003, http://news.bbc.co.uk/2/hi/americas/3106559.stm.
[26] 他们还担心这些市场会腐化我们,但这是另一种反对意见。
[27] 桑德尔,2012a,第154页中写道,如果有人能让我们相信政策分析市场可以拯救生命,那么我们或许就应该允许这个系统的存在。但是,他坚称这仍然会导致我们的"道德敏感度下降"并会"腐化我们的道德"。正如我们在此前提到的,这并不是一个符号论反对意见,而是一个腐化论反对意见。

第八章
反对意见：符号本质论和注意我们的方式

我们已经举出了一些实例来证明，在不存在不法剥削、伤害、腐化等情况下，市场的意义就是依条件而定的、由社会构建的概念。当今西方人恰巧将市场和金钱视为世俗的、无关道德的、不受情感影响的，但是西方人并不**一定**非要这么想。假如市场的意义是依条件而定的，那么我们认为，这不能成为禁止有净价值的市场的理由。相反，如果某些市场是有价值的，那么我们就应该修改我们赋予市场的意义。正如我们的文化已经修改了人寿市场的意义那样，我们的文化也可以**并且应该可以**修改比如器官市场的意义。（当然，前提是这些市场是按照它们的支持者所宣称的那样运行。）此外，那些意识到自己的文化符号有功能障碍的人们可以认真地不理会他们的文化符号。

现在，我们将简要地看一看两个主要的反对意见：

1. **本质论反对意见**：布洛克、佩里、泽利泽和其他人类学家、社会学家的主张——金钱和市场的意义是依条件而定的——是错误的。某些市场在本质上就是不敬的，即使这些市场中没有剥削、伤害、侵权等等。

2. 公民敬意论反对意见：即使市场的意义是依条件而定的，但是在某些情况下，有些市场仍然会被一些文化认为是不敬的，这至少就构成了制止参与此类市场的显见理由。

本质论反对意见：卖淫的例子

首先让我们来看看本质论反对意见。我们已经提出过，当市场上不存在剥削、伤害、侵权、腐化等行为的时候，那么市场所表达的符号就是传统的、依条件而定的、由社会构建的。似乎压倒性数量的社会学和人类学证据都是支持这种意义是相对的观点的。但是，反商品化的理论家们或许会这样反驳：某些市场本质上就包含着一些特定的意义，这与不同文化中的人们怎么想无关。

即使在这本篇幅较长的书里，我们也没有足够的时间来检验每种可能的本质论论证。所以，我们转而深入讨论针对卖淫的文化符号的本质论论证，因为这个问题被研究得最多，也有很重要的相关文献。

玛格丽特·简·雷丁认为，卖淫将亲密关系从性中间剥离出来，卖淫的广泛传播或许会让我们不再将性看成一种亲密的关系。[1]不过，正如萨茨的回应那样，随意性交也会将亲密关系从性中间剥离出来，随意性交的广泛传播或许也会导致一个文化发生改变，而其中的性也将不再具有亲密关系的意义。[2]若是如此，那么关于卖淫和代孕的错误——请注意，卖淫女或代孕女性的错误之处不仅在于收费，即使她们免费提供服务也是错误的——**市场**

也就不再担有必然的责任。雷丁对**商品化**的抱怨并不恰当。请考虑这样一个例子:我们都认为买卖儿童色情内容是错误的。但是,我们要加一条,即使免费散播或持有儿童色情内容也是错误的。买卖行为并不会**导致**交易变成错误的行为;因为问题在于无论是否涉及金钱,人们都不应该拥有儿童色情内容。所以,雷丁的抱怨并不是一个恰当的、针对性商品化的符号论反对意见。

安德森所抱怨的是,在卖淫活动中,买家付给妓女现金,而妓女则将自己的身体开放给买家。在卖淫活动中,性伙伴所交换的并不是同一种类的商品。所以,安德森的结论似乎是,买家必然会仅仅将妓女视为一件物品。但是,据我们所知,在关于性这个例子上,安德森并没有解释市场参与者为什么必须要交易同一种商品。在其他例子中,这种情况却并非不道德的,比如安德森教授哲学课程并收取费用的直接行为,或者通过哲学课程来换取食物的间接行为。而且,正如萨茨所指出的,所有劳动都在一定程度上含有一个人购买另一个人的身体——比如人们所穿之物、他们接触的人、他们如何睡觉、他们会在哪里、他们吃些什么[3]——的使用权和控制权的意思。但是,萨茨认为,这看起来并不必然意味着有辱人格或蒙受耻辱。所以,我们认同萨茨的结论,即安德森的理由并不足以让我们认为,在采用同种方式的活动中,只有卖淫必然会有辱人格。

安德森还有另外一个观点。她认为,允许卖春会限制人们的自由。特别是这限制了一些人让性具有他们所希望的意义的自由。

根据安德森的观点,人们看重能够与相爱的人获得性欢愉的自由。但是,安德森又提出,人们不仅想要拥有与相爱的人获得性欢愉的自由,还想得到让性与金钱隔绝的自由。她认为,一个接受卖淫的道德文明使得"建立一个与外界隔绝的领域——其中[性]可以成为专有的、自由的、为人们真诚共享的私人商品——"变得困难。[4]这个理念就是指,简或许不仅想与凯文交欢,还希望性欢愉可以与金钱隔离,这样,在她和凯文看来,他俩所享受的性欢愉就是"真诚共享的私人商品"。而在一个凯文(或简)都可以买春的世界里,性的意义则有所不同。所以,安德森的结论是,允许人们买春就会限制那些希望性要表达特定意义的人的自由。

在某种意义上,安德森是对的。如果人们可以自由地不以简所希望的那种意义去看待性,那么简就不能自由地让性表达她所希望的意义。所以,某些人的自由,即认为性应该有某种意义,与简的自由,即认为性应该有另一种意义,这两种自由之间存在冲突。

但是,凭此并不能得出任何道德结论。仅像安德森那样指出卖淫会限制简的自由,即希望性表达她所希望表达的意义,这并不足以证明卖淫是错误的。我们需要额外的前提,即简**有权**让别人创造一个社会环境,其中性要具有她所希望的那种特别的意义。

让我们看一个夸张的例子:假设我们希望瑞典的前卫死亡金属[摇滚乐]被看作是神圣的;在我们看来,瑞典的前卫死亡金属不应该在市场上买卖,而应该以在教堂里交换礼物的方式发展。假如我们的文化允许买卖瑞典前卫死亡金属,那么它就限制了我们希望瑞典死亡金属按照我们的意愿表达意义的自由。但是,即便如此,又能如何呢? 别人没有任何道德义务来确保瑞典死亡金属表达我们所希望它表达的意义。当别人不将之视为神圣的东西时,我们就失去了让它表达我们所希望它表达的意义的"自由",但是这并不是我们的权利,也没有人有义务帮助我们实现这个自由。我们无权将自己对音乐的看法强加于他人,别人也没有义务遵从我们的观点。

类似的,如果人们可以买春、卖春,那么这就会限制简让性表达她所希望的意义的自由,这一点安德森说的没错。但是,这并不能证明买、春卖春是错误的。我们需要一个独立的理由来证明别人有义务为简营造一个她所希望的社会环境,换言之,我们需要证明别人有义务让性表达简所希望表达的意义。所以,安德森的论证并不能**证明**因为卖春限制了自由,所以卖春是错误的这个观点。事实上,她预先假定了一个前提,即卖春违反了一种特定的意义,且这种意义是部分人有权要求别人共同遵从的。简希望性是一种专有礼物。假如别人不这么认为,那么这就限制了她让别人也这么看待性的自由。但是在我们看来,这种自由并不是简的权利,所以限制她的这一自由也没有什么错误之处。

哲学家们常常试图从自由的角度来重组他们的论证,但是这种做法极少能帮助他们达成目的。问题在于,在英语中,"自由"一词有着许多彼此紧密相关但又有所不同的意义。[5]托马斯·霍布斯(Thomas Hobbs)曾想要这样定义自由:不存在对一个人实现目标的干扰或阻碍。按照霍布斯的表述——这也是英语世界中很多人所采用的方式——任何阻碍一个人实现其目标的东西都是对自由的限制。而另一些人,比如某些马克思主义者则希望将自由定义为具有实现某人目标的能力。根据这个定义——同样也是英语世界中很多人所采用的——任何限制某人实现其目标的能力的东西也同样限制了他的自由。

关键在于,这两种定义都不会得出因为"X 限制自由",所以"X 是错误的"这样的结论。这两种定义都认为任何对某人实现其愿望的妨碍都是对自由的限制。但是,某种特定程度的自由是否属于个人权利?对此,这两种定义都没有给出明确的结论。所以,在霍布斯看来,当一个强奸犯迫使一名女性与其性交时,他就限制了她的自由。但是,当一名女性对一名想要强奸她的人使用防狼喷雾并逃走,那她就限制了强奸犯的自由。对于霍布斯而言,这两个例子的区别不在于是否限制了自由,而在于是否限制了**合法的**自由。阻止强奸限制了强奸犯强奸她的自由,但是这种做法是正当的,因为强奸犯不该拥有这种自由。相较而言,预防强奸则增加了女性身体安全等的自由,这种做法是正当的,因为她们应该享有这种自由。

所以,在自由的一个非常重要的意义上来看,或许安德森是正确的,当一些人将性当作商品的时候,这会限制另一些人的自由。但是,并不能由此得出将性当作商品是错误的这个结论,因为我们没有理由认为生活在一个性绝对不会被当作商品的世界是人们应当享有的自由。

其次,安德森和其他"女性性劳工"的批评者常常提出这样的观点:性非常有别于其他劳动。性应该是私密的、充满爱意的。但是,在我们看来,这最多只能说明性在情感上是私密的、充满爱意的。正如我们此前所见到的例子那样,人们用钱来交换性的同时也享有情感上的私密和爱意,这是有可能的,在某些文化中,这种交易是一种惯例。但除此之外,是否每次性接触都必须是感情上私密且充满爱意的?这可不一定。或许,最好的性是感情上私密且充满爱意的。但是,即使如此,这也不能表明感情上不私密的、随意的性行为是错误的。

海法日托所的例子

在以色列(Israel)的海法(Haifa),很多父母都不能按时从日托所接走自己的孩子。一些经济学家建议增加一种现金罚款,以惩罚不能按时接走孩子的父母。有 10 间日托所参与了这项研究。在最初四周里,他们并不会对迟到的父母进行罚款。在第五周,他们开始征收 10 美元的小额罚款——按照当今的货币计算,扣除通胀。令人惊讶的是,开始征收罚款之后,更多的父母开始迟到——迟到的人数翻了 1 倍。[6] 事实上,通过征收小额罚款,以色列的日托所将一种重要的道德负罪转化成了另一种金融交易——用价格来代替惩罚。

桑德尔和萨茨认为这证明了某些市场的坏处。[7] 但是,我们认为他们对这个例子的判断是错误的。对不能按时接孩子的父母收钱这一行为本身并没有什么道德上的错误,这也不是腐化行为。在很多采用这种做法的日托所中,都没有因此而产生什么有害的后果。这里的问题在于,家长与这些日托所的关系要比普通的交易关系亲密得多。而对迟到的家长征收罚金的行为可能会被家长们解读为日托所想要与他们维持一种普通交易关系的信号。于是,家长们不再认为他们是在与日托所进行一种共同的事业——

合作双方有着金钱之外的义务。我们不觉得应该按时将影碟还给Redbox[①];只有当需要为"延迟"归还付钱时,我们才会觉得应该这么做。在陌生人之间进行的简单的市场交易中,滞纳金被视为一种价格。而当我们从一个朋友那儿借影碟的时候,这种逻辑就不成立了。如果朋友要收取滞纳金,那么这种行为就可能会被视为见外,并可能因此而导致更多的延期归还。但是这种关系依赖于一种有条件的、解释性习俗——通过将突然引入的费用视为一种补偿,这种习俗将将这类费用解释为见外的信号或意义。相对的,日托所也可以与家长们维持一种更有人情味的关系。当先前为人们所认同的关系中产生疏离被认为是不恰当的时候,释放出疏离的信号就是道德上的问题。

请注意,这是双方面的。将普通交易关系当作非普通交易关系通常不太好。如果我们突然开始付钱让伴侣打扫房屋,他们可能会生气,因为金钱的介入所释放出的信号违背了我们此前所理解的那种关系。但是,如果我们突然被为我们打理草坪的工人请去参加他们孩子的生日聚会,这也不妥。如果我们突然请他们帮助我们打理草坪而不是付给他们酬劳,那就更不好了。

因此,很抱歉我们不能赞同萨茨和桑德尔,因为这里的问题并不真的在于商品化本身,此处问题的实质是,当某些行为释放出疏离或友谊的信号,而这些信号又与这段关系的实质不符时,那么这些行为实际上就是侵犯了这段关系的界限。有时候,商品化被认为是疏离的标志,因而被认为是冒犯了某些关系;与此同时,在某

[①] 一家光碟租赁公司,它有一种红色的光碟租赁机。

些时候，非商品化或去商品化也被认为是表现了友谊或某种亲密，而这也是冒犯了某些关系。正如我们此前所探讨的，金钱是否表现了疏离或亲密，这是因文化甚至因同一文化中的不同个人而异的。

总之，反商品化的理论家们有时会抱怨商品化与我们希望同别人维系的关系不相容，或者指责商品化毁坏了这些关系。在某种意义上，他们是对的，但是这种担忧并不真的关乎商品化本身。这些例子中的错误并不在于某些东西是否应该被售卖，而是在于：将某些在有些条件下会被视为没有人情味的机制引入一段相对更有人情味的关系中，这是否有意义。这通常是没有意义的。不过，至少在理论上，完善的亲密关系仍然可以在很大程度上以市场交易为基础。我们还指出，这个问题是双方面的。突然将一段私人关系当作相对缺乏人情味的关系是不合适的，同样的，突然将一段不含人情的关系当作相对更为私人的关系也是不合适的。请再次注意，这里的问题并不在于商品化。此处的原则是，在合适的规则下对待私人的或非私人的关系，而这个原则可以通过各种方法来违背。

桑德尔主张，当以色列的日托所采用罚款时，他们消除了迟到带来的道德上的苦恼。桑德尔也认同，更重的惩罚会加重家长们迟到的情况。但是，既然在这个例子中，争议各方都认为市场可以传达态度，那么我们就应该提出这样的问题：低价格传达了什么信息？日托所的罚金数额太低了。桑德尔正确地指出了低罚金的抑制作用很低，但是他没能像经济学家那样理解到的内容是，价格不仅仅产生激励，它还会传达**信息**。因此，他没能明白的是，低罚金向家长们传达的信息是,迟到从来都不是一种严重的违规。对某事征收低罚金并不表明市场对非市场的规则有挤出效应,而是低罚金传达了这样的信息:这个非市场规则从来都不是什么大问题。

瑞士废料处理厂的例子

在讨论瑞士废料处理厂的选址一事时,安德森的论证与桑德尔类似。瑞士政府对居民进行了问卷调查,以征询居民们是否同意废料处理厂将厂址建在他们住所附近。很多居民表示他们愿意接受。经济学家感兴趣的是,他们想知道,如果引入经济奖励,居民们的接受度会有多大提高。于是,他们又对居民做了第二次问卷调查,加入了不同的经济奖励。结果有点儿出乎意料:更少的,而非更多的居民愿意让废料处理厂建在他们家附近。关于居民们的接受度下降的原因,安德森作出了如下解释:

> 我认为,补偿的提议改变了居民们所理解的他们与瑞士政府之间的关系,因此,这改变了居民们所理解的在考量废料处理厂一事中自己的实际身份。在请居民们接受废料处理厂且没有补偿的时候,瑞士政府将居民视为公民。这含蓄地将居民们的两难选择变成了:"考虑到我们(瑞士公民,总体而言)要找个地方处理废料,那么我们应该接受什么样的选址原则?"这种提问方式排除了事不关己的回答,因为它明确了处理厂必须建在某些人家附近。
>
> 在向居民提供补偿的情况下,瑞士政府所表达的立场是,

无废料城镇是一种如同财产权一样的权利,并且,政府还询问了居民放弃这项权利的代价几何。这实际上将居民们的两难选择变成了:"对于我(或我的城镇邻居们)而言,该花多少代价来维持我们的城镇没有废料?"从这个角度,更难让他们愿意接受处理厂的选址,因为他们不再从公民的角度考虑,不再认为自己有责任解决全体国民所面临的为垃圾厂选址的问题。[8]

在这个例子中,关于给予补偿激励所代表的意义,安德森提供了一个看上去似乎有道理的解释。但是,其他一些看上去也很有道理的解释却并不支持她的观点。

比如说,有可能瑞士的公民只是**装作**没有私心,因为调研毕竟只是调研而已。最初的调研问卷并没有约束力——当瑞士公民说"哦,当然,我愿意无偿允许废料处理厂建在我家后院"时,这也没什么要紧的。心理学家和其他社会科学家都认为,在回答匿名问卷的时候,人们会偏向于以自私的或自我推销的方式,或者以他们认为调查者所希望的方式进行回答。(这被称为"社会期许偏误"。[9])在不具有约束性的调研中,人们会比在现实生活中表现得更为无私。在第二次调研中,并没有人真的拿出钱来。瑞士人并没有真的拿到钱;他们只是被问到,假如有补偿,他们会怎么做。根据社会期许偏误理论,作出如下结论时需要非常谨慎:通过这次调研,金钱腐化了关系或人。这种说法太草率了。

在安德森对废料处理厂这个例子的解释中,她所犯的另一个令人吃惊的错误是,她忽略了这个事实:提出赔偿**传达了**某种信息。(之所以说这个错误令人惊讶,是因为她所提出的是一个针对商品化的符号论反对意见。)请思考这样一种情况:假如萨莉请你免费帮她带孩子,这释放出了一种信息。假如她请你帮她带3个小时孩子,并为此付给你50美元,那么她就释放出了另一种信息。但是,假如她请你帮她带1个小时孩子,并为此付给你200美元,那么她所释放出的信息可能就是:这个孩子是个大麻烦,你或许会因此而不那么愿意照看这个孩子。

类似的,当政府提出要为在公民居所附近建废料处理厂而给予补偿,而不是让公民无偿接纳它时,这也对公民释放出了某种信息。通过给予补偿(无论政府是否想要这么做),政府所释放出的信息是,生活在废料处理厂附近是不好的而且可能是有害的。通过给予补偿,政府所释放出的信息还有,它认为生活在废料处理厂附近是**一种人们应该因此而获得补偿的事情**。这会促使公民相信生活在处理厂附近是个严重的事情,比他们此前所以为的更糟糕,因此,他们的接受度会下降。所以,我们应该强调的是,现有的证据完全不足以说明这个结果的意义,而安德森只是在以一种非常有利于她的观点的方式对现象进行解读,但实际上,其他一些与她的结论相冲突的解释也一样有道理,甚至更有道理。

注意我们的方式

现在,让我们来讨论一下关于公民敬意的问题。此前,我们论证过很多解释性习俗都高度依条件而定,且有文化独特性。但即便如此,反商品化的理论家们仍可以这样辩解:确实如此,在这里我们靠右侧行驶的习俗是与某些条件有关的,而且"我不尊重你"在我们的语言中表示不敬也是与某些条件有关的,但是,这并不能改变这样一个事实:一旦开始采用这些习俗,那么我们就有理由按照社会习俗驾驶,并遵照当地语言传统的意义来说话。简而言之,在当地购买婚礼致辞、出售女性生育能力等都被解读为不敬,这个事实或许就足以让我们谴责这些行为。在当地我们不应该相互竖中指,因为这意味着不敬。这是正确的,尽管这种行为的意义是依条件而定的、具有文化独特性的,也没有被写入全人类的道德观。

对此,我们的回应是,我们可以接受这个观点:人们**至少**有遵守当地公序良俗的表面义务,因为他们有义务对别人表达敬意。在某些情况下,买卖某些物品是**不礼貌的**——因为根据某些文化中的符号意义,这表示了不敬。在这些情况下,禁止参与此类市场活动可以没有明显成本或机会成本,也不会导致明显的伤害。如果事实如此,那么人们就应该停止参与这类市场。

虽然我们承认了这一点,但这也并不是符号论反对意见的胜利。我们承认这些习俗是重要的。总的来说,我们应该有好的习俗,并依照身边这些好习俗行事。当这些好习俗有益或至少无害的时候,我们就应该维持它们。但是,正如我们此前所论证的,当这些习俗变得有害,或有着很高的机会成本时,就应该拒绝这套规则。我们并不是说习俗不能约束我们,而是说当这些规则失效、成本过高或有害的时候,就应该更换或者认真地拒绝这些规则。所以,从这个意义上说,我们只是在对习俗的价格进行讨价还价。

我们所讨论的符号论反对意见应当是限制市场范围的最有力的道德依据。我们已经将看上去反对商品化最有力的道德依据削弱成了仅仅有关习俗的问题。只有当习俗有效的时候,符号论反对意见才有力。这种反对意见只有在这样的情况下才能成立:在小市场里,忍耐的成本不高于改变现有习惯或有意识地反对现有规则的成本,且忍耐不会导致什么后果。那么,我们也用这个来为玛莎·努斯鲍姆(Martha Nussbaum)的主张辩护,因为她写过:"对一种习俗的现实社会意义的描述……只是一扇通往法律和道德评价这个大舞台的门……社会意义不能独自发挥作用:它引入了规范的道德哲学和政治哲学。"[10]

需要再次指出的是,我们所展示的论据并不仅仅意味着禁止某些市场的恶劣后果有时会甚于对这种市场会表示出不敬的道义上的担忧。我们作出了更为有趣的论证:在没有其他道义上的或非交流性担忧的情况下,针对市场的纯符号论反对意见是站不住脚的,因为结果主义的考量允许我们给文化符号标价,并对其作出评判。正如我们常常耸耸肩说"方式、实方式(schmanners)",所以我们也可以同样沉着地说"符号、实符号(schemiotics)"。

这种感觉就是错误的

符号论反对意见的错误在于,有关金钱和市场的意义,并没有什么深刻的形而上学的事实。金钱和市场的意义完全是依条件而定的,而且在理论上存在修改的可能。

市场并不只有一个意义。即使在我们的文化中,金钱和市场也拥有许多不同的意义。[11]有时候,金钱馈赠意味着我们是朋友,或者这可以加固我们之间的友谊。还有一些时候,金钱馈赠则意味着距离和疏远。泽利泽认为,这取决于金钱是否被看作一个礼物、一种补偿或一项权利。但这些理解都是依条件而定的,也都存在更改的可能。在某些特定情况下,即使金钱意味着疏离,其前提也必须是:在这个文化中,"竖大拇指"必须意味着"做得好"而非"去你的"。

我们已经检验了针对市场的三种不同的符号论反对意见——仅为商品论、错误信号论和错误货币论——并发现它们都有问题。检验表明,这三种道德上的反对意见都基于依条件而定的、具有文化相对性的解释性概念。售卖一件商品或服务并不必然意味着交易参与者认为这件商品或服务仅具有工具价值。对于某些关系而言,在私人(或非私人)关系中引入金钱(或恩惠)可能是错误的,但是被视为正确的做法也仅仅是一种依条件而定的、具有高度可变性的事实。最终,我们可以通过这些解释性习俗——一个文化的符号——所产生的结果来对其进行评判。在很多情况下,我们有修改我们的文化符号以使其允许更多商品化的道德义务。当维持某个概念的成本变得巨大之时,我们就应该在不损害利益的情况下修改我们的解释性概念。如果一套意义规则在道德上反对某个可以拯救生命或改善生活,可以减少或减轻痛苦的行为,那么我们就可以在道德上反对这套规则。

我们尚未断言改变这些解释性概念是难是易。这可能非常困难,就像更改或改革整套语言一样。可能金钱和市场的形而上学意义是一个深刻的社会学事实。但是,我们不该急于就此进行深入探讨。人们对某些贸易怀有很深的厌恶之情。他们觉得有些贸易令人厌恶。但我们要问的是,厌恶反应是否能可靠地引导对错?

我们还要问的是,是否值得用这些厌恶反应作为评判神圣和世俗的社会准则的基础?

注释

[1] Radin 1997, 1884.
[2] Satz 2012, 142.
[3] Satz 2012, 143.
[4] Anderson 2000a, 155.
[5] See Schmidtz and Brennan 2010, 6–14.
[6] Levitt and Dubner 2008, 15–16.
[7] Sandel 2012a, 64–65; Satz 2012, 193–94.
[8] Anderson 2000a, 197.
[9] There is a massive literature on this. One classic piece is Paulhus 1991.
[10] Nussbaum 1998, 695–96.
[11] 泽利泽在2013,第182页写道:"我认为这就是金钱运作的方式:为了搞清楚它们复杂的、常常混乱的社会联系,人们不断地创新并区分货币,以此为他们的各种交易赋予不同的意义。因此,具有社会意义的货币的多样性取代了单一的、中性的、不受个人影响的标准法定货币模型。"他还在1989,第343页中写道:"但是,虽然美元纸币没有什么物理特性,但是现代货币仍然有区别,这不仅体现在数量上,还体现在其特殊的、多样的特性上。我们为特定类型的金钱赋予不同的含义,并为其指定不同的用途。比如说,一名主妇的零花钱与工资不同,而这些钱又与孩子们的零花钱不同。再比如说,彩票奖金与普通薪水有所不同。我们因意外事故而获得的补偿与书籍的版税也不一样。不是所有美元都是一样的。"

第三部分　市场会导致腐化吗

　　走进伦敦证券交易所——一个比很多法院都更值得尊敬的地方——你会发现各个民族的代表都齐聚于此为全人类服务。这里有犹太教徒、伊斯兰教徒和天主教徒，他们仿佛来自同一宗教一样在跟彼此打交道，在他们眼中，只有破产者才是异教徒。在这里，长老会教徒信任再洗礼派教徒，圣公会教徒认可公谊会教徒的承诺。离开这个和平的、自由的场所之后，有些人会去犹太教堂，有些人会去喝酒……还有些人会回到各自的教堂去等待神的启迪，他们头戴帽子，都很满足。

　　　　——伏尔泰，《哲学通信》(*Letters on England*)

第九章
腐化论反对意见

"商业伦理"是个矛盾的说法，嘿嘿

每个乔治敦大学——一个耶稣会下的学校——的本科生都会学习伦理学课程。但是麦克多诺商学院的学生则需要在大四时多学一门伦理学课程"企业的社会责任"。当我们让商学院学生猜一猜学校要求他们学习这门课程的理由时，他们中很多人的答案是："可能他们并不信任我们。"

他们或许确实不应该相信这些学生。在 2011 年秋天，"企业的社会责任"这门课上的一些学生在同学中做了一项关于作弊和使用学习药物①的科学调研。他们发现，麦克多诺商学院的本科生承认进行过某种形式的学术作弊或使用过学习药物的比例几乎是乔治敦大学其他三个专业的 2 倍。但是，请注意，麦克多诺商学院上报到乔治敦大学荣誉委员会的人数**并没有**与之不对应。假如麦

---

① 这是一种安非他命，属精神类药物，学生服用后可以提高注意力。

克多诺商学院的学生有更多作弊行为的话,那么就意味着他们被抓住的概率更低。

为什么相较护理健康学院、艺术和科学学院或外交学院(这个学院常以比尔·克林顿总统为校友而自豪),麦克多诺商学院中有作弊行为的学生人数更多?两年后,另一组学生经过论证提出,这在很大程度上是因为心理学上的**选择效应**。麦克多诺商学院的学生主要是男性,而其他三个学院的学生则以女性为主。他们认为,总体而言男性比女性更容易发生作弊行为。他们提出,从数据上来看,麦克多诺商学院比其他学院多出的作弊中的几乎一半都可以归因于它拥有更多的男性和运动员学生。不过,我们仍然想知道,即使这些学生的结论是正确的,那么又是什么导致了多出一半的作弊行为呢?

多数人不禁会说,因为这是**商业**。在2012年11月的一份盖洛普民意调查中,受访者被要求给不同职业从业者的诚实度和道德水准打分。只有21%的受访者对企业主管的评价是很高或高。(普通美国人对说客和国会议员的评分更低,这对商业主管们或许是个安慰吧。)相比较而言,脊椎按摩师———一种类似于看手相的伪科学从业者——的评分则高于银行家、企业主管、股票经纪人或广告行销人员。

在大众看来,热衷于商业的人品行不端的可能性更高,因为他们的主要动机是赚钱。而且,一旦投身商业,他们的工作环境就是由这样的人构成的。这就会促生一种堕落的贪婪文化,并进而导致人们趁机撒谎、作弊和偷窃。或许,当个人在会撒谎和作弊的人周围工作和学习的时候,他们就会更不在乎撒谎和作弊。

很多人不禁会认为，商业腐化会扩散给每一个市场参与者。市场是一个道德上完全自由的区域。[1]在市场中，我们理应只遵守最低限度的道德要求，以避免偷窃、欺诈、不守信和强迫。在这个基础之上，我们可以与任何愿意合作的伙伴做任何事、完成任何交易。因此，市场是赤裸裸地追求个人利益的地方。即便最支持资本主义的人也会承认这一点。亚当·斯密（Adam Smith）告诉我们："我们的饭食不是出自屠夫、酿酒师或面包师的恩惠，而是出自他们的利己考虑。我们不向他们谈人性，而要向他们谈私利。"[2]这似乎与著名的马克思主义哲学家 G. A. 科亨的谴责相距不远："每个市场……都是一个捕食系统。"[3]

历史学家阿克顿勋爵（Lord Acton）曾说，权力滋生腐败，绝对的权力滋生绝对的腐败。多数人认为市场也是如此。市场会吸引已经堕落的人们，而一旦这些人进入市场，市场就会进一步腐化他们。虽然这并不是一个反对市场的决定性观点——因为或许在增进财富、延长寿命、增加幸福方面，市场的益处超过了它给我们带来的成本——但是，这个观点仍然是反市场的。市场可以让我们的钱包鼓起来，但是它会给我们的品性造成巨大的不良影响。我们买到了更好的生活，但代价是自己的良知。

一般的说法就是这样。但是，这种说法正确吗？

五种腐化论反对意见

此类担忧被我们归纳为针对商品化的腐化论反对意见。当参与某些市场会导致我们发展出有缺陷的偏好或品德特点时，腐化论反对意见就能成立。这种观点有赖于对下面这个问题的看法：我们应该如何应对市场？这个观点的基础是这样一种看法：市场不仅是个简单的、价值中立的交易机制，其中还有许多规则，这些规则影响并塑造了如下问题的答案——我们为何以及该如何进行交易？我们该如何看待交易品？我们该如何看待与交易品有关的物、人和习俗？随着时间的流逝，市场会将我们变得更糟。

有时候，当市场的批评者提出一种腐化论反对意见时，他们只是想说，市场或某个特定市场对我们是有害的。有时候，他们想表达更强烈的观点——如果引入或参与市场会导致腐化，那么这种做法就是**错误的**。请注意，这两种观点之间是有区别的。说一个市场腐化，意味着你认为市场有不好的副作用，而你只是不希望这个副作用存在。但是，说某个市场的腐化效应使得参与市场成了**错误的**行为，这就意味着其他人也有不参与这些市场的道德义务。

在第三部分中，我们将首先概述如何才能提出正确的腐化论反对意见。我们这样做的目的不是为了帮助市场的反对者，而是因为我们想要明确让这种观点成立的关键因素究竟是什么。有时候，若想让腐化论反对意见成立，那么提出这个观点的人就还有更多工作要做。接下来，我们会看到五个版本的腐化论反对意见，并逐一对其进行批驳：

1. 自私论反对意见　这种观点认为，受到市场影响或参与市场会使得人们变得更自私，更不愿利他。

2. 挤出论反对意见　这种观点认为，对某些活动提供现金奖励会排挤并削弱人们的内在动机。

3. 不道德偏好论反对意见　这种观点有独特的针对性，它认为在信息市场下注的行为会腐化人们,因为这会让人们通过坏结果获利。

4. 低质论反对意见　这种观点认为,某些商品和服务不该被商品化(即出售营利),因为如果允许其商品化,那么相较于由非营利组织来生产这些产品和服务,其质量会下降。

5. 公民论反对意见　这种观点认为,市场和商品化会影响公民参与度,因为市场会降低人们参与政治的积极性。

我们认为,这五种腐化论反对意见都不成立。鉴于这五种反对意见是腐化论的主要变化形式,所以我们将之作为腐化论反对意见不成立的强有力证据。

注释

[1] Gauthier 在 1987,第 83—112 页中论述,一个理想的市场——不会失灵的市场——会允许参与者不受道德约束。
[2] Smith 1981, 26 – 27.
[3] Cohen 2009, 82.

第十章
如何提出一个合理的腐化论反对意见

证　据

在第六章中,我们反驳了主张在市场上出售物品是仅仅将之视为商品的观点。我们从反面证明了,人们在买卖物品的同时仍然可能将之视为重要的东西。但是,有人或许会这样反驳,在心理上,买卖和仅将之视为商品是不可分解或不可区分的。如果我们允许售卖某样东西,那么最终还是会仅将之视为商品。将某样东西变成商品,那么随着时间的流逝,它将不可避免地被仅当作商品,这就如同鸠占鹊巢。这种批评或许是正确的,但是证据呢?

在讨论抱怨市场是如何腐化我们的具体观点之前,我们想要先行概述如何才能提出有效的腐化论反对意见:提出该观点的人需要证明一些东西并拿出某些证据。

首先,他需要有事实证据来证明市场确实会导致腐化。很多人在指责市场会腐化人的品德时,并没有提供或引用必要的**实证**

来证明市场确实会导致这样的后果。又或者,即使他们提供了证据,但这些证据也是良莠不齐、次要的、逸闻式的、杂乱的、模棱两可的,都不足以支撑他们对市场的严厉谴责。

举证责任

这绝非无关紧要的问题。我们需要牢记的是,提出腐化论反对意见的人要承担举证责任。在这场争论中,争论双方的初始地位并不平等。提出腐化论反对意见的人坚持主张一种有争议的经验看法,即对某些市场的某种接触或参与行为会导致某种坏的品德。他们需要证明他们的假设,就好比医药研究者认为某些化学品会引起癌症,那么他们就需要证明他们的假设那样。否则,在缺乏切实的实证证据的情况下,默认的情况将是,我们有充分的理由怀疑市场会导致坏品德的观点,就像我们有理由怀疑某些化学品会导致癌症的观点那样。

数据,而非逸闻

请注意,那些来自逸闻的证据是无效的。让我们用这样一个例子来作类比,很多人都相信饮用无糖饮料会导致人发胖。这些人可以谈论他们的朋友们喝了一阵无糖饮料之后发胖的故事。但是,这些故事中的因果关系并不清楚,而且因果性和相关性也分不清楚。我们也不知道这些故事具有多大的代表性。这些故事或许能为进一步的调查提供一些线索,但是它们并不足以证明这些人的观点。我们需要收集数据,观察相关性,尝试分析出因果,寻找一些自然试验的结果,再做一些人工实验,等等。这种做法比较有难度,是人们在研究生阶段学习的方法论。

导致腐化 vs 揭露腐化

批评者必须谨慎区分这两种观点:
A. 市场**导致**人们产生更坏的品德或偏好。
B. 市场**揭露**人们的卑劣品德或偏好。
腐化论反对意见的基础是 A 而非 B。但是反对者常常将 B 的例子当成 A 的例子。

请看这个例子:你或许会觉得我们在引言①里描述的某些市场——比如贩卖内裤的自动售货机——有悖常情且粗俗。假设你的看法是正确的,但是这种市场是否会像迎合性变态那样使人堕落？这是不确定的。即使这些"性变态"是文化现象而非先天或基因原因,这些市场是否会导致这种文化现象的产生而非仅仅是响应了这种文化？这也是不确定的。市场的批评者或许会说,市场制造了这种需求,但是,我们需要再次强调的是,证据呢？空口无凭。

让我们再来看看艺术品销售的问题。正如我们在第六章中指出的那样,有些人以高昂的价格买卖艺术品,因为他们认为艺术品具有重要的非工具价值。不过,有些人仍然可能仅仅将艺术品视

---

① 原书并无"引言",疑指开篇作者介绍前的三段文字。

为商品,将其视为牟利的东西。但是,即便如此,这也丝毫不能证明市场导致了这种态度。在一个艺术品绝不会被售卖的社会里,很多人都对伟大的艺术品漠不关心。但是,如果艺术品进入市场流通,且其中一部分获得了极大的市场价值,那么对其美学价值漠不关心的群体中的一部分或许就会参与市场买卖,因为这是可以营利的。他们确实会仅仅将这些艺术品视为商品,但是,这并不是因为市场腐化了他们。在市场出现之前,他们就已经倾向于仅仅将艺术品视为使用物品。类似的,我们假设运营 iTunes 的人不会欣赏他们售卖的所有音乐的美学价值,但是他们仍然会售卖这些音乐。这仍然不能证明市场腐化了任何人。

相反,他们原本就对艺术品和音乐漠不关心,但是市场使得他们至少会将这些东西视为商品,这实际上增进了他们的认知。在这个例子中,市场引导人们将他们原本不在乎的东西视为有价值的东西,因为其他人在乎这些东西。

根据定义,市场并不是腐化的

有时候,提出腐化论反对意见的人会用一种先验的、概念性的观点来取代必需的实证证明。让我们用以下论证作为例子:

1. 根据定义,在市场中,人们应该追求个人利益。
2. 因此,市场会让人变得更自私。[1]

从逻辑上讲,1 并不能推导出 2。2 实际上是一种实证观点,理论上这应该是可以被证明或被推翻的,提出这种观点的人需要提供相关的实证证据。

让我们用这个例子作为类比：

1. 在橄榄球比赛中，球员们被鼓励去追求胜利，而不会关心别的球队也渴望赢球。

2. 因此，打橄榄球会让人变得更自私。

在这个例子里，逻辑上也不能从 1 推导出 2。2 也是一个理论上应该可以被检验的实证观点。这个观点可以是正确的，也可以是错误的。打橄榄球也有可能会激励一支队伍的心态和无私。人们也有可能善于将足球与别的事情分开，所以在橄榄球运动之外，橄榄球理念很少或不能对人的性格造成影响。也有可能美式橄榄球是腐化的，但是加拿大的橄榄球运动则不然，而同样具有竞争性的曲棍球运动则很有可能提高人的品德。（在这种情况下，问题就不在于橄榄球本身，而在于美国人打橄榄球的方式。）除非我们对此进行验证，否则就不能得出结论。

在我们看来，提出腐化论反对意见的人几乎**从不进行验证**。比如说，马克思主义哲学家 G. A. 科亨在其著作《为什么不要社会主义？》(*Why not Socialism?*)中反复提出，市场社会会导致过度贪婪。他的观点正确吗？以卡尔·马克思的理论预测，他并不能得出这样的结论。检验这个观点的唯一途径就是对这个观点进行检验，即进行社会学家尝试区分因果关系时所进行的工作。既然腐化论反对意见有赖于实证前提，那么提出这种意见的人就需要向我们提出这种腐化确实发生的实证证据。他们真正需要做的事情是，向我们提供可以在社科学术期刊上发表的可证实的实证分析。但从卢梭到马克思再到科亨，几乎没有哪个市场社会的批评者愿意做这些事情。[2]

市场是否在腐化我们的同时，又以别的方式改善我们

即使有人可以证明参与市场或参与某些市场可以腐化人的品德，那他仍然需要证明，无论人们如何平衡市场对性格的影响，市场的净影响都是腐化。毕竟，市场在使某些标准或美德堕落的同时，也有可能会增进别的标准或美德。比如说，假设支持保守主义和共产主义的市场批评者是正确的，市场确实易于弱化家庭关系和尽孝的义务。但即便如此，市场也可能增进人们的宽容和开放。最终我们可能会发现，就品德问题而言，总体权衡的结果是值得的，因为市场在削弱某些好的品德特性的同时也会增进其他品德特性，总体上收益大于损失。假如我们只关注品德的话，那么就需要关注整体的品德。

腐化是否是我们愿意付出的代价

认为市场会腐化我们品德的批评者应该考虑的是，这种腐化是否比市场所带来的其他好处影响更大？假设巴伯提出的市场会让成人婴儿化的观点是正确的。（在我们看来，他的这个观点不正确，因为他没有提供任何实证证据以支持他的观点。）但是，与此同时，市场也带来了更大的幸福、更多的财富、更长的寿命，它让人有更多的渠道接触艺术和文化，等等。[3] 经过权衡，我们或许会认为这是值得的——牺牲某些品德以换取市场提供的商品是值得的。比如说，亚当·斯密就赞同卢梭的观点——不断细化的分工和流水作业会让工人变得愚蠢，但是他也认为，以这样的代价让工人获

得生活水平的提高是值得的。[4]（他还认为,我们应该通过免费公立教育来克服这种愚蠢化倾向。）

严格意义上,腐化并不意味着错误

"X 的市场导致腐化"这个观点并不能直接推导出"参与 X 的市场是**错误的**"这个观点。原因在于,有时候做一件会腐化人的品德的事情是可以被允许的。

我们并没有明确的道德义务去拥有**完美**品德,我们或许只有拥有总体而言**很不错的**品德的义务,或许只有不时改进我们品德的普通义务。比如说,假如打橄榄球会使人们的品德总体而言变得略微更糟一些,那这并不能明确表明打橄榄球就因此是错误的。人们或许应该有权继续打橄榄球。

或者,如果只有牺牲部分品德才能产生好的结果,那么我们就可以认为这是值得的。比如说,参加正义战争的士兵或许会因为战争而留下创伤——创伤后应激、焦虑、抑郁等——因此,他们不能再拥有完美的道德品格。但是,即使以此为代价,他们参战的行为也仍然可能是正确的。

当我们想到参与市场的行为会如何影响其他人的时候,这种理由就更为有力了。当我们买卖某些东西时,这可能会腐化别人,但这可能是别人的问题,而非我们的问题。在通常情况下,即使某人的某个行为会导致别人品德败坏、变得腐化或做出错误的举动,这个人也可以做出该行为。比如说,假设一支流行乐团发表了一首会导致反社会者谋杀某些名流的迷幻舞曲,这也并不能表明发表舞曲是错误的。这里的问题不在于音乐家,而在于某些人对舞曲作出了错误的反应。

类似的,如果我们买卖某样东西,而这使得你得出这样的结论:所有人类关系都仅仅是工具性的且别人的性命没有内在价值。那么,问题就出在你身上,而不在于我们的买卖行为。你有义务让自己的人格更健全,让自己不那么容易受到影响。

小　结

当你遇到一个腐化论反对意见时,请问自己下列问题:

1. 提出意见者是否提供了实证证据以证明这种腐化普遍存在且确实由市场导致？

2. 提出意见者是否研究过(或至少承认这种可能性)市场可能在某些方面导致腐化而在另一些方面有所增益？

3. 提出意见者是否研究过(或至少承认这种可能性)市场或许会在总体上伤害我们的品德,但是它带来的收益却让这样的代价变得值得？

4. 如果这个人主张,因为市场会伤害我们的品德,所以市场是错误的,那么,它是否能证明我们有将品德维持在那个标准上的道德义务？

在此,我们的观点是,提出一个有效的腐化论反对意见需要作出很多努力。在接下来的几章里,我们将检验一些腐化论反对意见的主要例证,这些例证在某种意义上都有所不足。

注释

[1] E. g., Cohen 2009.
[2] 这个问题在 1997 年折磨着雷丁。雷丁认为,如果一件东西在售,且经济学家认为某些东西拥有潜在的市场价值,那么这将使我们的道德态度变得糟糕。但是,即使这是一个实证观点,然而它却没有提供任何实证证据以证明这种情况确实会发生。
[3] See Schmidtz and Brennan 2010; Cowen 2008; Stevenson and Wolfers 2008.
[4] See Rasmussen 2008.

第十一章
自私论反对意见

论 证

自私论反对意见所针对的并不仅仅是某些特定东西的商品化，而是针对几乎所有东西的商品化。这是一种对几乎所有市场的抱怨，而不仅仅是针对某些特定的市场。它一般是这样的：

自私论反对意见

1. 市场的基础是个人利益。
2. 因此，市场导致人们变得更自私。
3. 因此，市场让我们更腐化。

这些批评者或许是正确的。但是，正如我们一直强调的，我们不能闭门造车地用一种先验哲学或经济分析来解决这类问题。[1] 我们需要针对市场对人的影响，以及市场被别的东西替换时会发生什么这些问题进行历史的、社会的、心理学的研究。

市场会导致腐化吗？恰恰相反

事实上,有人作了这样的研究。神经元经济学家保罗·扎克(Paul Zak)说过：

> ……市场交易本身或许会导致社会中的个人具有更好的品德。对此,最显著的例证是亨里奇(Henrich)及其同事在小规模社会中进行的关于公平的研究。他们的研究表明,**在他们所研究的所有因素中,对一个社会中向陌生人提出公平交易的可能性影响最大的因素是市场交易的范围**。交易在本质上是关心他人的——假如要进行交易,那么你我双方都必须获益。[2]

扎克的结论是,这个可经实证检验的事实表明,市场社会会引导人们公平行事。来自市场社会的人具有明白如何从贸易伙伴的角度考虑问题的特性,而来自非市场社会的人则不具有这种特性。

经济学家们喜欢进行这样的实验(使用大量现金):实验参与者可以选择欺诈别人或公平行事。约瑟夫·亨里奇、赫伯特·金迪斯(Herbert Gintis)及其他品德心理学家和行为经济学家都对大量变量进行了测试,以观察哪些因素易于导致人们公平行事或欺诈。这些研究都驳斥了市场会导致人们变得更自私的观点。

金迪斯进一步对这些研究作了总结：

第十一章 自私论反对意见

在由市场交易主导的社会中,争取宗教宽容、生活方式宽容、性别平等和民主的各种运动蓬勃发展并最终获得胜利,但在别的社会中情况却并非如此。

在我们对非洲、拉丁美洲和亚洲的简单社会——渔猎、采集、游牧、小规模农耕——的研究中,我和我的同事们发现了关于市场与道德的积极关系的令人瞩目的证据。12名人类学家和经济学家探访了这些社会,并与当地人进行了最后通牒博弈、公共物品博弈和信任博弈。正如在发达工业社会中一样,即使在匿名且仅进行一次博弈的情况下,所有这些社会的成员都表现出了相当程度的道德动机和意愿,牺牲金钱利益以追求公平互惠。更有趣的是,我们以产出为标准来衡量各个社会的市场参与度和市场合作度,结果发现,那些有更多团体频繁参与市场交易的社会有着更显著的公平动机。认为市场经济使得人们贪婪、自私和不道德的观念是错误的。[3]

实证表明,预测参与者将会与陌生人公平行事的最重要**文化**指标是,这个社会在多大程度上以市场为导向。

请注意,不止一组研究结果是这样的,所有研究都得出了类似的结果。扎克和斯蒂芬·克纳克(Stephen Knack)都证明了市场社会也很有可能是高度信任的社会,而非市场社会则很有可能是低度信任的社会。[4]奥玛·艾尔-阿贝利(Omar Al-Ubayli)、丹尼尔·豪瑟(Daniel Houser)及其同事们都证明了,在实验中让人们充分使用与市场和贸易有关的词语会使得他们**更**(而非更不)容易相信别人、更值得信赖、更公平。[5]这意味着,当人们具有市场思维的时候,他们会变得更好。米切尔·霍夫曼(Mitchell Hoffman)和约翰·摩根(John Morgan)发现,与大家的预期相反,"从域名交易和成人娱乐(色情)这两个无情的互联网产业中仔细挑选的成年人"都"比[大]学生更忠于既定的社会道德标准:他们更利他、更容易相信别人、更值得信赖、更讨厌撒谎"。[6]

由加布里埃尔·卡梅拉(Gabriele Camera)及其同事进行的另一项研究得出了更有争议性的结果。据 BBC 报道,这项研究发现"金钱可以降低小组间的信赖"。[7]但这个报道有误导性。对该研究更恰当的总结是,卡梅拉及其同事进行了一系列实验游戏,在游戏中,人们可以选择合作或不合作,可以在合作时选择慷慨或自私。[8]他们发现,将金钱引入各小组之后,游戏参与者会变得更自私、更不愿意合作,而将金钱引入大组之后,参与者会变得更无私、更愿意合作。正如我们在第七章所讨论的,这个实验中的那一半负面结果并不出乎预料,因为在我们的文化中,在小范围的交往中引入金钱就意味着疏离。如果你将金钱引入小范围的关系中,那么你释放出的信号就是缺乏信赖,并打算将这段关系变得更具工具性。但是,这个实验中的另一半积极结果则与我们讨论过的其他研究相一致,它们都表明市场会让人们更友好地对待陌生人。在大范围的关系中,引入金钱会让人彼此信任。

市场与信任

制度经济学常常论证,市场交易并不仅仅以个人利益为基础。

它还有赖于——与此同时还会强化——互信、互惠和信誉。[9]普遍信任和信誉是市场体系得以运作的基础。举个例子,我们可以飞去香港,在一群陌生人面前刷信用卡,租一辆比许多人的房子还要贵的豪车,但这一切的基础只是我们会付钱的承诺。市场社会以某种方式让这种承诺有了意义。[10]

根据菲沙研究所(Fraser Institute)的排名,世界上最自由的10个市场依次分别是:中国香港、新加坡、新西兰、瑞士、澳大利亚、加拿大、巴林、毛里求斯、芬兰和智利。丹麦排在第16位。[11]《华尔街日报》(*Wall Street Journal*)和美国传统基金会(Heritage Foundation)的经济自由度指数也有类似的排名。它们的前10位依次是:中国香港、新加坡、澳大利亚、新西兰、瑞士、加拿大、智利、毛里求斯、丹麦和美国。我们可以将这种总体排名分成详细的经济自由度排名。比如说,在2012年的排名中,丹麦在商业自由度、投资自由度和金融自由度方面的得分分别是99.1、90.0和90.0。相比较而言,美国的得分则分别是91.1、70.0和70.0。(100分为最自由。)

现在,让我们来看看这个例子。根据国际透明组织的排名,最清廉的10个国家依次是:丹麦、新西兰、新加坡、芬兰、瑞典、加拿大、荷兰、澳大利亚、瑞士和挪威。

你或许会注意到,很多经济最自由的国家同时也是最清廉的,这可并非巧合。正如图11-1所示,国家的经济自由度(根据菲沙研究所的经济自由度评分评定)与国家的清廉度(根据国际透明组织的清廉指数[12]评定)是正相关的。同时请注意,多数市场化社会的位置都远**高于**趋势线。(致精通数据的读者,在图11-1之中,相关系数是0.7267,所以决定系数是0.5842。)

市场社会相对清廉

国际透明组织清廉指数评分

菲沙研究所经济自由度评分

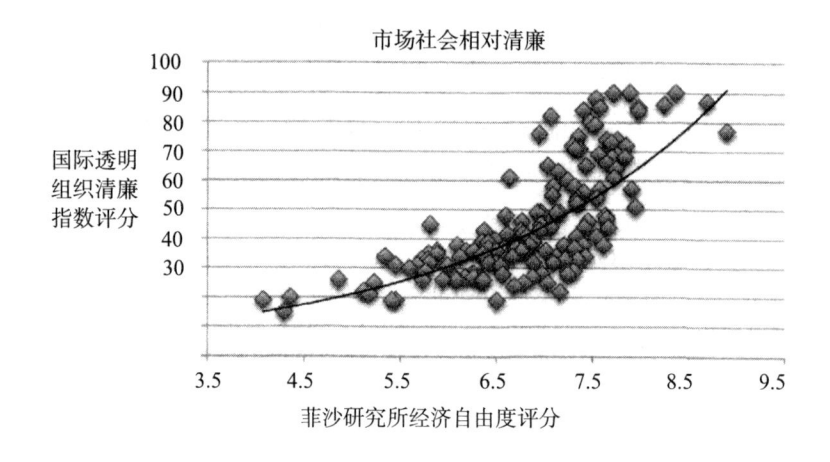

图 11-1　经济自由度 vs 腐败度

本杰明·巴伯认为,市场会导致政治腐败,但是事实上,绝大多数市场化社会都是最清廉的。相反,公共选择经济学——研究政府行为的一个经济学子领域——中一个与之最相符的发现是,政治会腐化市场。一个经济体的政治化程度越高,那么个人参与者就越会倾向于操纵规则和法律以欺骗消费者和竞争对手。[13]与其主张让卑鄙的市场远离纯洁的政治,我们更应该努力让卑鄙的政治远离市场。

事实上,每当政治学者或经济学者将可信赖、清廉、信任或公民的慷慨与经济自由联系起来的时候,他们都会发现非常明显的正相关性。比如说,相比于非市场社会中的人,市场社会中的人更乐于慈善和给志愿者捐献。[14]他们这么做的部分原因是因为他们更富有,所以可以承担这种开销。(我们也不知道这对我们的观点是否有利。)但是,即使排除收入因素,他们也更乐于捐赠。

宠物：一个小小的测试案例

让我们来多看一些日常小例子。比如我们在第六章里讨论过的宠物商品化问题。人们有时会通过宠物商店或宠物收容所买卖宠物，有时会通过礼物方式获得宠物，还有些时候会通过不由市场规则主导的渠道获得宠物。提出腐化论反对意见的人应该检验的是，从人口统计概念的角度来看，如果属于同一主人的同一宠物是被买来的而非通过非市场渠道获得的，那么它们的处境是否会更糟？又或者，我们想要检验的是，两个相同的文化，如果一个将宠物市场化而另一个没有，那么相较而言哪种文化会更善待宠物？

腐化论反对意见的预测似乎是，人们对待宠物的方式是有区别的，这取决于他们获取宠物的方式或途径。我们不仅会发现，相较被买来的宠物人们会更善待在市场之外获得的宠物；我们还会发现，被买来的宠物仅被视作使用品，而并非通过购买得来的宠物则会被以诚相待。随着时间的流逝，我们还应该看到被购买来的宠物的处境会愈发恶化。

此类行为差异或许确实存在，但是这需要由实证检验来揭示。我们怀疑，如果控制好得到宠物者此前对宠物的态度的变量的话，那么这样的差异就不会存在。换言之，我们怀疑获得猫狗的途径并不是影响那些得到宠物者行为或态度的独立因素。宠物是否会被珍惜、关怀、爱护等，这都与它们是否是通过市场获得的无关。我们的怀疑或许是错误的，但是，**另一方**——提出腐化论反对意见的一方——有责任证明我们是错误的。毕竟，关于市场对我们品德的影响这一有争议的实证观点是由他们提出的。

我们不仅在此正式提出我们的怀疑,还去搜寻了关于这个问题的相关研究。我们没有找到任何支持这个例子中腐化论反对意见的研究结果。根据我们找到的一份报告,将自己视为"监护人"而非"主人"的人会更善待自己的宠物。[15]这份报告的作者谨慎地指出,他们没有在"监护人运动"——这个运动旨在争取改变宠物对其主人而言的法律用语和法律地位(在法律意义上,将主人改为监护人),以此让人们更人道地对待宠物——中发现任何因果关系。但是,这篇报告并未检验相较于买卖宠物,其他获得渠道是否会导致宠物更被善待。大多数将自己描述为"监护人"的人通过买卖获得宠物,而很多将自己描述为"主人"的人则通过其他途径获得宠物。所以,这份报告支持这样一种假设:仅仅将你的宠物视为财产意味着你对宠物的态度会更糟。但是,这份报告并不支持,甚至不利于这样的假设:买卖宠物会导致我们仅仅将宠物视为财产。

在《美国兽医杂志》(Journal of American Veterinary Medicine)上,一份专门的报告作了一系列检测,希望确定到底是什么因素决定了宠物接受医疗护理的程度。[16]事实上,相比于从救济站获得的宠物,买来的宠物可以获得更好的医疗护理,但是就我们从报告中了解到的情况来看,这是因为人们通常会花钱买狗而通过免费途径获得猫,并且,狗受到的医疗护理条件要远好于猫。这并不出人意料,更富有的人会给他们的宠物以更好的照顾,因为他们可以负担得起这样的开销。[17]但无论如何,仍然没有证据可以证明将宠物市场化会导致它们仅仅被视为商品。

仅凭这个实验还不能做出定论。进一步的研究或许会表明腐化论反对意见是正确的。当所有证据都被摆出的时候，这些证据有可能会有利于批评者。但是目前，社会科学的结论是站在我们一边的。

市场和宽容：如何给劳动定价以使其变得高尚

经济学家加里·贝克尔(Cary Becker)在 1957 年的一本著作中提出，市场会消灭不公平的歧视。[18]他认为，假设人们有一种"对歧视的爱好"——他们宁愿选择白人工作者而非条件同等优秀的黑人工作者——那么，这将导致黑人工资下降。同时，这还会使得愿意招募黑人的公司获得优势，因为黑人劳动者很划算，公司可以以更低的价格招募他们，从而可以以更低的价格销售产品（因为劳动力成本更低）并获得更高的利润。如果有更多的人歧视黑人，那么白人工厂主就可以通过雇用黑人获得更多的利润。市场因此而**惩罚**歧视偏好，因为歧视者需要付出自身利益的代价。

贝克尔的观点不仅是个预测。经济学家琳达·戈尔曼(Linda Gorman)指出，南非就是一个很好的实证案例。在 20 世纪初期，白人企业主不惜面临暴力威胁和法律制裁，也要解雇高薪的白人雇员并雇用低薪的黑人雇员。南非政府不得不通过种族隔离法来制止企业主雇用黑人。[19]

或者，以吉姆·克劳法①为例。经济学家珍妮弗·罗巴克

---

① Jim Crow Laws，美国历史上的种族歧视法案。

(Jennifer Roback)认为,从经济角度而言,有轨电车公司非常反对在电车上实行种族隔离。吉姆·克劳法的代价非常高昂。因为要运行额外的车厢,电车公司蒙受了利润损失。因为要提供2倍的座位,便餐柜台也蒙受了利润损失。但是,南部各州要求私人公司不要友好对待黑人。吉姆·克劳法的制定就是因为很多公司不愿意歧视黑人。如果你去看吉姆·克劳法实行期间南部各州的报刊评论,就会发现编辑们频频指责追求金钱的商人们是多么贪婪,以及他们是多么不愿意支持种族隔离的道德理想。[20]

罗巴克还补充道,南部各州制定了许多旨在阻止黑人与白人竞争就业的法律。诱惑法禁止白人农场主在播种季或收获季雇用黑人雇农,为了高报酬而试图离开原工作的黑人雇农会被送去坐牢。游荡法要求黑人不得失业,失业的黑人会被视为游民,并可以被劳教。因此,黑人无法找到更好的就业岗位;不管他们从事的是什么工作,都必须一直做下去。移民中介法禁止白人招募者诱使劳动者离开他们所在的城市或州而去别处工作。这样那样的法律和规定被制定出来,目的就是为了阻止市场帮助黑人。

资本主义给人们提供了一种经济激励,以使其忽视彼此之间的差异并在一起工作。而且,人们一旦开始一起工作,就会不再关注那些差异。这就解释了为什么市场社会通常也是最宽容的社会。[21]竞争的市场迫使人们追求利润、渴望利润,这促使人们跨越了种族和信仰的分歧。这解释了伏尔泰所观察到的景象:在伦敦证券交易所,不同种族不同教派的人在一起工作。[22]

批评者或许会用一个多数美国人都很熟悉的观点来反驳:"同

样的活,男人挣1美元,女人挣77美分。"这听起来似乎是个清楚地反贝克尔观点的例子,但其实不然。现实情况是,职业女性的平均收入只有职业男性平均收入的77%。但是,正如劳动经济学家克劳迪娅·戈尔丁(Claudia Goldin)和劳伦斯·卡茨(Lawrence Katz)所解释的那样,这并不意味着在一起从事同一工作的男性和女性在收入上完全不同。事实是,即使是全职女性,她的工作时间(在家庭外)也少于男性。女性常常会请更多的病假,用更多的时间来照顾孩子。同时,女性也通常会选择薪资相对较低的工作。一旦将这些因素列入考虑,男女的工资差距就只有9%了。这也不意味着这9%是歧视导致的——可能还有些其他因素导致了这个差距,比如男性在谈工资或要求加薪时更强势。[23]戈尔丁提到,比如说,MBA刚刚毕业之时,男性的工资只略高于女性,但是在15年之后,他们之间的工资差距会变大。[24]

批评者或许会这样反驳:女性倾向于换不同的工作而导致收入更低,或女性因为要用更多时间照顾孩子所以导致在家庭外的工作时间更短,这都反映了性别歧视。或许吧。或许这种结果是因为一些社会关系和性别角色所导致的,因而这些社会关系和性别角色也应该被修改。我们不在这个问题上持有立场,但是我们要指出,首先,市场无法一直修正市场外的东西。其次,市场社会不仅是最没有种族歧视、最不恐同的社会,同时还是最没有性别歧视的社会。市场不能彻底修正这些问题,这确实很遗憾,但这是类似布洛芬(Advil)①不能医治所有头疼的那种遗憾。因为性别歧视

---

① Advil是Ibuprofen(布洛芬)的商品名,它是一种特有效的止痛剂。

而怪罪市场简直太奇怪太愚蠢了,这简直就像因为头疼而怪罪布洛芬一样。

注释

[1] 这是 Bowles 在 1998 年提出的市场导致腐化这个先验观点的一个例子。
[2] Zak 2008, xv.
[3] http://www.bostonreview.net/gintis-giving-economists-their-due.
[4] Zak and Knack 2001.
[5] Al-Ubayli, Houser, Nye, Paganelli, and Pan 2013.
[6] Hoffman and Morgan 2013.
[7] http://www.bbc.co.uk/news/science-environment-23623157.
[8] Camera, Casari, and Bigoni 2013.
[9] E. g., Ostrom 2003; De Soto 2000; Richerson and Boyd 2008; McCloskey, 2011; North 1990; Zak and Knack 2001.
[10] For more on the role of trust, see Schmidtz and Brennan 2010.
[11] Gwartney, Lawson, and Hall 2012.
[12] Transparency International 2012.
[13] Mueller 2003, 333 – 58.
[14] 比如说,以市场为导向的社会通常是最愿意付出、最慷慨的。参见 the Charity Aids Foundation 2012.
[15] Carlisle-Frank and Frank 2005.
[16] Lue, Pantenburg, and Crawford 2008. For similar results, see Slater, di Nardo, Pedocini, dalla Villa, Candeloro, Alessandrini, and del Papa 2008.
[17] Grier 在 2006 年讲过一个关于当代美国人对宠物管理的态度是如何变成现在这样的故事。在这个故事中,财富和闲暇时间的增长是重要因素。
[18] Becker 1957.
[19] Gorman 2013.
[20] Roback 1986.
[21] E. g., see Berggren and Nilsson 2013; Jha 2013.
[22] Jha 2013.

[23] Bertrand, Goldin, and Katz 2010; Goldin and Katz 2008; Stevens, Bavetta, and Gist 1993; Kaman and Hartel 1994.
[24] http://freakonomics.com/2010/01/28/superfreakonomics-book-club-goldin-and-katz-on-the-male-female-wage-gap/.

第十二章
挤出论反对意见

问　题

与认为某些市场会让我们更自私这种反对意见紧密联系在一起的是这样一种反对意见:某些市场会排斥或降低我们的内在动机。这种观点认为,人们做某件事的动机是为了他们自己。而持这种观点者所担忧的是,一旦我们开始付钱让人去做那些事情,这些人的内在动机就消失了。一旦我们开始奖励美德,那么美德本身就不再是对美德的奖励了。

不同的交易模式会如何影响我们的动机？正如我们所一直强调的,这是个实证问题。试图回答这个问题的研究领域相对较近才出现,还不是很发达。研究者已经做了很多关于劳动力市场和薪酬制度的工作。需要特别指出的是,大量管理学研究都专注于酬劳的类型和数额对努力度、工作满意度或绩效的影响。[1]

这似乎是一个经济学常识:你给工人加薪,就应该看到他更努力地工作,或者看到生产效率的提高。[2] 为特定行为支付更多的酬劳,这应该导致更多该行为的产生。

但是,似乎结果并不总是如此。社会心理学上的"过度理由效应"和经济学上的"挤出效应"常常会导致不同的结果。有时候,研究者会吃惊地发现,支付更多酬劳会导致更低的收益。有时候,引入原本没有的、外部的经济奖励会导致期望行为的减少。这是怎么回事儿?

过度理由效应

我们中的很多人都有做某些事的内在动机。我们因为热爱阅读而阅读,我们因为解谜令自己愉快而解谜,有时候,我们因为被别人的困境感动而献血。在这类情况中,外部奖励有时候反而会妨碍我们享受这些活动。

假设你在工作场所看到一张请你献血的告示。这张告示告诉你,现在鲜血短缺,而很多人毫无必要地因为缺乏这种"你可以给予"——这是加拿大血液服务中心最近的宣传口号——的东西而遭受痛苦。你考虑了一下,仔细思考了你或许会做的这件好事,然后决定去一趟当地的血库。在血库,你注意到工作人员正在给捐血的人发放25美元的支票。

"这好极了!"一些经济学家或许会这么认为。现在,你有两个献血的理由了——你想帮忙,而且还能得到25美元。如果第一个原因还不足以激励某些人这么做,那么第二个理由或许就可以。又或者,如果你想为别人做点儿好事的愿望还不足以让你献血,那么25美元或许足以激励你到血库去献血。我们应该看到更多的人去献血。

"这可能很糟。"一些心理学家或许会这么认为。当我们有两个理由去做某件事的时候，有时候，两个理由不会叠加增强，反而会导致我们用一个理由去**取代**另一个理由。有时候，诸如金钱这样的外部激励反而会产生反作用。我们不会看到献血人数的增加，反而会看到人数减少。如果 25 美元不足以让你去献血，那么你就不会去献血。虽然在没有金钱激励之前，你本因为内在动机而打算去献血，但现在你不会去了。

怎么会这样？心理学家为这个效应给出了诸多解释，普遍的说法称之为过度理由效应，偶尔也称腐化效应。我们称它们为控制、信号和表述。

控制　让我们想象如下内心独白。"为什么我要去献血？"你或许会这么问自己。你想出的理由是"因为我被别人的困境所感动，因为我想要帮忙，因为这是件好事，所以我决定去做"。你想说的是，你被自己的内心所激励。你不是被迫或受了刺激去做这件事，这是你的自由意志。但是，现在你看到一个人在你面前挥动着一张 25 美元的支票。你觉得，这个人一定认为他可以强迫或刺激你去献血。你对自己说："假如他们认为可以控制我，那么他们就不会得偿所愿！"然后，你没有去献血，而是开着你的英菲尼迪离开了。

这种内心独白就是自决理论为过度理由效应作出的解释。自决理论得名的由来是，因为它认为我们每个人都非常看重自决或自我主导。我们看重自主权，当别人试图通过提供奖励或施加惩罚来控制我们的行为时，我们就会生气。外部奖励会损害我们的自决感或自尊。这种外部奖励会被认为是对我们行为的**控制**。在面对外部奖励时，如果我们要维持先前的内在动机，就会给自己找出过多理由，会通过降低或消除我们的内在动机来实现这一目的。如果在你看来，25 美元还不足以让你放弃自主权，那么你就不会献血，但若没有这 25 美元你就会去献血。

信号 另一个重要的解释则以信号为基础。当我们选择去做诸如献血或投票这样的事情的时候，有时候我们的理由可以借此向别人释放一个信号：我们是某一类人。献血者是利他者，他们的动机是关心别人的福祉。投票者是有公民意识的人，他们的动机是对那些为他们争取投票权的人表达感激之情，是因为公德心和对公共利益的关心。但当我们引入诸如 25 美元这样的激励时，这种行为就是在信号中掺杂了噪音。我们不再明确地释放出我们是利他者或有公民意识这样的信号，我们的行为或许会被解读为是为了那 25 美元。我们可以想象这样的情景：一个心存怀疑的人问起我们最近的献血行为或我们去投票站的行为。如果他们知道我们收了报酬，或者如果不这么做就会被罚款，那么他们就很有可能会怀疑我们动机的纯粹性。那么我们的善意就会被金钱的噪音所盖过。如此，即使我们愿意去做好事，但可能性也会下降。

表述 当心理学家（调查编写者、营销人员和政客）设计问卷表述问题时，会通过精心选择的措辞来描述争议、问题或决定，他们早就已经知道人们会决定做什么（或说什么、买什么、为谁投票）了。通过启发式谈话的技巧——设定 X 目标，并引导人们选择 X——我们表述一个决定的方式就可以改变我们的行为。于是，在不改变我们动机的情况下,表述假说对过度理由效应的解释是:某些暗示可以改变我们所认为的作出决定的正确方法或程序。相关问题变成了"这到底是什么情况?"而非"谁是这儿的负责人?"或"这与我有什么关系?"这不再关于这个人,而是关于这个人所处的环境。

安·滕布伦瑟尔(Ann Tenbrunsel)和戴维·麦斯科(David Messick)用这个方法作了大量研究。他们指出,在我们的环境中,我们所作的决定与导致我们产生不同考虑的暗示是有关系的。当一种表述暗示我们去关心别人的福祉时,我们就更有可能选择合作和作出有良知的决定。这种观点有实证作为支撑。某些研究似乎表明,在一个经济学博弈游戏开始之前向参与者出示《圣经》可以使得参与者更公平行事,或使得他们在游戏中表现得更无私。[3] 还有一些表述会暗示我们多关注他人,暗示我们去计算什么对我们有利,或暗示我们要更自私。某些研究似乎表明,至少在某些情况下,金钱的引入就发挥了这种表述作用,它会导致更自私、更缺乏合作的行为。在我们此前讨论的加布里埃尔·卡梅拉及其同事的研究中,这种情况存在于小团体(而不是大团体)中。在一个现实的不幸例子中,美国国家航空航天局的工程师们曾对挑战者号的安全性提出过担忧,他们认为挑战者号的风险过大,不应发射。国家航空航天局没有认可他们的判断,而是要求他们从管理的角度考虑,让他们像管理者那样进行考量。不幸的是,这种表述问题的方式使得工程师们放弃了自己的反对意见,并允许挑战者号发射。[4]

滕布伦瑟尔和麦斯科将使我们更愿意合作且更有道德意识的

表述称为"道德表述",而将那些使我们更自私、更精于算计的表述称为"商业表述"。在一个商业表述中,标准的经济学成本效益分析和计算起主导作用,逐利动机是根本。这种表述令我们的行为更像是经济人。而道德表述则令我们意识到自己对他人的义务。[5]

提供金钱可以被视为控制行为,它可以在一个利他的信号中掺杂噪音。同时,提供金钱也可以为商业表述提供支持,暗示我们更像经济人那样行事,而减少内在动机、道德意识和合作性。有了这些工具,现在我们就可以解释许多有关市场和金钱的担忧了。先前,我们讨论了给阅读行为以金钱激励的可能性。桑德尔或许会担心过度理由效应将会磨灭我们阅读的内在动机。提供金钱的行为或许会破坏因阅读本身,或因阅读所带来的许多不同的愉悦感而逐渐爱上阅读的过程。桑德尔的另一个担忧是,使用金钱作为阅读的奖励会将阅读表述为一种实现最终目标——获得金钱报酬——的工具。一旦我们进入经济人模式,就更难去享受阅读过程。

理查德·蒂特马斯在《赠予关系》(*The Gift Relationship*)一书中提出,为献血提供报酬有时会导致愿意献血者人数减少,在另一些情况下,还会导致血液质量下降。蒂特马斯认为,为献血提供报酬会导致自私的经济动机取代利他动机;人们将不再参与赠予关系,而是参与简单的金钱交易、商品交易。伊丽莎白·安德森[6]将废料处理厂的选址描述为过度理由效应或框架效应的另一个例证。瑞士公民之所以不愿意让废料处理厂建在自家附近,原因是一旦在调研中引入经济补偿,他们就不再将自己视为参与废料处理厂选址任务的公民,而是享有财产权、因为住在处理厂附近而争取合理补偿的业主。

过度理由效应或挤出效应被普遍认为是反商品化观点的重要理由。类似的,如果商业表述而非道德表述有助于金钱和市场,那么我们或许就会希望,至少在某些领域,这两种表述都不要起到关键作用。

想让这项研究成为反商品化的一部分,我们就必须牢记反商品化的观点到底主张什么。这种观点所主张的并不是血液市场、阅读市场、肾脏市场等市场存在更好或更坏的方式。如果这是这种观点的主张,那么这种观点就仅仅是商业伦理的一部分,它与血液、阅读、肾脏等的商品化是相容的。事实上,反商品化所主张的是,有些东西不应该被买卖;有些东西**根本**不应该成为商品。在某些**领域**中,使用金钱应该被禁止;在某些领域中,市场交易应该被禁止。这种观点并不认为存在更好或更坏的薪酬模式,也不认为在**某些领域**中存在更好或更坏的市场,而是认为在某些领域中应该完全禁绝金钱和市场。

如果我们可以证明肾脏市场可以以某种方式存在——比如说,一种可以避免反商品化理论家们提出的所有反对意见的方式——那么这就将有效地动摇反对肾脏商品化的观点。这样,我们就可以将关于肾脏完全不是商品的反商品化问题变成一个关于如何更好地售卖肾脏的商业伦理问题。这就是我们将在下文展示的。我们将努力证明,过度理由效应和商业表述并不能支持反商品化;过度理由效应并不能给反商品化观点提供什么理由;而道德表述与市场也不矛盾。

时间、地点、方式：研究所表明的东西

　　针对过度理由效应,朱迪·卡梅隆(Judy Cameron)分别与两个不同的合作者做了两个单独的元分析。其中一个研究分析了96个实验研究,这些研究比较了接受外部奖励和没有接受奖励的实验对象。[7]另一个研究则评估了25年间对过度理由效应的研究成果。前一个元分析的结果是:"总体而言,奖励并不会减少内在动机。"只有当"为单纯做了一项任务的人提供预料之中的有形奖励"时,才会出现一个微小的负面影响。后一个元分析的结论是,只有"在容易避免的、严格限定的条件下",诸如金钱这样的外部奖励才会对内发兴趣、内发创造性呈现出挤出效应。[8]他们还得出这样的结论:"使用行为理论推导出的方式",外部奖励可以"轻易地"对广义的创造性产生积极影响。

　　但是,这项研究遭到了挑战。迪茨(Deci)、考斯特纳(Koestner)和莱安(Ryan)对研究的细节提出了异议,他们自己也进行了一个元分析,而他们的结论则与此前的元分析结论相反:过度理由效应是成立的。[9]鉴于这为我们的工作增加了困难,就让我们先规定:1.迪茨的结论是正确的;2.至少在一定程度上,关于是否在研究中发现了过度理由效应,卡梅隆及其合作者们是错误的。让我们先认可过度理由效应对反商品化理论家们最有利的情况。那么,通过变更参与者、支付媒介、支付方式、市场模式或价格,是否可以避免这种情况？换言之,在一些领域内,过度理由效应是否在根本上与市场和金钱本身对立？又或者说,这仅仅是另一种时间、地点、方式论反对意见？

研究这些领域的心理学家和经济学家指出，只有在非常特定的条件下才会呈现出过度理由效应。布鲁诺·S. 费雷（Bruno S. Frey）的解释是，当外部奖励被研究对象视为在"控制"他们的行为时，预计就会出现挤出效应。[10]在自决理论中，学者们已经不再谈论内在动机 vs 外在动机，而是转而讨论在自主动机 vs 受控动机中引入改进的外在动机。[11]这里的区别在于，这种观点认为即使存在外部奖励，个人的选择也是其自由选择和自由意志的结果，而反对个人是受外部奖励控制、诱惑或强迫的这种观点。

根据这种观点，不是所有外部奖励都会破坏内在动机。言语激励可以被视为一种信息（比如鼓掌），也可以被视为一种控制。当一个学生认为自己纯粹或主要是为了成绩而学习时，那么成绩就是一种"控制"。但是，获得成绩奖励并消除内在动机这种情况并非必然。在一个支持并强调自主性的班级环境中，学生们可以将奖励机制内在化，并因此而维持或增强他们的内在动机。[12]成绩可以被视为成就、能力的一种象征，或被视为行为本身的必要部分。戴维·罗森菲尔德（David Rosenfield）、罗伯特·弗尔格（Robert Folger）和哈罗德·F. 埃德曼（Harold F. Adelman）发现，只有当外部奖励不被视为能力的体现时，内在动机才会减弱。[13]外部奖励本身并不会导致挤出效应，只有当我们处在某个环境——我们要么认为自己受到了那个奖励的激励，要么相信别人会认为我们是受到了那个奖励的激励——中时，奖励才会引发挤出效应。

过度理由效应并不能成为停止为学生打分的理由。这至多只能说明，如果以对这种效应敏感的方式为学生打分，有些打分方式就会比另一些更好。但是,适用于打分这个例子的道理也适用于在市场中给予报酬的情况。过度理由效应至多只能说明,要以对这个效应敏感的方式给人们报酬。正如有很多种给学生打分和提供反馈的方式一样,也存在很多种补偿人们和支付酬劳的方式。挤出效应并不是反对打分制度的证据,否则对这个概念的概括就太过笼统了。这至多只能是反对这种或那种打分制度的理由。这同样适用于反市场化的观点:挤出效应至多只能说明,我们不应该以这样或那样的方式支付别人酬劳,但这绝对不能证明我们完全不能因为某些原因而补偿别人。除非存在这样一种情况:补偿别人会必然产生挤出效应,否则,挤出效应就仅仅是个商业伦理问题,而不是市场的道德界限问题。

同样的道理也适用于有关框架效应的研究。比如说,虽然 M. 菲鲁特拉(M. Pillutla)与 X. P. 陈(X. P. Chen)的薪资构成一样,但是相比用经济学的方式表述一个难题的情况,用非经济学的方式表述这个问题的时候他俩会更多地进行合作。[14]但是,我们的表述方式并不会改变我们在做的事情本身,这只会改变影响我们作出决定的考量因素。如果我们想要避免商业表述,那么就需要使用道德表述的暗示。很显然,我们在参与市场活动的时候也可以这么做。慈善组织常常会试图用某些策略——将我们置于仁慈的、有同情心的心境中——来让我们慷慨解囊。

有时候,反商品化理论家们似乎会忽略这个事实:学习这些内容的常常是市场中的运营者,特别是经理人。这种内容旨在指导经理人如何做好他们的工作。作为市场环境中经理人的指导材料,这项研究对商业伦理是有贡献的,但它并不是有利于反商品化论点的证据。

尽管这被称为"商业表述",但是,这并不是市场或金钱本身的一部分。事实上存在这样的可能:一个有道德的经理应该少用或不用成本效益分析,所以应该引导他们避免用商业表述的方式去构建劳资关系。

当金钱不是金钱的时候

适用于言语激励和打分制度的道理也适用于金钱。比如说,梅尔斯特罗姆(Mellstrom)和约翰内森(Johannesson)曾发现,给献血女性支付金钱会降低她们的献血意愿。[15]但是,他们同时也发现,当他们以慈善捐款的方式将钱捐给献血者指定的机构时,这种效应就消失了。这种支付方式不会导致对研究对象的内在动机的质疑,所以它没有将内在动机排挤掉。用我们的话来说,献血所释放的利他信号被淹没在了经济奖励的噪音里,但是,当慈善捐献的选项作为替代支付方式时,利他信号就又出现了。

奖励的作用也与之类似。对于某些类型的奖励而言,金钱似乎并不合适。我们可以用反商品化理论家的理由来解释奖励的本质与金钱的本质这两者之间的矛盾。让我们来看这样几种奖励:履行公民义务杰出奖、本科教学杰出奖、文学最高成就奖。在这些例子中,假如这些奖励中包含金钱,那么我们可以预见的是,这些奖励的意义就是会有瑕疵的、粗鄙的。

假如情况确实如此,那么我们就不会让这些奖励包含金钱。比如说,诺贝尔文学奖包含100万美元奖金,但是,没有人认为这会有损于这个奖项的意义和重要性。1985年,迈克尔·桑德尔获得了哈佛大学拉德克利夫(Radcliffe)学院斐陶斐(Phi Beta Kappa)①教学奖。每年,哈佛的本科生都会选出3名教授获得该奖项,这个奖包含100美元。很难想象这100美元会玷污这个奖项,否则,桑德尔大概也就不会在他的公开简历里强调这个奖项了。最后,让我们来看一个最能说明问题的例子:旨在增进市民生活质量的纽约市博物馆奖。卡拉瑟斯(Carruthers)和埃斯珀兰(Espeland)讨论了著名建筑评论家、历史学家艾达·路易斯·赫克斯特布尔(Ada Louise Huxtable)的例子,他于1996年7月25日获得了纽约市博物馆奖及24美元奖金。当时的颁奖人是市长鲁迪·朱利亚尼(Rudy Giuliani),整个仪式堂皇壮丽,很多重要人士都出席了颁奖礼。这个奇怪的奖金数额正好等于当年荷兰人从原住民手上购买曼哈顿岛的价格。

在上述这些例子中,奖金丝毫没有改变奖励的性质,或者,即使精心选择的金额或奖金的呈现方式可以对奖项的意义产生影响,但它仍然可以避免亵渎相应的奖项。依此类推,这里并不存在过度理由效应。纽约市博物馆奖的24美元奖金很幽默。我们可以想见,对于获奖人而言,奖金的价值要远高于它的经济价值或其购买力价值。赫克斯特布尔不会用它去买什么东西,有意义的做法是不去兑换这张支票,而是将它裱起来挂在办公室里。在这个为获奖人精心筹办的仪式上,奖励所释放的信号被清楚无误地传

---

① Phi Beta Kappa 是荣誉团体斐陶斐的名称。该团体的格言是"哲学是人生的导引",此格言由三个希腊词组成,每个词的第一个字母分别是 Phi Beta Kappa。

达给了在场者。人们不会认为赫克斯特布尔的贡献"仅仅"值 24 美元，24 美元是一种具有揶揄意味的表达，它表示获奖人的贡献的实际价值远高于此。

如果金钱只是一个没有人情味的、可以替换的物品，那么这一切都不会有意义。很明显，我们并不总是认为 24 美元与我们认为价值 24 美元的物品没有区别。诚然，我们并不总是认为一张特定的 24 美元支票与其他同等数额的金融品——比如 2 张 10 美元和 4 张 1 美元，或 2 张 10 美元和 2 张 2 美元，或 1 张其他的 24 美元支票——没有区别。餐馆老板不会用被他裱在墙上的 5 美元纸币来换你口袋里的 5 美元。因为这张 5 美元纸币是"特殊的"，对于餐馆老板而言，它的价值要远大于它的票面价值。

如果以上一切都是真的，那么请注意，桑德尔的牛津教授反对学生给小费，这给小费赋予了一种特定的启发式解释[16]，并因此而认为学生仅仅将教育和教学视为一种商品，事实上，他本可以不这么做。在电影《美丽心灵》中，当约翰·纳什（John Nash）在普林斯顿教授俱乐部接过同事给他的笔时，这个仪式意味深长。笔这个礼物是一种尊敬的象征。普林斯顿大学曾解释称事实上并不存在这样一种传统，而且这件事不曾发生过。但是这不重要，因为电影中的虚构描述并不荒谬，并不会让我们觉得难以置信或不合逻辑。如果牛津大学教授的学生找到一种合适的方式，或者牛津大学的教授没有固执地将他的理解强加于礼金之上，那么礼金同样也可以作为敬意的象征。同样的道理也适用于用礼金奖励阅读的例子，如果有一种赠予礼金的仪式或典礼可以让孩子们明白这个奖励的象征意义远大于它的金额，那就可以了。

卡拉瑟斯和埃斯珀兰的解释是:"正如所有社会物品一样,金钱的意义依赖于它的使用和语境。但是,这些使用及其相应的使用环境都没有特殊性。它们都是社会以我们可以识别的方式构建的。"[17]他们使用维特根斯坦(Wittgenstein)对语言的观点作为论据并提到,"像语言的意义一样,金钱的意义不只是其所表现出来的那样。因此,试图用金钱的普遍性代表属性来辨识它,并试图将这些属性及其意义联系起来的做法是有误导性的。金钱的意义并不依赖于这些所有金钱都普遍具有的特性,而是依赖于在特定语境中的人们如何对待它。"[18]在卡拉瑟斯和埃斯珀兰看来,我们如何解读金钱有赖于金钱的"流通"——金钱来自何处,并最终去向何处。

在劳动力市场中,艾米·E. 米克尔(Amy E. Mickel)和丽莎·A. 巴伦(Lisa A. Barron)找出了四种可以产生更多"物超所值"的"象征意义"的因素。[19]她们发现,并不只有酬劳数额和获得时间可以影响努力程度、满意度和绩效。她们指出,在创造可以进一步激励员工并提高他们的工作满意度的象征意义方面,"金钱奖励的分发者、奖励的分发原因、奖励的分发方式和受到奖励的人"都是很重要的。

因此,认为金钱或市场本身将某些商品或行为商品化的观点忽略了这样一个事实:只有当人们以某种特定的方式解读金钱时,商品化才会产生。用过度理由效应来支持反商品化的观点也犯了同样的错误。这个效应并不足以支持反商品化的观点,它至多只能对市场设计有所帮助——它可以指出过度理由效应胜过价格效应的例子或情况。但是,正如我们所提出的,只要我们改变支付方式,就能改变与之相关的解释性概念,因此就可以避免商品化的态度,或者改变市场和金钱与商品化有着内在联系这种结果的可能性。

拍　卖

维维安娜·泽利泽已经证明,金钱可以被视为一种礼物、补偿和权利。她的实证工作表明,我们建立的各种社会意义系统用不同的方式对一种特定的接受或赠予金钱的行为做出了定义。通过证明改变方式、改变我们接受酬劳的方式就可以改变金钱的象征意义,卡拉瑟斯和埃斯珀兰以及米克尔和巴伦进一步佐证了这个观点。认为有些东西在理论上不适合劳动力市场,这等同于认为没有任何酬劳方式——何人、何时、为何、给谁、如何——可以反驳任何道德上的反对意见。反商品化的理论家们并没有为证明这种观点做出什么实际工作。他们无权提出这种主张:不该以服务为目的在市场上购买某些东西。他们至多有权主张:某些服务不该以这样或那样的方式进行买卖。所以,他们有权在商业伦理的范畴内提出这种看法,但是无权在标准的伦理学或政治哲学范畴内做这样的事情。

在劳动力市场上,关于构建金钱的社会意义这个问题,何人、如何、何时、为何以及这几个要素分别起到多大作用,这几个因素与经济学课本中的常规定义有所不同,通常差异巨大。在商品市场中,商品的售卖方式也可能会影响我们如何看待买家、卖家和商品本身。而当雇主将奖金的支付仪式化,并为某些特定的酬劳举办典礼的时候,我们就会看到许多种不同的、有着长远历史和传统的市场。

拍卖是一种特别有趣的市场交易模式,而且它有很多不同的类型。大卫·伊斯利(David Easly)和乔恩·克莱因伯格(Jon Kleinberg)描述了四种热门拍卖。在竞价拍卖,也就是俗称英式拍卖中,卖家"逐步提高价格而竞拍者逐渐退出,最终只剩下一名竞拍者,他会以最终拍卖价格赢得竞拍品"。在减价拍卖,也就是俗称荷式拍卖中,卖家"由初始价开始逐步减价,直到有竞拍者接受他所提出的某个价格并成交"。在首价密封拍卖中,竞拍者写下他们的竞拍价并将之装在一个信封里,卖家将同时打开这些信封,出价最高者将竞得拍品。最后,次高价密封拍卖,也就是俗称Vickery的拍卖,其拍卖方式与首价密封拍卖一样,区别在于,出价最高者竞得拍品,但是他只需以第二高的竞拍价支付即可。[20]此外,还有其他一些类型的拍卖,其中有一种全支付拍卖,所有竞拍者都要提交一个竞拍价,出价最高者竞得拍品,但所有竞拍者都必须付钱。伊斯利和克莱因伯格提到,这"似乎与直觉相悖",但是,他们也解释称,政治游说活动建模就是以此为基础的。说客们被雇用,报价被提交,某个人最后得到了游说合同或其他物品。但是,所有公司都必须为这个说客付钱,因此,尽管只有一个公司赢得了竞拍,但是所有公司都必须为之花钱。为游说花钱也可以被视为一种"竞拍"。

反商品化的理论家们相信这些观点。他们告诉我们,在市场环境中,人们会表现出理性的利己主义行为,我们将以一种商品化的态度来看待被出售的物品。一开始,对于市场可以如何使得我

114 们更关注自身以及市场交易体系将如何导致我们抱有商品化的态度,拍卖似乎提供了一个完美的诠释。比如说,阿尔君·阿帕杜莱(Arjun Appadurai)坚持认为,"拍卖以一种方式突出了物品(比如油画)的商品特性,而在其他语境中,这种方式可能会被认为是非常不妥当的"。[21]

许多关于拍卖的经济学研究似乎也为这种观点提供了依据。经济学家所关注的是,在不同的拍卖中,参与者的哪些行为才是理性的。他们还建立了经济模型,模型设定人们是理性的并会将个人利益最大化,同时,人们也明白自己对竞拍品的估价,通过这些模型,经济学家试图找出通过这些不同的拍卖可以得出的结论。伊斯利和克莱因伯格所做的就是这样的工作。他们假定"每个竞拍者都有对竞拍品**内在价值**的判断",他们将这种判断称为竞拍者的"真实价值"。[22]这些假设是经济学家进行研究的基础和前提。很多经济学研究的内容都是建模。反商品化理论家们似乎把经济学文献中以建模为目的的一组假设当成了对现实拍卖的准确描述。

但是,经济学模型中的经济人并不真的存在于现实拍卖中。在拍卖的社会学方面作出开创性贡献的经济社会学家查尔斯·W. 史密斯(Charles W. Smith)[23]也是这么认为的。或许,对于我们中的那些旁观者而言,我们所见到的只是自私的买家努力击败其他竞拍者的残酷竞争。但是,对于参与竞拍的人而言,拍卖的类型、竞拍的地点、特定的参与者以及竞拍的结果,这些因素组合在一起构成了一个非常有意义的行为,这种行为有时会突出物品的商品特性,但是在竞卖中,它常常也会成倍地消解物品的商品特性。

史密斯告诉我们，拍卖"在这样的情况下会繁荣发展：因为不能确定成本、物品被出售过或被使用过、物品有特殊之处、所有权不明、不同的人对其提出特殊的主张等原因，所以确定价格和所有权的传统方式都不再合适了"。尽管有些人坚持认为，对特别的、不寻常的或独一无二的物品附加经济价值，以及谁应该拥有这些物品，这都是非常有争议的问题，但是史密斯的解释是，拍卖的参与者认为决定了拍品价格和所有权的拍卖是"为社会所接受的"且"合法的"，"换言之，拍卖是笼罩在模糊和不确定之中的物品的过渡礼"。

史密斯所描述的拍卖的"社会结构"类似于我们所描述的市场的时间、地点和方式："……时间、地点和环境的影响，以及过去和当下的习俗的重要性，这些都是决定价值的重要因素。"[24]这与描述拍卖行为的经济学模型中的假设条件不同，因为在根据经济学家的模型所得出的拍卖结果中，时间、地点和方式（或拍卖的"社会结构"）的随机影响被排除了。[25]

与其说拍卖在"突出"一件物品的"商品性"，不如说它在帮助我们以价格来诠释非常模糊的、难以诠释的物品。诚然，在独一无二品拍卖——即艺术品拍卖——中，"维持超高拍卖价格的秘诀就是，通过强调物品之间的差别以确立其独特性，以此来确保独一无二的、珍稀物品的稳定流通"。因为它的独特性，所以它不能被描述为一件"商品"。

参与拍卖的人之间常常会形成以人情债和互惠义务为基础的长期关系。比如说，在一些农产品交易拍卖中，大买家会以某一价格购买大量商品，无视市场价格会下降的事实。在好年景时，这些大买家则通过互惠关系而得益,因为他们可以以某个特殊价格获得更多的商品。

更重要的是,"现实拍卖在社会上、心理上和环境上的这些复杂性揭露了新古典主义经济学模型的局限和错误",这正如我们所说的市场的时间、地点和方式揭露了反商品化理论家们的局限和错误。"很清楚,现实拍卖并不支持人类行为甚至经济行为是理性的、利己主义的这种观点。相反,现实拍卖证明了这样一种观点:人类行为是有表现力的,是解释性的和社会性的,并在行为习惯中受到了锻炼;它们诠释了一种融合了个人信仰、共有意义、社交模式的多层次社会现实,并表现出了一个特定的时间和地点。"[26]

在论证某些东西与市场不相容时,反商品化理论家们忽略了这样一个事实:有很多种设计市场的方式。他们至多有权作出这样的结论:有些构建市场的方式会在必要时损害尊严或敬意,但是他们没有证明的是:有些东西与大量各式各样的市场设计相矛盾。

礼物 vs 商品

反商品化理论家们的例子都建立在礼物与商品交易之间的巨大差异上。这种差异被认为可以显示非市场交易与市场交易之间的区别。阿尔弗雷德·盖尔(Alfred Gell)写道:"总的来说……在人类学领域,礼物制度有个好名声,而'商品'则不然……'礼物—互惠—好/市场—交易—坏'是个简单易记的公式。"他还充满预见性地补充道,"但是,或许这个趋势要改变了。"[27] 不论现实情况如何,这个趋势都应该改一改了。

1954年,马塞尔·莫斯(Marcel Mauss)提出,两种交易构成了许多关系的基础,它们是商品交易和礼物交换。[28]卡尔·马克思认为,商品交易"是在彼此独立的交易者之间进行的可让渡物品的交易",而"非商品(礼物)交易则是在彼此依赖的交易者之间进行的不可让渡物品的交易"。[29]商品交易代表了交易双方非私人的疏远关系。社会关系与私人关系并无关联,重要的仅仅是交易品的价格。进行交易的交易者并不亏欠彼此什么东西,一旦交易完成,他们就此分别,谁也不亏欠谁什么。这个交易是干净利落的,它不会构成任何社会联系、报恩义务或互惠义务。交易品本身的价值或它对消费者的好处不会有任何象征意义。商品交易不会构成私人关系的基础。

当我们想要构建一段关系时,礼物交换就是得体且恰当的。"礼物的作用是道德意义上的。馈赠的目的是在两个互相关心的人之间制造一种友好的感觉,如果它没有起到这样的作用,那么这个馈赠就是失败的。"[30]礼物制造了羁绊。一旦接受了礼物,它就构成了报答义务和人情债的基础。更重要的是,这个礼物具有一个独一无二的身份,有着重要的象征意义。安德烈·鲁斯(Andrej Rus)写道:"与毫无个性特征的商品不同,礼物被认为是不可让渡的:一件礼物不仅仅是块'手表',而且是'一块我父亲当作生日礼物送给我的手表'。"[31]简言之,"从这个意义上说,'商品 vs 礼物'常常被用来类比'市场 vs 非市场'。"[32]

现在,应该已经明确的是:礼物交换与商品交易之间的差异不能表现市场交易与非市场交易之间的差异。我们在此前已经指出,根据泽利泽的研究,金钱有时候也可以起到礼物的作用。所以，尽管并不是市场交易的必要元素，但金钱这个最常与市场联系在一起的工具也可以具有我们赋予礼物的社会意义。但是，更贴近市场的奖金和其他特定的支付手段可以被接受者认为是提倡互惠和感激，而不是仅仅被理解为补偿或权利。某些类型的酬劳不是将劳资关系"商品化"或"去商品化"，而是可以支持并鼓励社会联系和人际关系，它们所表达的意义可以不仅仅局限于"礼物"。伊朗的器官市场也是同样的道理。在西方社会，很多人在器官市场中看到的是器官的商品化。而在伊朗的肾脏售卖者看来，他们的行为是利他的，是在为人类服务，是在将他们的肾脏作为礼物。这就是为什么西格莉德·弗莱-里维尔（Sigrid Fry-Revere）将这个市场描述为"弥补肾脏捐献"而非"售卖肾脏"或类似的东西的原因。在某些拍卖中，"社会结构"或拍卖的时间、地点、方式可以维护而非损害物品的独特性。[33]一些拍卖也可以以买卖双方的互惠和感激为基础而进行。

改变市场的时间、地点和方式，就可以改变我们作为买卖方如何看待彼此、如何看待交易品，以及我们对别人的义务。一个市场交易可以包含礼物交换的元素，也可以在陌生人间构建友谊，还可以产生互惠需求和报恩义务，且可以是社会关系的组成基础。在礼物与商品之间的诸多差异中，或许有一种是有用的，但是这不能被用来区分市场与非市场。这些区别或许是理想的选择，或许可以表现市场与非市场之间的巨大差异，但是，我们可以以某种方式来设计现实生活中的市场，以使得它产生与礼物交换而非与商品交易相关的态度和义务。有些人相信下列情况在某些条件下是成立的："如果肾脏不是商品，那么我们就不能允许肾脏市场。"但是，现实的例子并不支持这种观点。一个伊朗人可以在不犯任何错误的同时告诉我们:"肾脏不是商品,但我愿意出售我的肾脏。"相信肾脏不是商品的人仍然可以支持肾脏市场。

给学生的绩优奖金

经济学家罗兰·弗赖尔对成绩不佳的中学生和高中生进行过实验:拿到 A 可以得到 50 美元,拿到 B 可以得到 35 美元,等等。实验的结果良莠不齐。弗赖尔推测,激励没有对学生发生作用的原因或许是因为他们不知道如何才能获得好成绩。因此,他又做了一个实验。这次他没有直接因为好成绩而支付奖金,而是以奖励来激励学生养成好的学习习惯。他还尝试设定一些具体的、学生可以在一周内达成的小目标,而当学生们完成这些目标后,学生、老师和家长都会获得奖金。这个实验的结果要积极得多。收到奖金的学生的成绩要比没收到奖金的学生的成绩高出 1 倍。收到的奖金越多,他们的表现就越好。[34]

在此前与戴维·奥斯汀-史密斯(David Austen-Smith)共同进行的一项研究中,弗赖尔发现对于非洲裔和西班牙裔的学生而言,有些很强的社会因素会抑制他们在学校获得好成绩。[35] 随着成绩的提高,白人学生更易于拥有**更多**朋友并变得**更受**欢迎。(这个结果可能会出乎你的预料,因为成见认为"书呆子"都是孤独的人。)对于白人学生而言,好成绩与受欢迎度之间有着稳定的正向关联。但是对于非洲裔和西班牙裔学生而言,获得**平均线以上**的成绩易于导致他们变得更不受欢迎。获得好成绩的非洲裔学生常常被强加上"装白人"的标签。

我们认为弗赖尔的研究成果是英雄式的。他发现有些学生自身毫无错误,但是他们面对坏的环境,缺乏社会资本和人力资本,还要面对抑制他们学习的强大的社会不利因素。他采用了一种兼具企业家精神和科学精神的方法:让我们做个实验,看看哪些因素在起作用,找出它起作用的原因,然后将它放大。

毫无疑问,桑德尔钦佩弗赖尔的目标,但是他认为弗赖尔的**方法**是腐化的。[36] 桑德尔担心,以奖金激励学生阅读会"挤出或腐化对阅读本身的热爱"。[37]

对此我们的回应是,将请桑德尔在弗赖尔的实验对象中找出一个深爱阅读,但却因为奖励制度而失去了那份热爱,并开始只为了钱而读书的人。与桑德尔的担忧正好相反,弗赖尔所做的是试图让那些因为所处的不利环境而原本不太可能因为读书本身而热爱读书的孩子有所改善。在这个例子中,市场完全没有导致挤出效应,也没有产生腐化。如果弗赖尔的实验获得成功,他至多也只是让学生们学会了因为读书本身而热爱读书。另一个结果是,他**至少使得他们读书了**。如果他的实验没有成功,那么我们至少可以明白奖金没有效果以及它为什么没有效果,并可以作一些别的尝试。(因为我们写书时的信息和研究结果比桑德尔当时接触到的更具时效性,所以我们要作一些补充,弗赖尔正在寻找有效的方法。)

注释

[1] See Mitchell and Mickel 1999, 570.

[2] 事实上,这甚至不是经济学常识。一本标准的经济学教材会说,为工人的劳动支付更高的报酬可能会导致更少的劳动,而非更多。毕竟,金钱的收益是递减的,如果工人得到更多的酬劳,他或许会决定减少工作时间,以便将多出来的收入花在休闲娱乐上。

[3] 比如说,参见 Shariff 和 Norenzayan 在 2007 年的研究(表明宗教中好的部分让独裁者博弈的参与者更慷慨),或者参见 Mazar, Amir 和 Ariely 在 2008 年的研究(表明独裁者博弈中的欺骗减少,亲社会行为增多)。

[4] Tenbrunsel and Bazerman 2011.

[5] 这种对比是可悲的,因为这隐藏了一个重要的争议。我们不难相信,至少在某些时候,使用商业表述在道德上也是正确的事情。换言之,在某些关于伦理学的观点看来,成本效益分析就是全部,而在其他一些观点看来,这至少是人们在某些时候可以做的事情。看起来最有道理的伦理学理论认为,成本效益分析和计算是个必要的伦理学工具。所以,有时候商业表述就是道德表述。在商业表述与道德表述之间进行对比是种回避许多重要问题的方式。但是,我们将这些表述看作技术术语,"商业表述"不意味着非道德的表述,而"道德表述"也不意味着就是道德的表述。

[6] Anderson 2000b, 197.

[7] Cameron and Pierce 1994.

[8] Eisenberger and Cameron 1996.

[9] Deci, Koelrner, and Ryan 1999.

[10] 费雷,2002,第 69—70 页:"挤出效应是因为人们认为自己被外部的干预所控制。因此,随着控制点从内到外移动,人们的内在动机也会逐渐被削弱。"

[11] Vansteenkiste, Lens, and Deci 2006, 19.

[12] Deci, Koestner 和 Ryan,1999,第 22 页:"……社会环境越是支持自主,就越能维持或增强内在动机,也就越能增进外部动机的内在化和融合……"

[13] Rosenfield, Folger, and Adelman 1980.

[14] Pillutla and Chen 1999.

[15] 详见 Mellstorm 和 Johannesson,2008,第 857 页:"我们的研究结果……表明,在很多国家里,对为献血提供经济补偿的怀疑是有理由的。但是我们的研究结果也表明,引入经济报酬可能导致的问题可以由一个简单的

方法来解决:增加一个选项,允许人们将报酬捐给慈善组织。"
[16] Sandel 1998.
[17] Carruthers and Espeland 1998, 1386.
[18] Carruthers 和 Espeland,1998,第 1387 页。他们继续写道:"像工具那样,尽管不同类型的金钱可以表示非常不同的意义,但从表面上看它们都是一样的。也像工具那样,在不同环境下,同一张货币也可以被用来做完全不同的事情。在某些情况下,金钱还没有介入也不应该介入,同时,在某些情况下,金钱的有些功能也是不合适的。"(第 1387 页)
[19] Mickel and Barron 2008.
[20] Easley and Kleinberg 2010, 250.
[21] Appadurai 2005.
[22] Easley and Kleinberg 2010, 226.
[23] C. W. Smith,1990,第 162 页:"不幸的是,经济学家展示的拍卖范例与现实拍卖并无实际联系。"
[24] C. W. Smith 1990, 163.
[25] C. W. Smith,1990,第 162 页:"参与者按照自己所知的利益和资源,在外部限制最小的情况下行事。这些行为所导致的价格和交易仅仅是个体追求个人利益和个人偏好的产物。拍卖本身的行为、地点、参与者和惯例可以被称为'社会结构',这看起来对拍卖流程和结果并没有直接的因果影响。"
[26] C. W. Smith 1990, 175.
[27] Gell 1992, 142.
[28] Mauss 1954.
[29] Gregory 1982, 12.
[30] Mauss 1954, 18.
[31] Rus 2008, 83.
[32] Rus,2008,第 83 页:"……一边是在资本主义社会中大行其道的商品交易,在资本主义社会中,商品交易几乎不考虑任何社会和个人的看法。而在另一边则是礼物交换,它创造或加强个体间的社会联系。在社会科学中,商品交易通常代表了经济理性和创造商业利润,而礼物则包含了社会关怀和道德义务。从这个意义上说,'商品 vs 礼物'常常被用来类比'市场 vs 非市场'。"

[33] Fry-Revere and Basanti 2014.
[34] Allan and Fryer 2011.
[35] Austen-Smith and Fryer 2005.
[36] Sandel 2012a, 51 – 56, 61.
[37] Sandel 2012a, 61.

第十三章
不道德偏好论反对意见

论　证

正如我们在第七章中所讨论的,一个信息市场就是一个股票市场,人们可以在其中对某些事件是否会发生下注。设定股票价格的区间是 0～1 美元,那么实时股票价格就反映了市场整体所认为的某个特定事件的发生概率。信息市场允许人们对事件是否发生下注,并由此而将分散的信息整合起来。信息市场对"胡话征税",因为它们会惩罚那些作出了糟糕预测的人,并奖励那些作出了正确预测的人。

在第七章中,我们讨论了桑德尔针对信息市场提出的符号论反对意见。政策分析市场允许人们对诸如战争或恐怖袭击这样的事件下注,这个提议让桑德尔特别恼怒。在桑德尔看来,这些信息市场将生命和死亡商品化,而它们的理由在本质上也是不敬的。在第七章中,我们解释了为什么针对此类市场的符号论反对意见是站不住脚的。但是,桑德尔也提出了针对这些市场的腐化论反对意见,当时我们因为专注于符号论反对意见而未对这种意见进行讨论。现在,我们要来讨论一下这种反对意见了。

针对政策分析市场,桑德尔的一个主要反对理由就是,它或许会腐化我们。如果你对明天会发生恐怖袭击这件事下了一个大注,那么你或许就会因此而产生不道德的偏好:你会希望这种袭击发生。现在,我希望恐怖分子不会袭击波士顿。但是如果我对恐怖分子会在明天袭击波士顿一事下了1万美元的注,那么,因为我有这么一大笔钱取决于此,所以就会(多少有一点儿)开始希望恐怖分子袭击波士顿。桑德尔据此得出他的论点:信息市场会因为坏结果而让我们受益,但这会腐化我们。

这种论证可以被总结为如下几点:

不道德偏好论反对意见

1. 在信息市场中,人们有时会对某些坏事会发生进行下注。

2. 如果一个人对一件坏事会发生下注,那么如果这件事发生,他就会因此而得益,收益与赌注成正比。

3. 如果一个人会因为一件坏事的发生而得益,那么他就会希望这件坏事发生,他的期待程度与她下的注成正比。

4. 期待一件坏事发生,这显示出品德缺陷;一个道德完美者不会有这样的偏好。如果一种环境或语境会诱使人们产生更坏的品德,那么这就是个腐化的环境。

5. 因此,信息市场是腐化的。

这是个强有力的论证,或许是我们见过的最好的腐化论反对意见。这不完全是个概念性的论证,其中确实有一些实证观点,但是,桑德尔不需要做太多额外的研究就能做出这种论证,他只需要以信息市场的捍卫者们也认可的心理学为基础就可以了。信息市场的支持者们认可并认为,下注会让人们与结果产生利益关系。否则,信息市场就不能真正发挥效用。所以,桑德尔可以这么说:"如果信息市场有效,那么它们就会导致腐化;如果它们不会导致腐化,那么它们就无效。"

现在,桑德尔这样总结他对政策分析市场的批评:整体来看,如果市场确实能挽救生命,那么我们或许就会认为这样的市场是值得存在的。他认为,一方面,政策分析市场和其他信息市场会导致我们腐化,但是另一方面,这些市场带来的好处或许会让我们以牺牲品德为代价。[1] 所以,我们可以代表桑德尔说,他的思路就是我们此前所总结的:如何才能提出有效的腐化论反对意见。

是否所有负面预测都会导致腐化

这就是说,尽管这是我们所见过的最好的腐化论反对意见,但我们仍然觉得市场没有桑德尔说的那么应该被谴责。作为回应,我们首先要指出的是,在信息市场之外,也可以产生类似的反对意见。请考虑下面这些例子:

A. 一位肿瘤医生告诉一名患者:"你应该安排后事了。很可能你只有几个月可活了。"

B. 一位经济预测员(在电视上,为政府或某间投资公司工作)预计,第三季度前会发生严重的衰退。

C. 一名公司高管告诉董事会,公司很可能在下季度蒙受2000万美元的损失。

D. 一名天气预报员预测,飓风会在沿海造成 100 亿美元的损失。

E. 一位母亲告诉她的女儿,喝下一整瓶酒会让她醉倒,并让她难受。

F. 一位著名"大数据"统计学家建立了一个美国大选的模型,这个模型预计较糟的那个候选人会以 30 票选举团票胜出。

G. 一名情报官员在向总统汇报时提到,他预计在周末期间,中东和北非的美国大使馆会遭受恐怖袭击。

H. 疾病控制中心的一位流行病专家告诉公众,即便政府立即采取行动,全世界也至少会有 2 亿人死于现在这种禽流感。

I. 一名政治学教授告诉他的学生们,如果不学习就不会得到好成绩。

J. 一名环保主义者声称,转基因生物和农作物多样性的缺乏会导致疾病和饥荒。

K. 卡尔·马克思认为,资本主义会让无产阶级蒙受痛苦。

L. 总统在电视上说:"如果我们不进攻叙利亚,那么成千上万的无辜者就会死去。"

M. 一名心理学家在她的研究生面前预测,某种诱导疗法会导致治疗对象更容易在矩阵任务中撒谎。

在上述每个例子中,所有人都预测会有某些坏事发生。有些预测是有前提条件的,而另一些没有。但是,每个例子都包含一个预测。

在这些例子中,一个正派人在事发前就会希望坏事不要发生。但是,由于这些预测是在公众或其他人面前作出的,所以预测者与预测正确与否存在**利益牵扯**,因此,对于他们而言只有坏事发生才是有利的。在这些例子中,预测者应该都是专家,而专家则应该作出准确的预测,这关乎他们的声誉。此外,对于他们中的很多人而言,这也关乎他们的工作和生计。自称专家却一直作出错误预测的人会失去他们的地位、声誉和收入。

如果一名医生告诉病人,他只有几个月时间可活了,此时这个医生大概最希望这个病人能幸运地活下来。但是,如果一名医生告诉 1000 名病人,他们每个人都只有几个月时间的生命,而他们全都"奇迹般地"活了下来,那么这名医生似乎就是不合格的,因为他似乎并不懂得他所说的东西。如果人们得知他频频犯错,就会(或至少**应该**)停止征询他的意见,他也会因此而失去他的病人。所以,即使是一名想要治疗别人的医生,当他预计某件坏事会发生时,他也会希望这件坏事确实会发生。

菲利普·泰特洛克(Philip Tetlock)曾经做过一个长期实验,旨在研究专家们对困难问题的预测能力。(他认真地避免测试他们对在专家看来显得简单的问题的预测能力。[2])他发现,这些预测基本上就跟碰运气差不多。很多专家,尤其是外交政策专家,都觉得泰特洛克的研究结果很让人难堪。原因是:当一个人,尤其是一个专家,预测 X 会发生时,X 这件事的发生就对他有益,因此,他会希望 X 发生。泰特洛克的研究表明,专家们没有能力作出此类预测。

一旦你作出了某个消极的预测,那么这件事的发生就对你有益,尤其是当你的工作是作预测或这与你的声望和信誉息息相关之时。如果迈克尔·桑德尔担心通过政策分析市场下注会导致腐化,那么当他管理自己的退休股票投资组合时,也应该对自己的品德怀有同样的担忧。[3] 所以,第一个例子中的问题不在于信息市场中的那个**市场**,而在于这样一个事实:人们完全是在作预测。如果人们确实根据自己所说的下了注,那么坏事的发生就对他们有益,而即使人们没有对他们的预测下注,他们仍然常常会因为坏事的发生而受益。

桑德尔可以先认同这些观点再这样回应:信息市场会吸引更多人进入本质上腐化的预测游戏。不过接下来,必须说出下面的话就会让他很难受了:让更多的人从事 A—M 这些例子中的职业——这些都是常常需要作出消极预测的职业——也是腐化的。

赌注和生命的工具价值

桑德尔眼中的信息市场的问题则更为笼统。对于我们而言,某些坏事的发生有其工具价值或反面价值,但桑德尔认为信息市场的问题与下注改变这些价值的方式有关。比如,让我们以人寿保险为例。当今,我们认为有责任心的配偶或父母应该购买人寿保险。但是,当人寿保险刚刚出现时,很多人都反对它,因为他们认为人寿保险会导致腐化。

为了解释原因,我们来看一个关于著名经济学家吉姆(Jim)的故事:

20 世纪 50 年代,吉姆在某个州的一所大学里任教,却住在另一个州。每周一,他要上一整天的课,然后连夜开车回家。有一天晚上，他的车在半路抛锚了。因为周围没有付费电话，所以他也无法给他的妻子打电话。最终，他在第二天很晚的时候才到家，而他的妻子对他说："天啦，吉姆，我担心你出了意外！"他回答道："当真？我估计我买的人寿保险还不够多！"（次日，他买了更多的人寿保险。）

这个笑话反映了为什么人们会认为人寿保险是不道德且腐化的。吉姆认为，根据定义，人寿保险的最佳数额应该能令他的妻子不在乎他的死活。

请记住这一点，让我们考虑下面五种情况：

A. 我没有投保人寿保险。
B. 我投保的人寿保险相当于我现在年薪的 5 倍。
C. 我投保的人寿保险相当于我的预计终生收入。
D. 我投保的人寿保险相当于我的预计终生收入的 2 倍。
E. 我投保的人寿保险相当于我的预计终生收入的 5 倍。

现在，让我们想一想 A—E 这五种情况会对我的人寿保险的主要受益人——我的妻子——造成什么影响。（我希望）我的妻子非常爱我，即使为了 7500 万美元，她也不希望我死掉。但是无论如何，按照从 A—E 的顺序，她希望我避开死神的意愿很可能是逐渐**减弱**的。她或许会希望我活下去，但如果她是完全理性的，那么她希望我活下去的意愿按照 A—E 的顺序也应该是递减的。毕竟，在 A 例中，只有我活着才能为她提供财务支持。但是，我买的人寿保险越多，她对我的依赖度就越小。所以，购买人寿保险导致我腐化了我的妻子，因为我削弱了她希望我活下去的意愿。

就像桑德尔对待信息市场那样,我们或许会因此而得出结论:人寿保险是"与恶魔做交易",它的后果比收益更严重,所以我们应该"保持对它的厌恶"。[4] 但是,我们怀疑多数人不会认可这种判断。

对人寿保险的另一种看法则是这样的:当然,它会削弱人们对好结果的偏好,但是这并不必然导致腐化。是的,我们都听说过人们为了保险赔偿而杀死配偶或年迈父母的故事。但是,除了这些例子中的人,对于多数人而言,即使他们的配偶或父母购买了人寿保险,但他们还是爱着他们的配偶和父母。如果我们想要说市场是腐化的,那么只有在这样的情况下才可以:市场削弱了某人生命的**工具价值**。

人寿保险不会改变生命的内在价值,但是它确实会降低此人生命的工具价值。在信息市场中也会发生类似的情况。如果我对英国女王明天会去世这件事下注 40 美元,从我的角度而言,这件事不会改变女王生命的内在价值。在我看来,她依然拥有康德式的尊严,有着内在的美好等。但是,由于我花了 40 美元,那么于我而言,无论她此前生命的工具价值几何,现在都较从前有所降低。换言之,对于我而言,她的死亡的工具价值更高。

保险改变了某人生命或死亡的工具价值,但是这或许不会影响人们对一个人生命内在价值的看法。甚至,保险或许还会产生一些积极影响。当我的配偶意识到,万一我去世,但我购买的人寿保险也足以养活她和这个家庭的时候,对于她而言我活下去的工具价值就减弱了。但是,因为我表现得如此有责任感,她或许会更加看重我的生命。

总体考量下的偏好

桑德尔或许会担心,当我们对死亡下注时,死亡的工具价值会胜过生命的内在价值。我们也知道一些这样的例子——人们为了得到保险赔偿而杀死自己的配偶。但是,即使在拥有很多人寿保险而且可以逃脱谋杀罪名的人中间,这种例子也很罕见。

考虑这样一个例子:如果一个魔仆对我说,"我会付给你40美元,但是这样女王就会死去"。我会说,不用了,谢谢。如果一个魔仆对我说,"我会让波士顿发生恐怖袭击并导致数百人伤残和死亡,然后会付给你1亿美元"。我会说,不用了,谢谢。或许有人会接受这个提议,但是我们中的大多数人都会拒绝。如果事实如此,那么总体上来看,在信息市场中下注似乎并不会真的导致我们希望坏事发生。

对此,桑德尔或许会问:"你怎么能假设大多数人都会拒绝呢?毕竟,并不存在提出这种提议的魔仆。"

对此,让我们来看一看道德心理学家丹·艾瑞里(Dan Ariely)的研究。[5]丹·艾瑞里的主要研究结果发现,多数人会在一些小事上撒谎、作弊或偷窃,但是,他们只会在认为自己总体而言还是个好人的情况下才会做这样的事情。比如说,丹·艾瑞里发现,多数人会在牌局里作弊来赢些小钱,但是他们不会靠作弊来赢得大数额的金钱。艾瑞里称之为"容差因素"。我们为自己设定一个希望维持的道德分数,并允许自己做那些可以维持这个分数的事情。如果圣人的道德分数是 A+,那么凡人就会想要维持在 B。在 B

这个水平的品德范围内,这个人会在一些场合撒一些小谎,但是他不会让自己的道德分数下滑到 C 或 D。鉴于艾瑞里的研究结果在多种文化和实验中都得到了验证,同时,考虑到我们在很多时候都有很高的相似性,所以我们怀疑多数人并不会接受魔仆的提议。

在信息市场中,人们在下注前就**已经相信**那件坏事会发生,否则他们就不会下注。因为这些坏事将要发生,所以他们宁愿选择[在下注的同时顺便]赚点儿钱。所以,让我们看一看下面三种想法:

A. 一名恐怖分子袭击了波士顿,为此我得到了 50 美元。

B. 一名恐怖分子袭击了波士顿,而我一分钱也没得到。

C. 恐怖分子没有袭击波士顿,我也一无所获。

如果桑德尔可以证明,信息市场会导致人们在 A—C 之间选择 A,那么他对信息市场的指责就是合理的。但是,信息市场发挥效用的原因是,人们会在 A 与 B 之间选择 A(这些市场不需要人们在 A 与 C 之间选择 A),而在 A 与 B 之间选择 A 并不是一件糟糕的、不道德的、腐化的事情。

请考虑这样的例子:我当然不希望自己的孩子们死于癌症,即使给我 200 亿美元也不行。但是,与此同时,在 A. 他们死于癌症,我得到了 200 亿美元和 B. 他们死于癌症[但我一无所获]这两个选择之间,我会选择 A。请不要对此有任何误会,我的意思并不是用他们的死亡来换取 200 亿美元。事实上,我提出的是一个无趣的观点:200 亿美元比一无所获要好。而这就是信息市场运作的基础。

当对无价之宝定价的行为变得高贵时

到目前为止,我们只讨论了为某人的生命标价会如何影响那个人生命的工具价值。但是下面这个发现或许会让桑德尔大吃一惊:实验表明,不论是通过人寿保险还是通过不当致死侵权的损害赔偿来为一个人的生命标价,都会让我们认为人有着更高的**内在价值**。

请看看这个例子:如果我因为某个人引起的车祸而死亡,那么我的妻子就可以起诉这个人,并让他赔偿我未来收入的损失。当我购买一份定期人寿保险计划时,我所投保的是因为早亡所导致的未来收入的损失。估算我可能获得的终生收入是个简单的数学问题。

但是,请想一想:我们会如何看待我们的孩子们的不当致死侵权或人寿保险?如果一个醉酒司机害死了我的孩子,那么他就为我省了钱。那么如果我起诉他的话,他是否就可以因此而不用支付赔偿?类似的,如果我的孩子因病去世,那么从长期来看我节省了开支。这又应该如何算入孩子的人寿保险呢?

社会学家维维安娜·泽利泽在她的《给无价的孩子定价》(*Pricing the Priceless Child*)一书中指出,这在19世纪末成了重要的问题。(在农场上或工厂里)童工的工作时间开始减少。因此,逐渐地,他们不再是父母们的经济资产,转而成了父母们的经济负担。当时,在不当致死侵权案件中,法院是如何裁定一个孩子——一个经济负担——的生命价值的呢?人寿保险该如何处理他们的死亡呢?

泽利泽用材料充分证明,现实情况是,当他们决定给孩子的生命定价时,人们便开始认为孩子们是"无价的"了,人们认为孩子拥有一种即便成人也不具备的特殊价值。目前,我们认为孩子在某种意义上是神圣的,这种态度是由这样一个事实发展而来的结果:我们不再将孩子视为经济资产并试图给孩子定价。[6]所以,与桑德尔的预期相反,为某样东西定价有时候恰恰是让我们将那样东西视为无价之宝的原因。

小　结

这一切都没有改变桑德尔的主要反对意见,但是这部分反对意见毫无令人担忧之处。如果鲍勃(Bob)对一场灾难会发生进行下注,那么这个灾难的发生对他就有了某种工具价值,而他对灾难不会发生的期望度也会下降。但是,这种情况并非信息市场所独有的。事实上,在很多人们作出消极预测的例子中,即使预测者与预测并无经济关联,这种情况也存在。最后,即使桑德尔是对的,这些赌注会**降低**我们避免坏结果出现的期望,而我们对之下注的事件会发生,但是,他没能证明这些市场确实会导致我们在总体上希望坏的结果出现。更重要的是,现有的道德心理学研究指出,即使人们对某件坏事会发生下注,但多数人仍不会产生希望坏事发生的总体偏好。最后,我们注意到,研究表明为某样东西定价常常会导致我们将这样东西看成无价之宝,而将某样东西商品化有时会导致我们不仅仅将这样东西视为商品。

注释

[1] Sandel 2012a, 154.
[2] Tetlock 2005, 244.
[3] 毕竟,如果桑德尔在基金 A 与基金 B 之间选择了投资 A,那么 A 的表现优于 B 时他就会获益,因此,对于某些竞争者而言,B 表现得相对较糟他们就会获益。
[4] Sandel 2012a, 154.
[5] Ariely 2013.
[6] Zelizer 1994.

第十四章
低质论反对意见

论　证

一种腐化论反对意见认为,某些东西不应该被售卖,因为售卖这些东西会导致其品质下降。这种论证可以被概括为如下几点:

低质论反对意见

1. 当以营利为目的在市场上售卖 X 时,相较以非营利目的、通过馈赠或政府免费提供 X 的情况,X 的分量或质量都会下降。

2. 如果 1 成立,那么就不该以营利为目的在市场上售卖 X。

3. 因此,不应该以营利为目的在市场上售卖 X。

4. 如果 X 不应该出现在市场上,那么以营利为目的在市场上售卖 X 就是错误的。

5. 因此,以营利为目的在市场上售卖 X 是错误的。

现在,用任意人们认为不应该在市场上出现的商品来作为 X。

例　子

让我们看看这个例子：哈佛、斯坦福、乔治敦大学和密歇根大学——在这些大学中，人们在讨论商品化问题——都是非营利性大学。而凤凰城大学、卡普兰大学和斯特雷耶大学都是营利性大学。前一组里的大学都位列全球顶尖大学之列，而后一组里的大学则不然。前一组里的大学在《美国新闻与世界报道》(*US News and World Report*)的大学排名中得到很高的分数，而后一组中的大学则根本没有进入排名。于是，有人或许会做出这样的结论：营利性大学都很低劣（作为本书的作者，我们还不会堕落到为我们所听说过的营利性大学站台的地步），营利性教育是糟糕的教育。

让我们再来看看全球化是如何影响好莱坞电影的。因为好莱坞试图迎合全球更多的观众，试图进入有着不同口味、不同语言的各种文化的市场，所以它会尽可能减少戏剧性的微小精妙之处、讽刺性、语言张力，更多地依靠动作和特效来吸引世界各地的观众。但是，在试图吸引如此多元的众多观众的过程中，好莱坞逐渐减少了电影的美学价值。很多人都是这么认为的。

或者，让我们更接近这场争论的中心，来看看批评商品化的书籍的市场。德布拉·萨茨、玛格丽特·简·雷丁和伊丽莎白·安德森都通过大学出版社出版了他们的书籍，他们的书籍都是学术性的。而迈克尔·桑德尔和本杰明·巴伯则通过商业出版社面向大众出版他们的书籍，他们或许还雇用了宣传人员去帮助自己上《每日秀》(*The Daily Show*) 或《科尔伯特报告》(*The Colbert*

Report），并从书籍销售中赚到尽可能多的钱。萨茨和安德森的哲学著作显然更为优质，它们比桑德尔的书更严谨，价值上则远超巴伯的书。在畅销书的撰写中，桑德尔和巴伯都在论证上走了捷径，而萨茨和安德森是绝对不会这么做的。

不只是一个道德论证

出于论证的目的，让我们假设存在这样一些东西，以营利为目的售卖这些东西会导致这些东西的质量下降。让我们换一种方式，假设当以非营利性目的售卖这些东西时（哈佛和斯坦福出售教育或牛津大学出版社出售书籍的方式），或者当政府或私人基金会"免费"提供这些东西时，这些东西的质量会提高。

但即便如此，这也不会导致什么**道德**苦恼。即使以营利为目的售卖某些物品会降低这些东西的质量，这也不意味着以营利为目的售卖这些东西**在道德上是错误的或糟糕的**。毕竟，只生产最高品质的东西并不是什么普遍的道德义务。

比如说，假设你决定在你的面包店里实验一种新的劳动力组织方式和付酬方式，而结果是，你店里纸杯蛋糕的质量下降了。那么你就有理由恢复使用原来的商业计划，但是，这不是一个**道义上**的理由。从策略的角度来看，你做了一件糟糕的事情，但是从**道德**的角度来看，你没有做错任何事。

或者，假设一个基金会决定建立一家非营利性的汽车厂。但是，让我们假设他们生产的汽车质量都很糟糕——但并不危险，只是相较诸如本田这样的营利性汽车公司生产的汽车质量要差一些。如果这种非营利性的汽车公司很容易让人心生厌恶,那么从战略角度考虑,我们就有理由制止非营利性汽车公司的建立。但是,我们没有这么做的道德理由。以这种方式生产汽车并不是**错误的**或**不道德**的事情。

同样的道理,反之亦然。如果实践能证明,对于某些商品而言,相较于营利性企业,非营利性企业生产的产品**质量更好**,那么我们就有理由让非营利性机构来生产它们。但是,这仍然不能表明以营利为目的生产这些东西就是错误的或不道德的。

现在,让我们再来看看营利性教育的问题。营利性教育的批评者常常将矛头对准大学——比如说凤凰城大学——里堕落的商业机构。我们也认同这些批评中的很大一部分看法。我们认为凤凰城大学是个堕落的机构。但是,这里问题的根源不在于凤凰城大学售卖了本不应该被拿来牟利的东西,而是因为凤凰城大学的售卖方式是错误的,它使用了操控式和欺骗式销售技巧。正如我们在开篇就指出的,在有关商品化的争论中,我们讨论的并不是商业伦理问题。但是,凤凰城大学违反了商业伦理准则,有可能所有营利性大学都是这样的,特别是他们所迎合的那部分市场是还没有被原有的非营利性大学所主导的。但是,这并不意味着以营利为目的售卖教育在本质上就是错误的。而且不管怎样,我都认为凤凰城大学的商业伦理实践是糟糕的,但是,我们也认为,即使哈佛、斯坦福、乔治敦大学和密歇根大学的稍微好一点儿,但它们的商业伦理实践也依然是糟糕的。(比如说,布伦南曾多次抱怨,在美国,很多哲学院都是通过操控式或欺骗式广告技巧来说服学生选择哲学专业的。我们得到的第一手消息也表明,乔治敦大学有时会违反招生政策第三章的规定。)

你或许会认为,政府应该"免费"提供教育,其中包括高等教育。(我们在免费二字上打了引号,是因为世界上没有免费的午餐,总要有人对此付钱。)让我们假设你是对的。不过,即便你是对的,这也不代表以营利为目的提供教育的人就是错的。政府通过警察为你提供"免费的"保护,但这并不意味着你雇用保镖就是错的。政府通过公立学校为你提供"免费的"教育,这也不意味着你在营利性机构那儿购买语言课程就是错误的。政府提供"免费的"法院来解决争端,这也不意味着你使用营利性的仲裁服务就是错误的。所以,政府是否应该提供"免费"教育这件事情,与售卖教育是否有错并没有什么直接关系,无论售卖教育的机构是像卡普兰大学那样的营利性大学还是像乔治敦大学那样的非营利性大学。

拒绝这个假设

到目前为止,我们都一直将这个观点视为理所当然的:以营利为目的售卖某样东西会导致其质量下降。我们已经证明了,即使这个假设是正确的,它也不会导致什么出人意料的道德后果——这么做也没有错误。所以,我们已经证明了低质论反对意见里的第4号前提是错误的。这就足以推翻低质论反对意见了。但是,现在,我们想要挑战一下第1号前提。我们要驳斥批评者所认为的市场堕落的方式。

让我们来看看这个例子:卢梭认为,商业社会会让人变得自负、愚蠢和庸俗。对此,文化经济学家泰勒·考文(Tyler Cowen)会说,是的,市场中会产生男孩乐队组合和流行小天后,但是,市场中也会产生莫扎特、贝多芬、米开朗琪罗和莎士比亚,考文用资料证明了,这些人也是试图挣钱的商人。[1]我们身处的文化比卢梭身处的文化更为商业化,但是与此同时,相比于卢梭的时代和文化,在我们的文化中,寒门之子更有可能接触并享受高雅文化——比如阅读像卢梭这样的人的著作。[2]通过大量研究,考文的结论是:没有什么证据表明市场会降低人们的艺术品位和音乐品味。市场至多不过是向人们提供他们本就想要的庸俗文化。而同时,市场也会产生很多高雅文化。一个社会的商业中心通常也是它的文化中心,这个现象并非一个巧合。同样的,如果你想找针对商业社会的优秀哲学评论,就会发现这样的内容都出自波士顿、纽约、伦敦这样的城市,而非出自平壤、莫斯科或哈瓦那,这也不是一个巧合。你或许会哀叹,因为好莱坞试图迎合更多的观众,所以它的电影品位正在下降。但是,与此同时,诸如 HBO 和 Showtime 这样的营利性付费频道正在不断制作出最优秀的影视剧。

部分原因与市场的规模有关。正如迪尔德丽·麦克洛斯基所解释的那样,相较贝多芬所在的时代,当今艺术和音乐的潜在市场规模要大 255 倍:"有好有坏,辉煌与堕落,现在有 255 倍的音乐、油画及其他。"[3]

择 校

《石板》(*Slate*)杂志的一名编辑阿利森·贝内迪克特(Allison Benedikt)最近在一篇"宣言"中写道:"如果你将孩子送去私立学

校,那么你就是个坏人。"[4]她的主要观点是,当更富有、拥有更多人际资本和社会资本的父母将他们的孩子从糟糕的公立学校中转出时,他们就不再对这些学校和拥有较差人际资本和社会资本的孩子们有好的影响了。如果你的孩子有才华,让他进一所糟糕的学校就是对他不利的,但是这对学校里的其他孩子却是有利的。在贝内迪克特看来,人们纷纷选择私立学校体现了堕落的市场心态,在这种心态下,人们全都为自己和所爱之人的私利去努力,而不再关注公共利益。

这个观点存在一些问题。首先,它无视了一个复杂的道德问题:我们有多少义务去为了别人的利益而牺牲自己或自己孩子的利益?研究这个问题的多数伦理学家认为,当我们采用严格的消极义务来避免伤害他人或侵害他人权利时,我们帮助他人的积极义务就会相对较弱、更没有明确目的,且可以以非常多的方式来履行。所以,让我们来看看我(布伦南)给慈善捐款的例子。因为捐款一事,我给孩子购买的玩具变少了。因此,我为了陌生人而牺牲了自己孩子的利益。但是,即便我认为自己不得不牺牲他们的利益,这也不意味着我有义务为了其他人而让我的孩子作出巨大的牺牲。

这个观点的一个更大的问题是,它所依赖的基础很可能是一个错误的经验假设。首先,它假设在一群差生中,优等生会对差生有所帮助,而非伤害他们。但是研究表明,这两种结果都存在。

其次,它还假设,为了提高低水平的学校,人们更应该让孩子留在那些学校里而非以转校相威胁。但是,很显然这个假设是错误的,事实上,从经济学角度来看,这是反直觉的。贝内迪克特认为,如果拥有高人际资本和社会资本的父母决定让他们的孩子留在当地的公立学校里,那么他们就很有可能会用他们的影响力去改善这些学校。她或许是对的,但是经济学家亚历克斯·塔巴罗克(Alex Tabarrok)指出,通常来讲,"退出的力量"大于"声音的力量",除非以退出的力量为支持,否则声音的力量通常都是很弱小的。[5]也就是说,相比于人们只有表达自己观点的能力的情况,当人们想要且可以自由地退出时,这极有可能会导致别人做得更好。塔巴罗克认为,这就是为什么相较于车管局(DMV),餐厅更有可能对你的投诉作出回应一样——事实就是,具有选择离开的能力会让你的声音更有力量。当我们可以选择离开糟糕的供应商时,这意味着这些供应商可以且必须进行竞争,所以,我们通常可以找到质量更高的产品。

垄断者更有可能生产出质量较差的产品,这是经济学的基本常识。但是,贝内迪克特要求我们做的恰恰是将我们当地的公立学校系统当作垄断者。假设在一个世界中,人们决定每座城镇只能有一间餐馆,而且他们只能在自己所在城镇的餐馆吃饭。那么我们可以预见的是,那个世界中的餐馆会远逊于我们这个世界中的餐馆。贝内迪克特需要向我们解释的是,为什么教育与之不同,为什么几乎所有垄断都是坏的而唯独教育垄断例外?

与贝内迪克特相反,经济学家卡罗琳·罗克斯比(Caroline Roxby)发现,竞争和退出的力量对公立学校**更有帮助**,而非更有害。她这样总结自己的发现:

> 最令人感兴趣的例证来自三个重要的、近期挑选的改革:

密尔沃基的教育补助金券、密歇根的特许学校和亚利桑那的特许学校。我的研究表明，因为这三项改革中的竞争，公立学校学生们的成绩迅速大幅提高。公立学校的开支并未受到影响，因此，公立学校的生产率提高了，在密尔沃基的例子中，这一点尤其明显。[6]

在对特许学校的实证研究中，通常似乎是各种各样的结果都有。但是，批评择校制度和特许学校的人有时会引用这样的研究：引入特许学校和择校制度并不会改善成绩或学习成果。但是，这些批评者所忽视的是，即便在这些例子中，允许择校也并不会对成绩或学习成果**造成伤害**。相反在通常情况下，允许择校所导致的最坏结果也不过是：**以更小的成本得到同样好的结果**。这是一个**积极的**结果，因此，我们应该赞美择校制度，而不是对它不予理会。

让我们再来看一个可以作为类比的例子：假设将道路私有化和商品化并没有改善驾驶质量，也没有减少交通拥堵，但是，它将道路的建设和维护成本减少了30％。那么，因此而节约下来的大量金钱就可以被投入其他有价值的事情上去。如果一个私立道路系统可以提供与公立道路系统同等质量的道路，而它的成本更低，那么我们就应该选择将道路私有化。

因为许多写关于择校制度的文章的人并没有学习过经济学，所以他们常常会过度关注考试结果，而不考虑实现这些结果的成本，这是错误的。我们都愿意找到一种改善学生学习成果的方法。但是，我们也应该乐于寻找以更低成本达到目前成绩的方法。

伊利亚·苏明（Ilya Somin）指出，贝内迪克特的指责忽略了私立学校的一些公民效益。一些研究表明,相较于公立学校中的学生,私立学校,尤其是天主教学校中的学生会得到更好的公民教育,且可以记住更多的公民知识,即使在控制人口因素的统计中,研究结果也是如此。(这就是说,私立学校比公立学校做得更好,但这不仅仅是因为私立学校中学生的父母更富有且接受过更高等的教育。)[7] 鉴于许多提出各种腐化论观点的人——比如桑德尔和巴伯——都对公民意识表示担忧,那么出于这个原因,他们起码也应该欢迎而非谴责离开公立学校的行为。苏明还指出,让所有学生都进入政府运营的公立学校就读是有潜在危险的,因为这会增加学生们被灌输亲政府观点和中央集权观点的可能性。(不过,我们怀疑桑德尔和巴伯可能不太关心这个问题。)

血液市场:你以为你知道的事情是错误的

批评者常常将人血市场作为低质论反对意见的一个例子。1971年,理查德·蒂特马斯在他的《赠予关系》一书中提出,从结果论的观点来看,最好不要允许人类血液市场存在,而应该依靠献血制度。[8] 他认为,用钱购买血液1.会减少实际收集到的血液数量,2.会降低收集到的血液的质量。很多人献血,而当献血被视为一种利他的馈赠而不仅仅被视为金钱交易时,身体更健康的人献血的可能性就会更高。部分原因是,对于出售自己身体的一部分这种事,人们怀有反感。健康且富裕的人或许会献血,但是他们不会愿意以低廉的市场价格出售自己的血液,他们会认为这与他们的身份不符。但是,无家可归者和其他那些身体可能有疾病的人则或许会愿意接受这个价格。

如果蒂特马斯是对的,那么这确实令人不安。但是,他的观点是否正确并无定论,且有证据表明他是错的。研究人员尼古拉·拉克泰拉(Nicola Lacetera)、马里奥·梅瑟斯(Mario Macis)和罗伯特·斯洛宁(Robert Slonim)针对影响献血的因素做了一系列科学研究。他们的研究结果与蒂特马斯的观点正好相反:诸如礼品卡这样的经济激励实际上会增加献血,且不会影响血液的质量。[9]他们指责世界卫生组织40年来进行的反对卖血的宣传,但是像蒂特马斯一样,世界卫生组织一直在使用非实验性研究和非科学性调研所提供的数据。这些研究人员认为,蒂特马斯使用了不良数据。

塞西尔·法布尔(Cecile Fabre)指出,卖血在美国是合法的,而在英国是非法的。除此之外,她还指出,尽管有些美国人也卖血,但美国人和英国人的献血率在大体上相当(他们的献血频率也一样)。[10]在一项综合研究中,社会学家基兰·希利(Kieran Healy)发现,决定血液质量和数量的因素并非血液是否是通过买卖得来的,而是取决于其他许多因素:血液如何取出、血液采集组织的市场策略等。[11]

即便蒂特马斯是对的,这也不意味着花钱买血**在道德上就是错误的**,这只能说明这种做法不值得提倡。如果血液市场不如献血的效果好,那么我们就应该采取献血制度而非血液市场。但是,正如我们此前所解释的,这并不是道德上"应该做的"。

是否某些商品——比如教育、博物馆、医疗保健——应该由非营利性机构来提供?这是一个大课题,我们无法在这里逐一讨论将此类物品商品化的利弊。但是,我们所做的工作已经足以削弱低质论反对理由。低质论反对意见的一个问题在于,它常常以经验错误作为基础——事实上,相比其他选择,市场能够提供更好的商品,又或者,市场不会让这些商品堕落。不过,即便批评者是对的,以营利为目的将某些商品商品化确实会导致质量下降,但这也不意味着买卖这种商品就是**错误**的。低质论反对意见没有任何**道德力量**。

购买进入常青藤联盟的入学资格

哈佛大学(桑德尔和雷丁供职于此)、斯坦福大学(萨茨供职于此)、布朗大学(布伦南在这里获得第一份工作,茨沃林斯基曾是这里的客座研究教授)和乔治敦大学(我们供职于此)的本科录取率分别是6.3%、7.1%、8.9%和17%。这些学校都位列全美入学门槛最高的院校之列——在美国,大概只有30所大学的本科录取率低于20%。密歇根大学(安德森供职于此)的本科录取率是40%,对于州立大学而言,这个录取率也很低。[12]（密歇根的研究生院也是全美最顶尖之一,入学竞争远甚于本科。)在这些学校中,大多数学生的SAT成绩都远高于全国平均线,而其中一部分人甚至拿到了满分。值得一提的是,在学业之外,他们通常在许多活动上也表现出色——他们的简历令人印象深刻,里面充满了体育、社会服务、音乐演奏、俱乐部等活动记录[但却未被录取]。简言之,被这些名校录取的难度非常之大。

但是,对于那些智力不高或没什么才华,但是生于富贵之家的人而言,还有**另一条**入学途径。这些大学共有的肮脏的公开秘密就是,对于那些"传承"申请人,尤其是富裕的传承申请人而言,这些大学的录取门槛要低得多。("传承"是指校友的孩子。)正如桑德尔所解释的,传承录取"对于富人而言是一种赞助行为"。[13]桑德尔注意到,即使有些孩子的家长不是校友,这些大学也会对他们降低入学门槛,因为学校希望这些家长会给学校提供"大量的"捐款。[14]当我(布伦南)在布朗大学供职的时候,我注意到这所大学正挖空心思地招揽好莱坞明星的子女。

桑德尔承认,这些行为可能也有道德理由:这些捐款能使得这些顶尖大学可以为有需要的学生提供经济援助。2013年,哈佛大学的总学费大概是每人5.5万美元。但是,如果一名学生来自北弗吉尼亚(我们这些作者就生活在这里),而且他的父母年收入低于7万美元,那么他就可以**不花一分钱**——学费、食宿费全部由哈佛大学的各种捐赠基金来支付。[15]诸如哈佛大学和芝加哥大学这样的顶尖学府在每个学生身上支付的开销都要高于它们所收的学费。必须有人来出这些钱,所以,有些人或许会认为,这正是允许少数富人花钱让自己的子女进入这些顶尖学府的理由。

桑德尔担心这会令人堕落。他说:

> 腐化论反对意见所关注的是制度公正。高等教育承载了某些理念——追求真理、增进学术、科学和人文教育的进步,以及品德培养。尽管所有大学都需要钱来追求它们的目标,但是,允许募资需求主导一切是有风险的,这可能会扭曲它们的目标,破坏那些构成这些大学存在理由的标准。这种腐化论反对意见的核心是正直——一个机构对其根本理念的忠

诚,这正是我们熟悉的一种指责——"出卖"所暗示的。[16]

我们要把这种反对意见拆开来细看。

我们可以这样解读桑德尔的意思:"事实上,以总体的知识水平作为衡量,降低传承学生(或富贵人家子女)的入学标准会让学校的水平下降。"从理论上来说,这是个可以检验的经验观点。但是,如果这是桑德尔的观点,那么传承学生的最佳入学比例就应该大于0%而小于100%。这将允许一些具备如下条件的学生入学:他们可以负担全部学费,他们的父母会给学校捐建校舍或给学校捐款。这些费用都很有可能被学校用来维持他们的高水准。事实上,这些学生支付的高额额外费用可以帮助其他学生或学院,因为学校可以用这些钱来建设更优质的学院和研究设施。这些富有的笨学生在为穷困的聪明学生负担费用。桑德尔也知道,这就是这些大学为传承学生降低入学门槛的初衷。

但是桑德尔的意思很可能是,允许传承学生入学在本质上是堕落的,用他的话来说,这是一种"与魔鬼的交易"。以各种杰出成就为衡量标准,哈佛想要拥有最杰出的学生群体,但却允许不那么优秀但富有的孩子入学,这在根本上违背了它的标准。这或许是值得的,但却是以正直为代价的。

桑德尔的这个观点或许是对的,但是我们认为,我们的观点并不受到这种结果的影响。让我们来看两种不同情况下的哈佛:

A. 1926 模式的哈佛 一所供可以支付全额学费、富有但智力一般的学生学习的、学费昂贵的大学。

B. 1963 模式的哈佛 一所志在成为各个研究领域的领军者、

吸引全世界最有才华的学生就读的、学费昂贵的大学。[17]

哈佛一直是所精英大学，但是它的学生主体并非一直都是知识精英。正如查尔斯·默里（Charles Murray）指出的，在1926年，哈佛毕业生的平均智商是117，只比全美毕业生的平均智商高2点。但是在1950—1960年这10年间，哈佛的领导者们改变了学校的性质和目标。哈佛大学的校长改变了这所大学，将它从1926模式转变为1963模式。哈佛一直在努力招募全世界最优秀、最有才华的学生。因此，1950年哈佛新生的平均成绩只能排到1960年哈佛新生成绩的最末10%。[18]按照今日的标准，一名典型的1950年哈佛新生根本达不到入学门槛。

尽管哈佛招募知识精英学生为其主体的方式也会导致一些问题，但我们仍然支持这个决定。[19]所以，我们支持哈佛将1926模式转变为1963模式的决定。但是，这并不意味着1926模式就在道德上有什么错误。为富有学生提供优质但昂贵的教育并不是本质上堕落的行为。请看这个例子：假设今天有个人决定按照哈佛的1926模式新建一所大学，这所大学会有顶尖教授和顶尖学院，学费昂贵但是入学门槛相对较低。无论你是否喜欢这个人的想法，他的这个想法都没有**道德上的错误**，这就像宝马生产豪车或澳洲航空提供头等舱一样。

时至今日，因为哈佛已经转变为1963模式——这种转变不是应道德上的要求——所以当今的哈佛领导者们面临着新的难题：如何才能维持这一模式，以及是否可以将哈佛的模式进行革新。这是一个所有领导者都会面临的问题。他们继承了自己组织的传统和理念。在某些情况下，他们有义务维持这些传统和理念。但是，他们也有义务决定是否要更换一个不同的理念或打破传统。领导者们应该严肃对待这些问题。但是，我们不会在这里长篇大论地讨论组织正直和尊重传统的伦理问题，我们要指出的是，在新的环境下，领导者们并非不能改变理念。如果哈佛决定改回1926模式，这也不一定就是**错误的**或**堕落的**。

如果大学逐年增加传承学生的录取比例，那么桑德尔对传承录取的指责就将更有力。但是，根据我们对这一问题的研究，像哈佛、耶鲁或乔治敦这样的顶尖学府正在逐渐降低而非**增加**传承录取的人数。[20]而且，即使这些学校为传承学生维持了相对较低的入学门槛，但与此同时，他们也在逐渐提高这一门槛。如果你是一名传承学生，那么在2013年的哈佛录取中，你将有更大的机会，但是这一机会相较1993年或1973年要小。所以，即便我们同意桑德尔的看法，认为传承录取是堕落的，但是，将之作为商品化令社会堕落这一总体观点的例子仍然是奇怪的。毕竟，按照他的标准，在这个例子中，事情正在变得更好而非更糟。

到目前为止，我们都在假设桑德尔将传承录取视为一种妥协的看法是对的。但是，他的看法并非不可商榷。

让我们看看这个例子：常青藤名校及其他名校并没有简单地根据学业成绩招收学生，他们也看重诸如音乐成绩和体育成绩等其他各种成绩。他们不会简单地以学生的个人成绩为招生标准，除此之外，他们还旨在创造一个具有特定品格的学生**主体**。招生人员希望学生主体是多元化的，这样，学生们在学校中就可以遇见有不同背景和生活经历的同学。这样做的目的是，希望学生可以在人际资本、社会资本和文化资本方面有所收获。对于其学生而言,哈佛的一大卖点就是**其他学生**。

现在,让我们再来看看传承录取的作用。传承学生——这些学生的父母或祖父母曾在这些顶尖大学就读——通常都拥有一定的文化资本和社会资本。他们一般来自上流社会或中产阶级家庭。在他们的成长环境里,他们学习了精英式的礼仪、说话方式和行为。在这个意义上,他们的行为都是贵族式的。顶尖大学招收此类学生的一个原因或许是,他们希望学校里的**其他**学生可以学习这些精英的礼仪、说话方式和行为,或至少可以跟他们有所接触。哈佛将学生培养成新的精英的方法之一就是,让他们与现有的精英进行社交。这是很多学生都愿意购买的产品。

小 结

在结束这节微观经济学的基础课程之前,我们有必要重复这一观点:在通常情况下,营利性市场竞争会导致质量的提高而非下降。在市场竞争中,公司必须赢得客户,而客户可以自由地选择更好的交易。公司的竞争手段是提高质量降低价格。在通常情况下,当我们遇到低劣的质量时,要么是因为人们不看重质量,要么是因为该产品并不是营利性市场竞争的产物。20世纪的社会主义本应该给我们带来生产而非利润,但是惨痛的教训表明,营利性生产就是以使用为目的的生产。在冷战时期,资本主义西方的消费品物美价廉,而社会主义东方的某些产品则质劣价高。或许有些产品确实应该由非营利性机构来提供——我们对此表示怀疑——但这只能是特例而非常规。

注释

[1] Tyler Cowen 写了很多本书(比如 Cowen 1998),其中都描述了艺术品贸易的积极影响。

[2] This follows Schmidtz and Brennrn 2010, 127.

[3] McCloskey, 2008.

[4] See http://www.slate.com/articles/douhle_x/doublex/2013/08/private_school_vs_public_school_only_bad_people_send_their_kids_to_private.html.

[5] See http://marginalrevolution.com/marginalrevolution/2005/09/the_tragedy_of_-2.html. Tabarrok draws upon Hirschman 1970.

[6] This quotes the abstract from Hoxby 2003a, See also Hoxby 2003b.

[7] Somin 2013, 176. He cites Campbell 2001.

[8] Titmuss 1971.

[9] Lacetera, Macis, and Slonim 2013.

[10] Fabre 2006.

[11] See also Healey 2006.

[12] http://colleges.usnews.rankingsandreviews.com/best-colleges/rankings/lowest-acceptance-rate.

[13] Sandel 2012a, 109.

[14] Sandel 2012a, 109.

[15] http://npc.fas.harvard.edu.

[16] Sandel 2012a, 110.

[17] 默里,2012,第31、54—55页指出,从富人子弟学校到今天我们所知的哈佛,这一转变主要发生在20世纪50年代。在20世纪20年代,哈佛学生的知识水平评价并不比州立大学高。

[18] Murray 2012, 54-55.

[19] 参见默里,2012。默里认为,其他顶尖学府的类似转变事实上强化而非削弱了美国的阶级主义思想,因此,在今天的美国,两个阶级的分化比100年前要严重得多。

[20] http://thechoice.blogs.nytimes.com/2011/04/29/legacy-2/?_r=0.

第十五章
公民论反对意见

论　证

本杰明·巴伯认为,市场对一个国家的公民生活是有害的。资本主义对买卖的需求会导致文化的变化——身处这个文化中的人将只关心为自己获得商品,而不再关心公共的公民生活。市场让人们进入市场,远离公共论坛。[1] 巴伯的主要论证是类似这样的:

公民论反对意见

1. 市场促使公民认为自由是一种满足个人愿望的能力,而非政治自主性。

2. 因此,市场促使公民远离公共公民生活。

3. 因此,市场破坏了公民道德。[2]

因为如下理由,我们反对这个论点的这些前提:

(1) 反对前提 1　巴伯并没有提供给我们事实证据以表明市场确实会导致人们这么想。

（2）反对前提 2　我们并没有看见巴伯拿出实证证据来证明市场在现实中破坏了公民参与民主。相反，有证据表明市场并不会产生这样的影响。

（3）反对隐含的前提　尽管巴伯在上述论证中没有明确提出，但是他假设我们将要论证的是一种过于狭隘的公民道德观点。

市场是否会导致人们接受一种意识形态

多数人认为自由是好的，但到底什么是自由呢？在前提 1 中，巴伯认为市场提倡一种特定的自由观念——自由就是不受别人的主宰或干涉。但是巴伯又提出，还有另一种自由观念——自由不是意味着不受干涉，而是意味着政治自主及通过政治手段塑造社会的力量。

巴伯是对的，这些都是可互相替代的自由观念。但是，坦率地说，他并没有拿出什么证据来证明市场确实会导致人们接受一种观念而摒弃另一种。事实上，巴伯主要做的是引用一些政治哲学家和政治经济学家的观点，这些人既对市场持友好态度，又主张将自由视为不受干涉。[3] 他还指出，很多生活在市场社会中的人都接受这种自由观。但是，巴伯并没有证明生活在市场社会会导致人们这么想。我们所知的与巴伯提供的证据一致，人们之所以采用市场制度，是因为他们已经以这样的方式思考了。又或者，或许是因为 A）接受将自由视为不受干涉的理念的人们和 B）对市场友好的人们都有一个共同的原因。

离开论坛投身市场?

很多人相信市场社会更容易让人们愿意公共的公民生活。在原则上,这是个可以检验的假设,可以对其进行社会学研究。但是,这又是个难以研究的课题,因为研究者需要找到一种具有可操作性的方法来评定一个社会以市场为导向的程度以及什么才算是政治参与。除此之外,研究者还需要寻找并控制其他影响政治参与的变量。

一个简单的方法就是,看看在世界范围内市场化程度更高的国家是否拥有更低的政治参与度。图 15-1 展示了主要民主国家的经济自由度与其选民在对下院投票时观点转换之间的关系。[4] 事实上,这个关系是较弱的正相关,而非像巴伯所预测的负相关。(此处,决定系数是 0.008。)

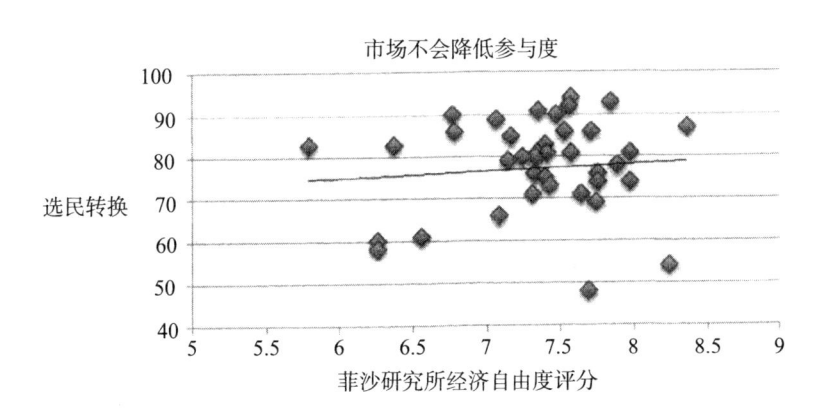

图 15-1 市场社会与选民转换

当然,这并不是这个问题的定论,这只是一个更大问题的一部分。事实上,什么才是决定出席者数量的因素?这是个复杂的问题,有相当多与此有关的文献。[5]但是,我们没有找到任何实证文献能够证明市场社会中政治参与度会更低,或者商品化会导致脱离政治活动。[6]

市场中的公民道德

到目前为止,我们一直都将巴伯的观点视为理所应当的。巴伯的公民观是**狭义的**,在他看来,优秀公民意味着参与政治和准政治活动——比如投票、政治讨论、竞选、服役和志愿活动。但是,此外还有一种**广义的**公民观,这种观点认为优秀公民意味着从事生产性工作、创造艺术、做一个好的伴侣或追求知识。我们更喜爱这个广义的解读。

让我们用两种"勇敢"观来作类比。古希腊人(伊利亚特时代的希腊人)的勇敢观相对而言比较狭隘。对于他们而言,勇敢是一种有形的、男性的品德,只有男性且只能在冲突和战斗中才能展现这种美德。但是在当今社会,我们中的多数人都不会认可这种狭隘的观念,我们的勇敢观更为宽泛。勇敢就是能正确地认识危险和风险,并愿意面对这种危险和风险。一旦我们明白这就是勇敢的全部意义,那么就会明白,男性和女性都可以表现出勇敢,而且展现勇敢的场所不仅限于战场,而是几乎可以出现在任何地方。一名女性可以在分娩中展现出勇敢,正如一名男性可以在战斗中展现勇敢一样。(两人的情况互换也是如此。)正如我们接受了一种宽泛的勇敢观一样,我们也应该对公民道德有更宽泛的认识,这就是我们在此论证的。

哲学家们几乎都将公民道德定义为增进社会的公共利益的倾向,而非追求私人目的的倾向。[7]但是,这并没有规定一个人该**如何**及**在何处**践行公民道德。公民道德就是倾向于增进公共利益。政治参与可以增进公共利益,所以这就是一种践行公民道德的方式。但是,很多别的事情也可以增进公共利益。米开朗琪罗通过创造艺术品来为公关利益作贡献。托马斯·爱迪生通过制造灯泡来增进公共利益。玛丽·居里用她的科学发现来增进公共利益。而在我们看来,与其让一个糕点师去投票或给当选的官员写信,还不如让他去烘焙并销售糕点,这更能增进公共利益。

巴伯将离开论坛进入市场视为公民道德的丧失,而我们则认为这是一种潜在的增益。在我们看来,作为践行公民道德的场所,市场并不逊于论坛。我们将用一个思维实验来解释这个观点。[8]

假设你只要挥舞一根魔法棒就可以让所有人的财富增加 15 倍,这就意味着你可以极大地提高每个人的生活水准。多数人会认为,这就算是增进了公共利益。

那么,让我们假设第二种情况:你的魔法不能立即生效,收入只有在 200 年后才能增长到 15 倍。虽然这种情况不如第一种好,但这也符合公共利益。

再让我们假设第三种情况:你的魔法不够完美,尽管它可以按部就班地随着时间的推移改善状况,但是同时它也会带来一些严重的问题,有时人们会受伤,而且需要依靠政府活动的帮助才能真正地最大化魔法对公共利益的提升并纠正魔法带来的问题。在这种情况下,虽然魔法并不完美,但也增进了公共利益。

让我们再做一个假设,用哲学家女皇替代魔法,这个女皇可以决定我们是否一起工作或分工等,在未来200年里,我们的收入将增加15倍。这位哲学家女皇下达各种指令,并奖优罚劣。不幸的是,这个女皇像第三种情况里的魔法一样不完美。但即便如此,女皇也增进了公共利益。更重要的是,我们中遵从她的指令并为她工作的人也在总体上增进了公共利益。他们的策略就是,为女皇工作,并按照她的建议从事相应的工作。

再让我们用市场经济来替换这个不完美的哲学家女皇——市场经济像女皇一样发布指令、奖优罚劣,并产生同样的结果。女皇或许会下达口头指令或书面指令,而市场经济则以价格代之。女皇或许会发放奖金或征收罚款,而市场经济则以利润盈亏/消费者增损代之。在其他方面,市场跟女皇是一样的。市场经济如同女皇那样可以增进公共利益。从这个意义而言,市场经济**就是**哲学家女皇。因此,我们中遵从它的指令并为它工作的人也会在总体上增进公共利益,这正如我们为女皇工作一样。如果我们中有人以为公共利益服务为目标,那么实现这一目标的一个优秀策略就是为市场经济工作。

主流经济学理论认为,市场经济和不完美的哲学家女皇以及前几种假设里的魔法在本质上都是一样的。[9]如果事实果真如此,那么市场中的生产性工作——包括营利性商业活动——也通常会增进公共利益。在一片由智慧的哲学家女皇管理的土地上,一个有着高度公民道德的人只需问女皇他如何才能贡献最大的价值,然后遵从女皇的命令行事即可。鉴于市场就是这位哲学家女皇,那么在市场社会中,一个具备公民道德的人只需做市场认为有用的事情即可。

现在,巴伯或许会用以下几种反对意见作为回应:

A. 大多数市场活动只会对公共利益产生微小的边际影响。

B. 为了让市场活动增进公共利益,需要让市场与恰当的、完善的管理机制相结合。

C. 为了让市场活动增进公共利益,市场参与者需要表现良好并承担一定程度的社会责任等。

D. 市场活动有时会损害公共利益,这种损害有时很严重。究竟是促进公共利益、损害公共利益还是不对其造成影响?市场参与者可能很难作出决定。

E. 要拥有公民道德,只增进公共利益是不够的,你还必须具有增进公共利益的强烈愿望。在市场中,很多人只是受利己之心的激励或支配。

看起来A—E似乎都是强有力的反对理由,但是它们偏离了目标。这些反对意见并没有让我们有理由转而支持巴伯的那些狭隘的公民道德观。在A—E中,完全可以用政治活动替代市场活动。比如说,多数政治活动只会对公共利益产生微小的边际影响。政治活动需要与正确的管理机制相结合才能增进公共利益。政治活动可以损害而非增进公共利益。以及,除非政治活动者拥有正确的动机,否则政治活动就不能被认为是践行了公民道德。A—E并不是反对我们的观点的理由,它们只是进一步阐述了公民道德的要求——无论是通过政治还是市场来践行。

经济学家早就明白,在市场经济中,普通公民追求个人目标所带来的系统效应是为财富、机遇和文化进步创造背景条件。我们每个人都如此行事，这是由大的社会合作体系所创造的正外部性所导致的。我们参与到互惠互利的体系中，并从其他参与这一体系的人那里获益。当我们在市场中工作时，可以帮助创造、维持并改进这种互惠互利的体系。当事情发展顺利——通常是向好的趋势发展——之时，我们就可以通过创新、分工和创造规模经济来创造一系列正外部性。

如果一个人有增进公共利益和服务他人的动机，这并不意味着他必须热衷政治活动或必须远离市场。事实上，关于我们如何才能对公共利益有所贡献一事，每个人都有一套独一无二的观点。对于我们中的一些人而言，这意味着专职从事政治或准政治活动。对于另一些人而言，这意味着专职从事非政治活动。而对于其他人而言，这意味着既参与政治活动又参与非政治活动。与巴伯相反，我们并不认为政治参与的减少就意味着公民意识的降低。

关于这个问题，我们的最后一个回应是，我们坚持认为，按照定义，践行公民道德就是参与政治这个观点与哲学家和政治理论家一直以来所使用的公民道德的定义相冲突。提出这种反对意见的人可以说，这些哲学家和理论家一直都在使用一个糟糕的定义。

这种反对意见并不有力。如果一个人坚持认为按照定义，公民道德就是意味着要求参与政治，那么我们对此的回应就是，参与有公益精神的非政治活动也能让一个人成为好的社区成员。一个具有公益精神的人可以通过非政治途径增进公共利益，或许他缺乏公民道德,但他拥有"实公民"(schlivic)[①]道德——我们把实公民道德定义为通过非政治活动增进公共利益的能力和倾向。如果一个人坚持认为,公民道德是否包含政治参与不是一个开放性问题,那么我们的回应就是,如下问题能让这个问题成为一个开放性问题:要想成为一个好的社区成员,是否应该具备公民道德、实公民道德或两者皆有?所以,如果巴伯坚持认为市场损害了公民道德,那么我们可以这样回应:市场促进了实公民道德,这与公民道德类似,但是比公民道德**更好**。

注释

[1] Barber 2008, 118 – 65.
[2] Barber 2008, 131 – 32.
[3] 请注意,亲市场的哲学家们可以且确实接受了另一种自由观。See, e. g., Schmidtz and Brennan 2010.
[4] Turnout rates taken from Franklin 2001, 83 – 100.
[5] For a review of this literature, see Birch 2009.
[6] See, e. g., Norris 2000.
[7] Burtt 1990, 24; Dagger 1997, 14; Galston 2007, 630; Grittenden 2007; Brennan and Hamlin 1995.
[8] This argument follows Brennan 2012b.
[9] See, e. g., Krugman and Wells 2009, chapters 1, 2, 4, passim; Mankim 2008, 8 – 12, Part III; Weil 2009, chapters 2, 10 – 12, 17; Ekelund, Ressler, and Tollison 2006, chapters 1 – 4 and 12 – 13; McConnell, Brue, and Flynn 2014, chapters 1 – 4, 7, 9, 11, passim.

---

① 情况类似于前文的实市场,加了个德文前缀 sch – 。

第四部分　剥削、自我伤害和分配不当

第十六章
根本性反对意见和偶然性反对意见

大多数对商品化的不满本质上并非关于商品化

回想一下,人们或许会对市场的道德规范和公平公正抱有很多疑问:

1. 政府应该在何种程度上干预和监管市场?
2. 构建财产权和法律规则背景的最佳方式是什么?
3. 政府应该提供何种程度的社会保险或其他福利项目,以保护其公民免于在市场上遭受不幸?
4. 商业伦理中的哪些规则是恰当的?企业应该如何自我管理?
5. 哪些东西应该被售卖,而哪些不应该?

商品化争论应该关注问题5。

有关最后一个问题的争论正在进行之中,本书的目标之一就是证明这场争论并不合时宜。在大部分时间里,当反商品化的理论家们打算抱怨买卖某些商品或服务的行为时,本质上来说他们

230　道德与商业利益

所提出的问题的症结并不在于买卖行为,而在于那些商品或服务。比如说,不该售卖儿童色情内容,因为人们根本就不应该持有这些内容。儿童色情市场或许会让事情恶化,但是儿童色情市场的根本问题在于儿童色情内容,而非市场。其他一些时候,批评者所批评的问题症结也并非售卖商品或服务这个事实,而在于这些商品和服务的售卖**方式**。他们的抱怨并非关于商品化,而是出于对商业伦理或分配正义和市场结构的关心。比如说,从苹果公司购买笔记本的问题不在于不该买卖笔记本,而在于代工厂的员工遭受了虐待。

到目前为止,我们抨击了针对一些市场的符号论反对意见和腐化论反对意见——这是商品化争论中最重要的两类论点。但是,还有三种主要的反对意见:

1. 剥削论　某些商品或服务的市场或许会鼓励强者剥削(或不公平地利用)弱者。

2. 家长作风论　某些商品或服务的市场或许会导致人们作出自我毁灭式的选择。

3. 分配不当论　某些商品或服务的市场或许会导致这些商品被不公正地分配。

但是当检验这三类抱怨时,我们发现其中大多数抱怨都不是真的关于商品化本身的。请看下面这些例子:

剥削　假设有些人认为器官售卖是不道德的,因为它涉及不公平的剥削。第三世界中的人会因为绝望而廉价出售他们的器官。因为这些交易在不正常的法律环境下进行,又或者因为器官售卖非法,所以这些人或许会失去他们的器官却得不到报酬,而他们也没有法律途径去起诉那些欺诈他们的人。

这些都是对现有器官市场的合理担忧。但是,对于器官售卖而言,这些问题都不是至关重要的。事实上,在运行更为良好的司法体系中,通过更好的监管和更好的法律,这些问题基本上都可以得到解决。如果我们担心绝望的穷人会被人利用,那么就可以要求卖肾者必须满足一定的收入门槛才能售卖器官。如果我们担心卖肾者会在黑市上被人欺诈,那么就可以借由肾脏售卖**合法化**来修正这个问题,这样卖肾者就可以诉诸法律。如果我们担心卖肾者不明白卖肾可能对他们造成的伤害,那么就可以要求他们先接受一系列关于危险的测试,然后才颁发给他们卖肾的许可。诸如此类。这些改革或许会很困难。但是,这里的关键在于,这些担忧并不能证明肾脏并不是绝对不能被售卖的东西,这些担忧仅仅表明当下售卖肾脏的**方式不对**。所以,问题不在于被售卖的东西,而在于售卖的方式。

请注意,我们并非在提倡以上述任何一种方式来监管肾脏市场。我们也没有提倡禁止穷人卖肾。那些对肾脏市场持反对态度的人的理由是,肾脏市场包含剥削、伤害、信息不对称,而这些理由至多只能在某些情况下被用来反对肾脏市场的某些特征。它们最多只能被用来反对剥削性卖肾,而非卖肾本身。我们都应该同意的是,即便我们对买卖肾脏的合理条件或许还有争议,但肾脏应该是可以被买卖的。

家长作风/自我伤害　莎拉·康利(Sarah Conly)在她的《反对自主权》(*Against Autonomy*)一书中进行了强有力的论证。[1]她提出,人们往往是不理性的,所以易于做出不利于实现其目标的行为。至少，在理论上且常常在现实中，她认为**从人们自身的角度来看**，如果某些选择被取消或有人替他们作出这些选择，那么他们就会更幸福。她的结论是："比如说，我们应该禁烟，禁反式脂肪①，要求餐馆减少大份食物的分量，增加所需的存款，控制个人可以累积的债务额度。"[2]

因为康利反对烟草、反式脂肪和肯德基的大套餐，所以她反对烟草市场，反式脂肪市场，过大的炸鸡、培根和芝士三明治市场。但是她的问题的关键不在于市场，而在于商品本身。她只是认为抽烟是错误的。所以，我们在第二章中关于不当占有的原则中已经讨论过她对烟草市场的这种反对意见。

有些东西是人们根本不应该拥有的——这些东西甚至不应该存在——因此，人们不应该买卖这些东西。

商品化争论所关注的是，是否某些商品、服务和活动可以允许被占有、使用和与别人交易，但不允许在市场上售卖。据我们所知，反对市场的家长作风论已经被涵盖在不当占有的原则中了。家长权威主义者认为，某些坏东西的市场会让事情恶化，但是他们并没有提出任何例子证明买卖行为会让某些在他们看来可以正当持有或使用的东西是不当的。比如说，康利希望人们完全不要抽烟。对于她而言，将烟草商品化是糟糕的，因为烟草是糟糕的；商品化并不会将好的东西变成坏的。

分配不当 有时候，人们反对某些商品的市场是因为他们认

---

① trans-fats，被称为"餐桌上的定时炸弹"，主要来源是部分经氢化处理的植物油，过多摄入可能导致血液胆固醇增高，从而增加心血管疾病发生的风险。

为市场不会公平地分配社会协作的收益和负担。比如说,我们都知道私立教育反对者的理由是,并非每个人都负担得起高质量的私立教育。请看这样一个例子:市场完美地促进了高质量事物的生产。但是,出于各种原因(包括许多糟糕的政府政策在内),有些人买不起食物。但我们不能因此就认为,应该关闭食品市场。相反,更显而易见的解决办法是让政府向穷困者发放食品救济券,让他们以此在市场上购买食物。为什么教育不能采用同样的办法呢?

剥削论论证

剥削就是以不公平的或极为有害的方式利用别人的弱点。我们可以参考以下例子:

溺水者 鲍勃的船在大海里倾覆了。饥饿的鲨鱼围绕在他周围,他的体力正在耗尽,他意识到自己很快就要溺毙。正在此时,查理坐着一条渔船出现了。他对鲍勃说:"我愿意救你,但是你必须给我你90%的人生积蓄和90%的未来收入。"鲍勃宁愿遭穷也不愿死去,于是他答应了。

在这个例子中,查理在鲍勃行将死去时向他提供了一个此前不存在的选项,查理改善了鲍勃的处境而非相反。在背景环境下,以绝对价值来计算,鲍勃从这笔交易中的收益甚至可能高于查理。但即便如此,除了极端自由主义者,几乎所有人都会认为这个例子中的交易是不合理的,是一种剥削。

我们也赞同此处的常识看法,认为查理以恶劣的方式占了鲍勃的便宜,这笔交易确实是不道德的。

某些反商品化的理论家认为,很多市场就像溺水者这个例子一样令人反感。他们认为,出售某些商品或服务会导致大量的剥削。他们的结论是,某些市场是不道德的,他们有时甚至要求政府宣布某些市场不合法。概括来看,他们的论证是这样的:

剥削论论证

1. X 的市场包含大量剥削。
2. 如果确实如此,那么购买 X 就在道德上不被允许。
3. 因此,购买 X 就在道德上不被允许。

现在,只要用各种有争议的商品——器官、性服务、有偿代孕、血汗工厂劳动力、一般的雇佣劳动力、巧克力、钻石等——来替换 X,就可以构建一个剥削论论证。当然,批评者们会说,有些市场是不道德的,因为它们存在剥削。

必然剥削 vs 偶然剥削

出于论证的目的,让我们姑且认为这种观点是理所当然的:很多市场中都存在大量剥削,而且这类剥削是错误的。但是,这种观点并没有指明,此类市场中的剥削究竟是必然剥削抑或仅仅是偶然剥削。正如我们在第一部分中所讨论的,很多时候,对市场的反对并非针对被售卖的东西,而是针对售卖的**方式**。

以你认为通常被允许售卖的任意商品 X 为例。我们可以设想这样一种情况,在 X 的买卖中,交易的一方剥削了另一方。这很简单,只要将上述溺水者的思想实验稍作修改即可。假设交易一方因为遭遇不幸而迫切需要购买或出售 X。假设在达成交易时,另一方知道并利用了对方的困境。比如说,通常买卖苹果是被允许的。但是,假设你溺水了,我们提出救你的条件是,你要将明年收获的苹果以极低的价格卖给我们。

但是,这当然不是因为对这件商品的买卖在本质上是不道德的,因为这件商品并不是不应该被买卖的东西。事实上,反对的原因在于在这个例子中,购买商品包含了剥削。在其他例子中,如果没有剥削,那么就没有理由反对购买商品。

所以,对于任何商品或服务而言,如果有人宣称其售卖方式或生产方式涉及剥削,那么我们需要知道的是,这个人是否认为在没有剥削的情况下也可以出售或生产该商品,又或者他是否认为买卖该商品会必然导致剥削。正如我们在第二章和第三章中所解释的,反商品化理论家们试图证明市场有着固有的界限。他们的观点是,可以占有某些东西,甚至可以将这些东西送人,但是不能买卖它们。因此,他们需要指明哪些东西是这样的商品:它们可以被拥有,但是买卖这些商品总是会导致不当剥削的出现。

卖　淫

让我们来看看卖淫的例子。在现实生活中,绝大多数性交易可能都涉及剥削。如果事实确实如此,但是据我们所知,这也并非因为性交易市场本身具有剥削性。当前性交易市场的问题是,人们常常殴打并强奸妓女,人贩子有时会奴役妓女,警员常常会虐待妓女,而且,人们出售性服务的原因常常只是因为他们陷入了经济困境。但是,这些问题并不能表明卖淫在本质上存在剥削性。如果卖淫常常具有——或甚至一直具有——剥削性,那么这也是因为某些条件的存在,而这些条件在理论上是可以被消除的。(在第四部分中,我们会对这个观点进行论证:我们对卖淫市场的负面态度正是造成卖淫市场问题的原因之一。)

以电视剧《应召女郎的秘密日记》中贝尔(Belle)这个角色为例。贝尔是个大学毕业生,她选择成为一名高级妓女,因为报酬优渥而且她享受性爱。但她并非身处绝境,本能找到别的工作。贝尔没有被殴打、虐待、奴役或剥削,她也没有精神疾病、毒瘾或童年创伤。卖淫没有给她造成精神创伤;相反,她对此很是享受。某些人或许会觉得她的行为令人反感、厌恶且毫无尊严,但是,这并不表明她的行为是错误的。(我们已经在此前的章节中处理过符号论反对意见和腐化论反对意见。)在这件事中,交易双方都是自主的、自愿的成年人,他们彼此都从中获得了享受和益处。从道德层面来说,从贝尔那儿买春就如同付钱让音乐家给你演奏一曲一样。[3]

或许,真正的妓女并不像贝尔那样。(这部剧的人物原型是布鲁克·马尼安蒂[Brooke Magnanti],她现在是布里斯托尔大学的一名科研人员。[4])如果现实确实如此,那么或许所有买春行为都是错误的。但是,这仍然不能证明买春有本质上的错误。这至多只能表明,使得买春不再是错误行为的条件还没有出现。

总而言之,或许卖淫有时或常常具有剥削性,但是,这不是必然的。必须避免具有剥削性的性交易市场,但这并不意味着必须避免市场。

雇佣劳动

几乎所有马克思主义者都曾经相信——很多人至今仍然相信——营利性雇佣劳动必然具有本质上的剥削性。他们的论证通常是这样的：

马克思主义剥削论

1. 劳动价值论 市场上的商品价格由生产这些商品的劳动力价值决定。

2. 为了生产一件商品,资本家必须在市场上以 \$RM 的价格购买原材料。

3. 这些原材料的价值 \$RM 由生产这些原材料的劳动力价值所决定。(这是根据劳动价值论得出的。)

4. 这些工人将他们对社会有价值的劳动力加入这些原材料中。让我们将他们的劳动力价值定为 \$L。

5. 因此,最终产品的市场售价应该是 \$RM + \$L。(这是根据劳动价值论得出的。)

6. 利润的定义 只有当产品的售价高于成本的时候,资本家才能获得利润。

7. 因为商品的市场售价是 \$RM + \$L,而且资本家购买原材料的开支是 \$RM,所以,营利的唯一途径是支付给工人 \$W 的工资,而且 W < L。

8. 因此,如果资本家要营利,那么他支付给工人的工资就必须小于劳动的实际价值。

根据剥削理论,工人们忍受这个糟糕交易的原因是他们没有选择。他们就像溺水者例子中的鲍勃那样——要么接受这个糟糕的交易，要么死去。资本家拥有所有土地和生产资料，所以工人们要么廉价出售自己的劳动，要么死于饥饿。

剥削论有两个严重的问题。首先，被它倚为基石的劳动价值论在19世纪70年代就已经被经济学家们驳倒了。事实上，价格由供需决定，而不是由凝结在生产中的劳动价值决定。剥削论将两个不同的主张A与B混为一谈：

A 为了让某件东西变得更有价值，人们通常要为其付出劳动。

B 这样的东西在市场上的价值由凝结在生产中的劳动价值所决定。

因为A是对的，所以劳动价值论在直觉上显得很诱人。但是，B才是劳动价值论，而A不是，逻辑上并不能根据A推导出B。

事实上，剥削论者让事情倒退了。他们认为产品的价值由凝结在产品中的劳动价值所决定。相反，更接近事实的是，凝结在产品中的劳动价值是由产品的价值所决定的。

其次，剥削论者似乎并未意识到，在正常的市场交易中，交易双方都会获益。假设爱丽丝（Alice）以1美元的价格卖给贝蒂（Betty）一块糖，通常这并不意味着爱丽丝诱使贝蒂以超过糖块的价格购买了糖，也不意味着贝蒂诱使爱丽丝以低于糖块客观价值的价格卖出了糖。事实上，并不存在糖块的客观价值这个概念，爱丽丝和贝蒂对糖块价值的理解是不同的。在爱丽丝看来，糖块的价值低于1美元，而在贝蒂看来，糖块的价值高于1美元。交易使得爱丽丝和贝蒂都变得更幸福。

某些当代马克思主义者会说，即便马克思的剥削论存在细节上的问题,但是很多工人薪酬过低的问题依然是现实,因为资本家利用了他们的困境,工人获得的薪水比他们在更好的交易环境下能获得的薪水更低。

我们注意到,这个新的观点暗示了在最坏的情况下,雇佣劳动只是在一定条件下的剥削。而马克思的原有观点则以劳动价值论为基础,认为1.赚得利润和2.付给工人们与其劳动等值的薪水这两者不可兼得。而这个新的观点则认为,事实上工人所得的酬劳会低于他们的劳动价值,原因只在于他们是谈判中的劣势方。多数当代马克思主义者也至少在理论上承认,即使不剥削劳动者,付给与其劳动等值的酬劳,资本家仍然是有可能营利的。

安德森对代孕的看法

伊丽莎白·安德森主张,有偿代孕会让女性遭受剥削。她认为问题在于,代孕的女性常常"重视的是'礼物'价值的交换,而另一方所依照的却是市场交易的规则"。[5]安德森的这段话所表达的意思是,代孕者常常不仅是为了自身的利益,还怀有增进他人福祉的愿望。而安德森认为,代孕服务的购买者正好相反,他们仅仅将代孕者视为生产孩子的工具,他们内心只有个人利益而并不真的关心代孕者。安德森认为,代孕者及其雇主的合同实际上表现了剥削。雇用代孕者的家长,或者代表家长找到代孕者的中介利用了代孕者的善心来获得对他们最为有利的交易。代孕中介巧妙地操控了代孕者,告诉代孕者如果她们确实是慷慨而有善心的,那么就不会"如此注重她们自己的利益"。[6]她还认为,很多女性之所以成为代孕者,是因为流产会让她们有罪恶感,或者因为她们试图解决其他一些情感问题。只有1%的代孕者是完全为了金钱而去代孕的。[7]

假设安德森是正确的,假设代孕者因为有部分利他动机而不会试图获得最高酬劳。但是,假设雇用代孕者的家长总是拼命杀价。如果这是禁止代孕市场的理由,那么按照这个理由,很多甚至多数市场都应该被禁止,比如护理市场、医疗市场、教育市场、咨询市场、保险市场、儿童保育市场、各种类型的培训市场,以及其他很多市场等。如果这个理由成立,那就也应该禁止密歇根大学雇用安德森。问题在于,在出售商品或服务时,很多人都怀有部分利他动机,而与此同时,他们的顾客们却是自私的。被护理专业所吸引的人们希望能帮助他人,而需要护理的人在接受护理的那个时期仅仅想要帮助他们自己。安德森甚至很难证明她对代孕的抱怨也适用于代孕市场。

但是,我们也不能确定安德森的论证是正确的。为了证明代孕中介试图利用女性这个观点,她使用了许多1984年由潘多拉出版社(Pandora Press)出版——一个"女性的"或"女权主义第二次浪潮的"出版商——的一系列文章。为了证明只有1%的女性完全出于经济动机,她引用了一篇经过同行评审的于1983年发表的精神病学文章。但是在20世纪80年代初,有偿代孕并不常见,直到现在才更为常见。愿意进入这个市场的人群已经变了,市场参与者的动机和态度也很有可能随之发生了改变。

即便安德森是对的,但这无论如何也不能证明代孕**在本质上**

具有剥削性。多数家长确实有可能利用了代孕者的慷慨,以此来为自己谋得最有利的交易。如果事实确实如此,我们就会同意这些交易中的确包含着一定程度的剥削。(这是否是不当剥削则是另一个问题。)但是,这并不意味着代孕**总是**或在本质上具有剥削性。如果代孕具有剥削性,这也是因为有些条件不能总是实现。即使根据安德森提供的没有很强说服力的信息,在1983年之前,也有至少1%的代孕是不包含此类剥削的。即便存在消灭剥削的必要性,也不意味着有必要消灭代孕合同。它最多意味着有必要消灭剥削性的代孕合同。

顺便提一下,类似的回应也会动摇安德森对代孕的其他抱怨。她担心一些女性在进入代孕市场时并不了解代孕中会产生的强烈感情,代孕者并不真了解她们进入的这个市场。但是,即便事实如此,这也不能证明代孕是错误的。这至多只能表明,我们应该只雇用有过生产经验的女性来代孕,因为她们可以根据代孕的情感成本作出合理的决定。类似的,安德森还担心,即便代孕者想要留住孩子,很多代孕合同也不允许她们这么做。我们不打算在此讨论此类代孕者是否可以留下孩子——这本身就是个非常复杂的问题——我们只是认为,即便这是个问题,它也不能证明有偿代孕在本质上是错误的。这至多只能表明,我们应该让代孕合同赋予女性更多的权力(power)。最后,安德森抱怨商业代孕要求女性迫害自己与孩子之间的天伦纽带。但是,即便事实如此,从根本上来说,这也不是有偿代孕的问题。她的抱怨还暗示了这样一种观点:为家人或朋友进行的无偿代孕也存在道德问题,即使这或许没有那么严重。

有没有在本质上具有剥削性的市场

我们逐一阅读了关于剥削的文献，也对这一问题开展了头脑风暴，但是我们仍然不能找到在本质上具有剥削性的市场。事实上，那些被人们认为在本质上具有剥削性的市场也仅仅是在一定条件下才体现出剥削性的。器官市场、真发市场、钻石市场、T恤市场和性服务市场都有可能包含大量剥削，但是，即便事实如此，这也只是由这些市场当下的组织方式造成的。至少在理论上，这些商品的市场可以不包含任何剥削。所以，如果这些市场能产生价值——比如，假如事实证明器官交易市场可以挽救生命——那么，我们就不应该试图消灭此类市场，而是应该努力减少其中的剥削。在接下来的章节里，我们将会讨论一些关于实现这一目标的建议。

我们曾在第一部分中解释过，关于商品化的争论无关乎商业伦理。商业伦理关注的是企业必须遵守哪些道德规范，比如禁止不诚信、禁止强迫、禁止剥削、禁止伤害这些原则，或许还包含要求企业致力于增进公共利益或某些相关群体的利益的原则。或许，当某些企业违反这些规范时，我们就有义务抵制这些企业。但是，这都不意味着这些企业售卖的产品在本质上属于不该被售卖的东西。打个比方，假设所有售卖鸡块的企业都可能会将废品倾倒在学生的饮用水里。如果事实如此，那么我们就应该避免购买鸡块。但是，这并不是因为鸡块是不该被售卖的东西，而仅仅是因为现有卖家的商业运营方式有错误。

同样的道理也适用于其他存在剥削的市场。从站街女那儿买春或许会涉及剥削，但是这并不意味着买春必然具有剥削性。

第十六章 根本性反对意见和偶然性反对意见

此外,仅是产品在本质上具有剥削性还是不够的。关于商品化的哲学争论的重点是,市场是否会**导致原本不存在错误的地方产生错误**。

当人们埋怨商品化的时候,他们想要抱怨的是,**将某样东西变成一件商品**存在道德问题。因此,让我们以儿童色情市场为例。从"剥削"的某种意义上来说,儿童色情市场总是存在对儿童的剥削。而且,正如我们在开篇提到的,买卖儿童色情内容是错误的。但是,这里的根本问题不在于买卖儿童色情内容,而在于拥有儿童色情内容。人们不应该买卖儿童色情内容,这是因为人们根本就不应该拥有这些内容。问题并不在于儿童色情**市场**,而在于儿童色情内容。相反,有关商品化的争论所关注的是人们可以拥有并获得但却不能买卖的那些东西。关于商品化的抱怨应该针对商品化。

当然,将坏东西或坏事——人们不应该拥有的东西或不该做的事情——商品化或许会让情况恶化。儿童色情内容是坏的,但是将儿童色情内容的生产产业化就很有可能会让情况变得更糟。但是,正如我们在第一部分中所解释的那样,反商品化的理论家们所关心的却并非这些问题。

这是一个重要的问题。商品化的批评者们有责任证明为什么他们会认为交易某些商品或服务是错误的。在一些例子中——比如器官市场和信息市场——他们对某些商品或服务的反对有可能真的是在**杀人**。在其他一些例子中——比如卖淫、毒品或代孕——他们的反对或许会驱使人们进入黑市,在黑市上,人们会被伤害、被剥削。

据我们所知，没有任何一名反商品化的批评人士曾经指出过任何一个在本质上具有剥削性的市场，我们可以在此结束我们关于剥削的讨论了。我们在本书中的观点是，如果你可以免费拥有一件东西，那么也就可以购买它；如果你可以无偿送出一件东西，那么也就可以出售它。市场本身并不存在固有的界限，只有在一定条件下，市场才有界限。

必然性反对意见 vs 偶然性反对意见

鉴于本书所讨论的是某些商品或服务的商品化是否会给原本安详之地带来灾祸，那么在第四部分中，我们就将把讨论限定在剥削、自我伤害和分配不当的一些例子上——在这些例子中，有人认为市场是祸乱之源。一些反商品化的理论家认为，在一些例子中，买卖某些商品和服务是被许可的，但是这些商品或服务的市场会导致不道德的剥削和分配不当，而且不论怎样设计或监管这些市场，这种问题都无法克服。我们将在第四部分中检验这些例子。

注释

[1] Conly 2013.
[2] Conly 2013，1.
[3] 有人或许会认为，卖春行为会贬损贝尔的尊严，尽管她本人并不这么认为。但是，如果贝尔与你观点不同，不认为自己的尊严遭到了贬损，那么谁是对的？（我不反对出售自己的劳动，那么这是否意味着出卖我的劳动不会贬损我的尊严？）这个问题并没有明确的答案。

[4] See also Levitt and Dubner's 2009, 49 – 56, description of Allie.
[5] Anderson 1990, 84 – 85.
[6] Anderson 1990, 85.
[7] Anderson 1990. 85.

第十七章
因为昂贵的平等而排队

最近,我(布伦南)必须一下课就去里根国家机场乘飞机。当我抵达机场时,安检前排了数百人的队伍。长达40分钟的排队时间本可能让我错过航班。但是,我买的是头等舱机票,所以不用排队,而是直接过了安检。后来,我购买了交通安全管理局的快速安检服务,所以即便我购买普通舱机票也可以不用排队。

有些人或许会认为这对其他那些困在长队里的乘客不公平。那么,无视个人的购买能力或购买意愿,让所有人都在一起排队,这是否就更公平公正了呢?

市场 vs 排队

经济学家并不喜欢让人们排队这件事。在他们看来,长队就标志着有些事情出错了。他们认为排队是没有效率的,接下来我们将讨论其原因。

但是,反商品化的理论家认为我们忽略了排队的美德。桑德

尔认为,有时候通过排队来分配某些商品比通过市场来分配更好。[1]让我们看看下面这个例子:

公园里的莎士比亚:纽约市公共剧院会举办被称为"公园里的莎士比亚"的户外表演。在演出前的午后,它会"免费"发放戏票(我们稍后会解释这个引号的含义)。在售票处开门前几个小时,渴望获得戏票的人们会排起长队。因此,大多数人都需要排几个小时的队才能得到戏票。但是有些人则在 Craigslist 上面发布广告,声称他们愿意为别人有偿排队取票。据桑德尔称,有些排队者可以因此而获得 125 美元的收入。[2]

这种行为很容易被人视为一种欺诈。因为公共剧院的本意是赠送这些戏票,但是有些人却不用排队就能获得戏票。这似乎违背了我们在幼儿园里学到的一切。

桑德尔担心排队服务会以不好的方式改变观众的构成。公共剧院的本意是无视大家的购买能力,让所有人都有机会获得戏票。但是,如果人们开始花钱雇别人来排队,那么有能力花 125 美元购买一张戏票的人就更有可能获得戏票。一旦排队服务形成一个大的市场,那么这就几乎相当于公共剧院在卖戏票。很多愿意排队的低收入者就不再能够得到戏票。桑德尔的结论是,排队服务市场的问题在于,它们最终会让本该免费的东西产生价格。而且通过这种方式,这些市场最终会让富人而非穷人得到这些商品。

桑德尔认为,这种担忧具有普遍意义。在他看来,排队就是平等,而市场则不然。他的论证如下:

排队更公平论

1. 排队公平分配商品——众人皆平等。

2. 市场根据偿付意愿来分配商品。

3. 人们的偿付意愿不仅仅取决于他们对商品价值的判断,还取决于他们可以用来偿付的金钱数量。

4. 如果以上成立,那么根据偿付意愿来进行分配就会更有利于富人,而不利于穷人。人们的偿付能力不同。

5. 至少在某些情况下,商品分配的不平等是不公平或不利的。

6. 所以,至少在某些情况下,通过排队而非市场来分配商品更为可取。

简而言之,桑德尔相信排队时众人平等,而市场则更有利于富人。

让我们来详细讨论一下前提2。很多经济学家更青睐于价格而非排队,因为他们认为,给物品标价易于让获取意愿更高的人更有可能得到这件物品。以冰块市场为例。假设鲍勃、查理和丹妮拉这3名消费者都希望得到冰块。鲍勃希望得到冰块的原因是,他想看着它们融化,他愿意为每包冰块支付1美元。查理则想要用冰块来冰镇啤酒,他愿意为每包冰块支付2美元。丹妮拉希望用冰块来冰镇胰岛素,她愿意为每包冰块支付10美元。在市场上,冰块越稀缺,它的价格就越高。随着价格的升高,从冰块中获得的价值较低的消费者(比如鲍勃)就会离开市场,但是从冰块中获得的价值较高的消费者(比如丹妮拉)则会留下。所以,如果冰块的价格变成5美元每包,丹妮拉就会购买她所需的冰块(她从购买的第一包冰块中获得的价值是5美元),而鲍勃和查理则不会购买冰块。因此,经济学家们认为,市场价格有助于让最看重该商品的人得到它。这是经济学家青睐市场而非排队或配给的原因之一。

我们再来详细讨论一下前提3。桑德尔认为,问题在于人们的需求并不仅仅取决于他们能从消费品中获得的价值,还取决于他们能支配的金钱数量。看看这个例子:在乔治敦著名的1789餐厅,一份上好的14盎司谢南多厄(Shenandoah)河谷牛排的价格是55美元。现在假设有两个人:杰森是一名中上层阶级的教授,而艾蒂安是一名来自海地的饥饿儿童。艾蒂安比杰森更需要这份牛排,这份牛排给艾蒂安带来的价值远高于它带给杰森的。但是,杰森这样的人才能得到这份牛排,而艾蒂安则不能。作为读者的你所拥有的食物和衣服肯定超过了你的需求,这些食物和衣服中有一部分对你几乎毫无价值。因此,市场的批评者可以抱怨这个事实:是你而非衣衫褴褛的难民得到了这些衣服,因为你更有钱。(在此我们需要强调的是,这些食物和衣服之所以被生产出来,就是因为预计有人会愿意且有能力购买它们,而非仅仅因为预计到有人需要它们。)

桑德尔不安地强调,"插队"市场正在成为趋势。很多航空公司向人们提供有偿服务,以使得他们有权在安检处插队(或通过一条专有快速通道)。通勤者有时可以付费使用车流量更小的快车道。"礼宾"医疗服务允许富人花钱立即见到医生,而普通人则需要预约等待。排队服务允许说客花钱雇无家可归者为他们在国会山前排队示威,因此,这使得说客们比常人更有可能让某些事引起国会的注意。桑德尔担心,所有此类服务都会导致更大的不平等。富人们所拥有的东西已经远超常人,且他们还有扩大优势的可能。

短期来看，排队是否更平等？

实际上，排队并不平等。桑德尔本人也承认，严格意义上讲，他的论证中的前提 1 并不成立。用排队来代替市场就等于用时间货币代替金钱货币。短期来看，市场并不能确保将商品分配给认为其最有价值的人，在这一点上桑德尔是对的。但是，排队也不能保证这一点。他担心市场或许会在短期内排挤穷人，但是他回避了这样一个问题：排队或许会排挤忙碌的人。桑德尔认为公园中的莎士比亚这个项目旨在"让每个人免费欣赏莎士比亚"。[3]但是用排队来分配戏票并不能实现这一目标。

我们每个人每天都有 24 小时，但是并非每个人的时间都一样充裕。对于我们中的一些人而言，时间的机会成本很高，而对于另一些人而言则不然。排队有利于退休者、失业者、无职责者、闲人和不负责任的人，而不利于忙碌的劳动者、家长、有很多职责的人和负责任的人。高中生有排队的时间，但是高中老师则不然。享受残障保障金的人有时间排队，但是照顾他们的护士则不然。从本质上来说，排队并不是平等或公平的。从某种意义上来说，市场或许有利于那些有闲钱的人，但是排队也有利于那些有空余时间的人。有些人确实没有办法从下午 1 点才开门的售票处那儿获得"免费的"戏票而在早上 10 点就开始排队。当公共剧院决定免费发放戏票时，戏票的时间成本会迫使繁忙的人退出这个市场。

排队倾向于惩罚那些生产力较高且努力工作的人，但是倾向于奖励那些没有什么负担的人。这听起来似乎是种阶级歧视的或势利的说法。但是,我们也可以换一种表达方式,通过对自己的今昔对比来阐述我们的观点。当我们还在 20 岁时,对社会和他人几乎毫无贡献。当时我们是只关心自己、享乐主义的大学生,彼时的我们更多地是税收的享受者而非缴纳者。但是,我们有很多空余时间,可以排队获得公园中"免费"的莎士比亚戏票。而今,我们对社会的贡献远大于当年,身上也担负了很多责任。我们缴纳的税收多于我们所享受到的。但是,我们现在都没有时间去排队了。当公共剧院选择免费发放一场演出的戏票时,这就意味着它牺牲了成年的、负责任的我们,以此奖励年轻的、不用承担责任的我们。

在一定范围内,排队对某些人是平等或公平的,但对另一些人则不然。剧院决定通过排队来发放戏票,它实际上并未给每个人以同等的机会,这种做法有利于某些人,但不利于另一些人。通过排队来发放戏票或许会让一些贫穷的莎士比亚爱好者获得他们本买不起的戏票。但是与此同时,这也意味着一些本买得起戏票但忙于工作的人无法负担排队取票的时间成本。

公共剧院的根本目的是让尽可能多的人有机会获得戏票,所以他们或许应该欢迎排队服务。毕竟,有些人没有时间排队,而有些人则买不起戏票。如果现实确实如此,那么一个混合的制度——有时间的人可以排队取票,没有时间的人可以雇人排队取票——则有助于确保闲人和忙人、穷人和富人都可以得到戏票。

如果桑德尔担忧的是多数人无法负担 125 美元的排队服务,那么他就应该欢迎排队服务的进一步商品化,而非谴责它。随着排队服务变得愈发普遍,竞争压力应该会促使排队服务的价格下降,这样,不只是富人,其他忙于工作的人也都可以负担得起这项服务了。

不过,不论是否存在排队市场,一些人都属于真正的弱势群体:忙碌的穷人。对于一名全职工作的穷人而言,无论我们是否禁止排队服务,他都无法获得公园中的莎士比亚戏票。

时间 vs 金钱

财富上存在巨大的不平等。根据 Giving What We Can① 的"我有多富有?"(How Rich Am I?)的计算结果,在扣除了本地生活成本和家庭人数(2 名成人,2 个孩子)的因素影响之后,我的收入仍然比世界上的典型人群高出 65 倍。[4]但是,我的预期寿命并没有达到世界上典型人群的 65 倍。从某种意义上说,时间分配远比财富分配更公平。或许有人不禁会作出如下论证:

排队更平等,第二部分:

1. 即便哪怕我们只计算一次时间的机会成本,时间分配也仍比金钱分配更公平。

2. 因此,如果我们想要获得公平的结果,那么就最好通过时间而非金钱来进行分配。

3. 排队通过时间来进行分配,而市场则通过金钱来进行分配。

4. 因此,如果我们想要获得公平的结果,那么通过排队来进行分配就比通过金钱要好。

---

① 一个公益组织,捐款被用于各种慈善项目。

从表面上看,这个论证似乎是有道理的。但是当我们深思之后就会发现,应当谨慎对待用花费时间来取代花费金钱的想法。

根据安格斯·麦迪森(Angus Madisson)的数据,以1990年的国际元①为基准,全世界的实际人均GDP从公元1年的467国际元增加到了2003年的6516国际元。[5]布拉德·迪龙(Brad Delong)认为,全世界的实际人均GDP从公元前5000年的130国际元增加到了2002年的超过8000国际元。[6]经济学家对准确数字还有争议,但是他们都认为在过去数百年间,平均收入和收入中值②各增长了至少20倍。

与此同时,随着人们越来越富裕,他们的寿命也在增加。在过去一个世纪里,人均预期寿命翻了一番。时至今日,英国人的人均预期寿命几乎是1000年前的4倍。[7]

在时间和财富上,普通(中位和典型)人都在变得愈发富裕,但是财富的增加远大于时间的增加。这也是我们希望尽可能通过市场而非排队来进行分配的原因之一。从某种意义上来说,我们在时间上比在财富上更为平等,但是总体而言,时间却比财富更为珍稀。我们应该非常慎重地看待通过时间分配任何东西的观点。当桑德尔青睐通过排队进行分配时,事实上他所表达的是,我们应该给公园里的莎士比亚戏票定非常高的价格。

现在,有些人的时间比金钱更宝贵,而有些人则更有时间,那么,排队市场就可以帮助这两类人——时间更充裕的人可以用时

---

① 这是一种在多边购买力评价比较中将不同国家的货币转换为统一货币的方法。
② 假设样本人群数量为 n,收入中值就是第 n/2 个人的收入值。

间换钱,金钱更富有的人则可以用钱来购买时间。

看不见的第三类人

当桑德尔描述排队服务时,他所关注的是两类人:一类是花钱雇别人排队(通常也是更富有)的人;另一类是最终没能拿到票的人,或因为第一类人而必须排更长时间队的人。但是,桑德尔并没有提及排队服务对第三类人——受雇排队的人——的影响。在某些情况下,排队服务或许会让富人更有可能得到通过排队分配的商品。但是与此同时,排队服务也会让金钱从可以花钱请人排队的富人手上转移到受雇排队的穷人手上。

所以,排队服务并非简单地使学生因为富人而降低了获得戏票的机会,同时它还使得穷人从富人那儿得到了金钱。桑德尔认为,人们在时间上比在金钱上更为平等。如果确实如此,那么出于这个原因,桑德尔或许就应该更青睐排队服务,而非一味地反对它。毕竟,当富人花钱雇穷人为他做事时,他们之间在财富上的不平等就缩小了。

亨利·黑兹利特(Henry Hazlitt)曾经说过:"经济学之道在于,它不仅看重任意行为或政策的短期效应,更关注它的长期效应;它不仅追踪这个政策对某类人的影响,更要追踪对所有人的影响。"[8]当经济学家想要讨论不同政策的影响时,他们会考虑所有受其影响的人或有可能受其影响的人。他们不仅要考虑看得见的人,还要考虑看不见的人。以下列两种情况为例:

情况 A 忙碌的鲍勃想要得到戏票,但是他没有时间去排队。

而有空闲的艾拉则去排队并获得了戏票。流浪汉哈利想要获得食物，但是他得不到。

情况 B　忙碌的鲍勃想要得到戏票，但是他没有时间去排队。他花 100 美元雇哈利去为他排队。这样，流浪汉哈利就可以用 100 美元去购买食物及其他必需品。有空闲的艾拉排在哈利后面，没有得到戏票。

公共剧院或许会在情况 A 与 B 之间选择情况 A。但是，并非我们所有人都应该作出这种选择。当经济学家提出市场有利于确保出价最高者得到商品时，他们希望我们能将所有商品——金钱、时间、戏票等等——和所有用户——鲍勃、艾拉、哈利——都考虑在内。即便有空的艾拉比鲍勃更会享受莎士比亚，我们或许也更应该选择情况 B 而非情况 A，因为 100 美元给流浪汉哈利带来的愉悦甚至高于莎士比亚给艾拉带来的愉悦。

约翰·托马西（John Tomasi）对桑德尔的回应是，当我们考虑插队对所有人的影响时，就不能确定此类市场是不公平的。托马西请我们考虑两种不同的关于公平的观点：[9]

1. 无人插队　先来先得。据此原则，任何人都不可以有偿快速通过安检。相反，每个人都应该按照到达的顺序排队。
2. 社会正义　据此原则，如果一项允许不平等的政策在总体上可以让所有人，尤其是最贫困的人受益，那么不平等就应该被允许。

当谈到机场安检排队时，托马西问道，哪一种原则更好？

正如我们在此前所讨论的，无人插队原则的问题在于，在某些方面它是平等的，但在某些方面则不然。先来先到并非有利于富人而不利于穷人,实际上它是有利于不忙的人而不利于忙碌的人。无人插队意味着我无法在上完课之后迅速登机,意味着度假的人们可以从容地登机。

让我们来看看社会正义原则。据此原则,当允许不平等可以让所有人受益时,尤其是当此类不平等可以让最穷困者受益时,那么我们就应该允许不平等的存在。它的想法是,如果我们都理性而不善妒,那么让每个人不公平地分得一大块派比让每个人都公平地分得一小块派要好。

托马西让我们思考这样一种情况:当一个人在机场购买快速通道服务时,这对其他人有什么影响?花钱购买额外便利、头等舱机票、插队等服务的人使得航空公司可以"降低机票价格、对正常安检排队的顾客提供补偿、吸引新的顾客"。[10]据行业商业顾问迈克尔·博伊德(Michael Boyd)估计,"头等舱乘客为国内航班贡献了75%的收入"。[11]他提到,"吸引商务旅客比增加[普通舱]人数重要得多"。购买全价头等舱和商务舱的旅客实际上是在补贴其他人。

此外,当机票价格下降时,为了维持竞争力,汽车票和火车票价格也必须下降。所以,托马西认为,当一个人花钱插队时,她并非是在给其他没花钱的人制造不便。相反,她的行为有助于降低其他人的机票价格,也有助于降低乘坐汽车和火车的乘客的交通成本。

托马西并没有说每个人都会因为插队而得益。可能存在这样一些人,他们不愿意花钱插队,但是宁愿票价稍高等待时间稍短。但是,托马西认为,我们需要让人们具有更多的公共精神,而非一味地自私自利。如果一个市场可以让大多数人得益却给你造成了不便,而你又不愿意花钱避免这种不便,那么得体的做法就应该是耸耸肩,然后容忍这个市场。

静态 vs 长期

到目前为止,我们都只专注于排队和市场价格是如何在短期内影响商品分配的。但是,即便我们所关注的内容是如此有限,仍在桑德尔的论证中发现了一些严重的缺陷。但是,当我们开始考虑从长期来看市场和排队的公平度时,就会发现排队例子的说服力会进一步下降。

假设一种需求品出现了短缺,比如汽油。政府可能认为通过市场分配汽油是不公平的,所以会转而采用配给制或排队制。在短缺时期,这或许会在短期内使得分配更为公平。但是问题在于,这种分配汽油的方式更有可能导致短缺危机长期得不到缓解。

当我们允许市场处理短缺时会发生什么呢?当存在供给冲击——汽油供应量突然下降——时,汽油的价格就会上升。正如我们此前所讨论的,短期内低价值用户(周末开全地形车的用户)会比高价值用户(为救护车购买汽油的政府)更快地离开市场。

但是除此之外,高昂的汽油价格也会吸引**更多的供应商**进入市场。汽油价格的提高促使潜在的供应商开始生产汽油。比如说,当油价是每桶 20 美元时,生产页岩油或许就是没有利润的,但是当油价达到每桶 100 美元时,生产页岩油就有利可图了。

更重要的是,一种商品的价格的升高也会诱使潜在供应商去

寻找并供应这种商品的**替代品**。如果汽油的价格突然间增长到每加仑 20 美元,那么任何可以生产更廉价替代能源的人都会发财。目前,汽油替代品为数不多的原因之一就是汽油并不昂贵。但是,随着汽油价格的提高,发现替代品的潜在增益也会相应地提高。当特定商品变得愈发稀缺时,市场就会自动提高对发现替代品的人的奖励。市场正是以这种方式鼓励创新的。

让我们再来看个类似的例子:假如在飓风袭击路易斯安那之后出现了冰块短缺会发生什么情况?[12]红十字会或许会通过排队制度来免费发放冰块,给每个排队者两袋冰块直到冰块发完。但是,假设除此之外我们也允许冰块市场出现。那么,由于冰块短缺,冰块的价格或许会上升至每袋 20 美元。乍看之下,这种情况非常可怕。富有的兄弟会成员弗兰克或许会买冰块来冰镇他的啤酒,而贫穷的糖尿病患者戴安娜却买不起冰块,无法用之来维持胰岛素的温度。但是,假设新泽西的计价员彼得听说他可以在路易斯安那以每袋 20 美元的价格出售冰块之后,决定租用一辆运冰车,尽可能多地购买当地的廉价冰块,然后驱车前往路易斯安那将之出售。当他抵达路易斯安那后,他的行为就会有助于缓解短缺,也会有助于降低冰块的价格。与此同时,弗吉尼亚的企业家伊迪丝听说冰块在路易斯安那的价格仍然高达每袋 15 美元,于是她做了跟彼得一样的事情。由此,短缺得到了进一步的缓解,冰块的价格也进一步下降。只要路易斯安那的冰块价格依然比别处高,那么更多像彼得和伊迪丝一样的人就有动机将大量人们所需的冰块运往路易斯安那。如此,如果我们让市场自行运作,那么它最终就会终结短缺并降低冰块的价格。这其中似乎存在剥削,但是只要人们可以借由贩卖冰块获得高于常规的利润,那么他们就有动机为冰块短缺的地区提供冰块。

桑德尔和其他人所忽略的是,市场和排队并不仅仅会影响现有商品供应的分配方式,还会决定新的供给是否会产生、替代品是否会被生产或被创造出来以及这些商品未来的分配方式。桑德尔之所以称颂排队制度,仅仅是因为他只关注了排队对一小部分人的短期影响。当我们考虑到排队对每个人的长期影响时,支持排队的理由就不再那么有力了。正如马特·茨沃林斯基的结论:"纯粹从静态的角度来看,在某些情况下支持排队是有道理的,但是从相对动态的角度来看,就几乎没有支持排队制度的理由。"[13]

长期来看,市场会使得我们所需要的多数商品价格下降。这意味着,我们获得这些商品的时间成本也下降了,更多的人可以获得这些商品,意味着我们能获得更多的商品。因为几乎所有商品的劳动力成本和时间成本都大幅地下降了,所以我们的生活水平更高了,这是经济学常识。比如说,在1835—1850年,以劳动时间来衡量,英国的照明成本降低了一半。在1850—1890年,照明成本进一步下降了大约97%。毫不夸张地说,以劳动时间来衡量,我们今天10秒的购买力要高于洞穴人60小时的购买力。[14]

桑德尔忽视了什么

桑德尔抱怨了5种人们可以购买"插队权"的情况:
1. 机场安检排队。

2. 高速公路上的快速通道。
3. 旨在游说国会的人群。
4. 纽约公共剧院的排队取票。
5. 北京各大医院里的医生预约。[15]

对于那些想揭露过度市场化和过度商业化罪恶的人们而言，这些例子并不合时宜。在这些情况中，桑德尔所描述的市场之所以会产生，是因为政府对政府服务和商品的管控不力，从而导致了政府服务或商品的质量低劣或数量不足。在每个例子中，市场都在回应政府失灵和政府制造的短缺。

机场安检的长队是因为政府管理机场安检的方式是具有攻击性的、低效且事与愿违的。我们不打算对此进行长篇论述，而是希望读者去检验关于机场安检问题的、经过同行审议的社会学分析研究，比如哈韦·莫罗奇（Havey Molotch）的《反对安检：我们的机场、地铁和其他危险不明的场所犯了什么错误》（*Against Security: How We Go Wrong at Airports, Subways, and Other Sites of Ambiguous Danger*）。[16] 约翰·米勒（John Mueller）和马克·斯图尔特（Mark Stewart）认为，要想证明国土安全部开销的合理性，那么国土安全部就需要每年防止近1700次重大恐怖事件。[17] 史蒂文·里维特（Steven Levitt）和史蒂文·达布纳（Steven Dubner）认为，机场安检排队实际上等同于杀人：

> 如果你是一名恐怖分子，那么恐怖主义的妙处就在于，即使你失败了也获得了成功……让我们假设在机场安检处脱鞋并将之放好所花费的平均时间是1分钟。那么仅在美国境

内,这个流程每年就要发生大概 5.6 亿次。5.6 亿分钟等于 1065 年多,再用之除以 77.8 年(美国人的人均预期寿命),结果大概等于 14 条人命。所以,即便理查德·里德(Richard Reid,在鞋里安放炸弹的恐怖分子)一个人也没杀掉,他导致的时间消耗也等同于每年 14 条人命。[18]

同样的道理也适用于各州公共道路的供给方式。交通拥堵就意味着存在道路(或者道路的替代品)短缺。

不管从现实意义还是寓意上来看,交通拥堵都在杀人。它以引起交通意外、导致更多污染和血压升高等方式杀人。此外,它的杀人方式跟在机场安检脱鞋一样。在华盛顿特区的市区内,平均通勤时间是 34.5 分钟,[19] 每个工作日的通勤人数大概是 50 万人。[20] 让我们慷慨假设,华盛顿特区的公共道路只有理想数量的 50%,如果它们能够完全胜任,那么它们所能提供的最大道路数量就可以将平均通勤时间降低到 22.75 分钟。若是如此,那么低效的公共交通实际上正每年在华盛顿特区浪费 2793 年的生命时间。当华盛顿特区的政府没能提供足够的道路时,实际上它们每年都在杀死 33 个人,只不过它们让所有通勤者平摊了这些死亡。

现在,让我们来看一看游说的问题。说客所从事的活动通常被经济学家称为寻租(rent seeking)。"寻租"是指企业、工会或特殊的利益集团对政府进行游说,以对其有利的方式操控法律环境和监管环境。正如诺贝尔经济学奖得主詹姆斯·布坎南(James Buchanan)所说:"如果政府有权以公众或特定的输家为代价,向某一群体授予垄断权或对其给予关税保护,那么潜在的受益者就会对这一奖励展开竞争。"[21]高寻租是政府严重失职的标志。据经济学家估算,在美国因寻租导致的福利损失或许高达国民生产总值(GNP)的50%。[22]在此,市场所回应的实际上是糟糕的政府设计所导致的问题,所以桑德尔对市场的抱怨是有些奇怪的。

注释

[1] Sandel 2012a, 16–41.
[2] Sandel 2012a, 21.
[3] Sandel 2012a, 33.
[4] Calculations according to http://www.givingwhatwecan.org/why-give/how-rich-am-I, and Milanovic 2007.
[5] Maddison 2003, 70.
[6] Delong 2002, 120.
[7] McCloskey 2008, 18.
[8] Hazlitt 1998, 17.
[9] Tomasi 2012.
[10] Tomasi 2012.
[11] Credeur and Schlangenstein 2013.
[12] Cf. Zwolinski 2008.
[13] In conversation.
[14] Nordhaus 1996, 46–48.
[15] Sandel 2012a, 16–27。Sandel 还抱怨了"礼宾医生",但是我们认为这种医生更像是一种奢侈服务,而非一个插队问题,所以,我们会在下一章讨论这个问题。
[16] Molotch 2012.
[17] Mueller and Stewart 2011.
[18] Levitt and Dubner 2009, 65.

[19] http://wamu.org/news/13/03/20/how_long_is_your_commute_an_interactive_map_of_the_dc_metro_region.
[20] http://www.wtop.com/41/3342484/DC-expenences-largest-commuter-surge-in-nation.
[21] Buchanan 2003, 15.
[22] Mueller 2003, 355.

第十八章
购买婴儿

1948年,瓦尔帕莱索(Valparaiso)的 *Vidette-Messenger* 刊登了一张著名的照片,照片上有4个大概年龄在2~4岁的孩子,他们蓬头垢面、不知所措地坐在一张标语前:"出售儿童:入内咨询。"他们的母亲露希尔·查理福克斯(Lucille Chalifoux)站在他们上方的位置,羞愧地蒙住了面庞。这或许是一张摆拍照片,原文说明解释称,因为长期的经济困难,露希尔·查理福克斯及其丈夫——据大家所说,他俩是不负责任的、失职的、恶毒残暴的家长——决定出售他们的孩子。据一篇最近的新闻报道称,在某种意义上,这些孩子被卖掉了——至少在事实上,查理福克斯夫妇确实卖掉了他们的亲权。有些孩子进入了恶毒残暴的剥削家庭,有些则没有。[1]

出售孩子是"错误的"行为吗?如果这确实是错误的,那么问题在于"出售"还是家长放弃了其亲权的失职行为?

在本章中我们将讨论针对各种婴儿市场的分配论反对意见。在此前的章节中,我们已经讨论过对有偿代孕的担忧,所以我们将不再对其进行赘述。我们将首先审视这个问题:花钱购买"特设婴儿"是否是不道德的？然后,我们将讨论领养权市场。

为特设婴儿欢呼

根据《华尔街日报》(*Wall Street Journal*)的报道：

> 一间位于加利福尼亚的研究个人基因组的公司在美国获得了一项技术的宽泛型专利,随着基因增强前沿研究的进一步发展,这项技术被生育临床用于制造具有指定特征的婴儿。
>
> 这项专利的所有者是23andMe,这间公司的主要业务是从客户处搜集DNA并对其进行分析,然后提供关于健康和血统的信息。此项业务可以将想要成为父母者与精子或卵子捐献者的基因概貌进行配对。在理论上,这会导致"特设婴儿"——这是一个有争议的想法,根据这种想法,可以通过对基因进行挑选来增加婴儿具有某些物理特征的概率——比如眼睛或头发的特定颜色——的出现。[2]

但在某些人看来,这项技术存在道德问题。

我们可能会把这项技术弄得一团糟,并最终会伤害到人类,这种担忧合情合理。但是,这是个技术能力的问题,在理论上,这与我们面对的任何药品或科技的问题别无二致。如果有人研发出一种癌症疫苗,我们也必须考虑到它的副作用、疗效和安全性,这个道理也适用于特设婴儿。所以,让我们暂且都认可这样的观点：像其他任何技术一样,特设婴儿技术也必须满足一定的安全门槛。

这并不是我们要在这里讨论的问题,正如我们在开篇所说的,关于商品化的争论与商业伦理无关。

另一个合理的担忧是:如果允许人们设计自己的孩子,这可能会导致危险的性别选择。在某些国家里,家长们重男轻女。如果允许家长们选择自己孩子的性别,那么当这些孩子成年时,这就可能导致人们不希望见到的、危险的性别比例失衡。但是,表面上看这也并不是一个禁止特设婴儿市场的理由,这至多只能是对这个市场的某些方面进行监管的理由。

在这个问题上,我们感兴趣的是,特设婴儿是否会导致能力上的不平等。正如《华尔街日报》所报道的,"有些人认为,对孩子进行基因设计是不道德的,因为富裕的家长可以利用基因工程使其子女获得竞争优势,加大阶级分化"。[3] 此类论证大概是这样的:

反对特设婴儿的不平等论

1. 如果允许特设婴儿技术的市场存在,那么这些市场中的技术价格将会是高昂的。

2. 如果这些市场中的技术价格高昂,那么就只有富人才能享受到特设婴儿技术。

3. 富人将会利用这些技术使其子女获得更强健的体魄、更高的智商和他们所希望获得的其他特质,这将进一步加大不平等。

4. 进一步加大不平等是错误的。

5. 因此,允许或参与特设婴儿市场是错误的。

稍加修改就可以以此来论证此类市场的不合法性。

对于这种反对特设婴儿的不平等论,我们想要提醒反商品化理论家们,想一想科技发展的正常趋势。F. A. 哈耶克认为:

对于我们的经济高速增长而言,不平等是非常重要且不可或缺的因素。高增长率不可能基于齐头并进模式,而必须采用梯队发展模式……在[知识发展的]任意阶段,一定有一些东西,我们已经知道如何生产它,但是因为生产成本高昂而无法大量生产……舒适的家居、交通方式、通信和娱乐,这一切便利,最初我们只能少量生产;但是,正是在这个过程中,我们逐渐学会了该如何以更低的资源消耗来生产它们,并因此而开始为大众提供这些东西。因此,虽然富人的开支中的一大部分并非旨在实现这一目的,但是这些开销承担了新产品的实验成本,因此,穷人们才能在此后用上这些东西。[4]

哈耶克认为,我们现在比过去更为富裕的原因当然不是因为我们拥有了更多资源——如果说有什么不同的话,事实上我们现在拥有的资源更少——而是我们明白如何更好地利用现有的资源。但是,通常当我们学习如何制造某样新东西——比如手机——时,大规模量产之前的生产成本总是非常高昂的。富人最先购买到产品,最先享受到它带来的好处,但同时,他也负担了最初的高成本。因此,他们为基础建设埋单,这最终使得所有人都可以用到这些产品。富人们为实验和创新提供了资金,并使得企业家有资金寻找到让市场涵盖穷人的办法,虽然这可能并非富人的本意。当今的发达国家可以为所有人提供曾是奢侈品(电视机、电力、抽水马桶等)的商品,原因就在于这些国家曾经允许只为少数人提供这些商品,而不会因为不是所有人都买得起这些东西就禁止提供这些商品。

允许人们通过市场购买社会地位有着独一无二的特性——这通常会导致所有人都可以逐渐用上这些具有象征地位的商品。根据美国人口普查局的数据,在位于贫困线以下的美国家庭中,80.9%的家庭拥有手机,58.2%的家庭拥有电脑,83%的家庭拥有空调,68.7%的家庭拥有一台洗衣机,65.3%的家庭拥有烘干机,而几乎全部家庭都拥有电冰箱、烤炉和电视机。[5]当这些商品最初问世时,只有富人才买得起。但是,因为选择了购买这些商品,所以富人为最初的发展提供了资金,继而为这些商品的市场扩张提供了资金。那些想通过购买某些商品来彰显身份的人现在必须购买更新潮的东西,如此循环往复。

经济学家早就意识到,一项新技术在刚出现时总是代价高昂的,最初只有富人才能享用它。但是,因为富人们负担了该项科技最初的研发费用并享受了最初的好处,所以富人们也花钱让所有人都能用上这项科技。这个道理适用于下列这些产品:洗碗机、洗衣机、空调、电烤箱、微波炉、个人电脑、固定电话、移动电话、智能手机、笔记本电脑、飞机、汽车、火炉、电灯、普通用电、马桶、公共卫生、能够每天洗澡、有足够的食物、拥有大房子、有许多衣服、电子游戏和几乎所有东西。特设婴儿技术或许会违背这一趋势,但是我们并不这么认为。以基因测序为例,2001年的单人价格是1亿美元,而到2013年这一价格已经降为7000美元。[6]现有的证据虽不能保证,但也强烈表明,在发达国家中,最终每个人都可以享受特设婴儿技术。

假设有一个与我们的世界类似的地方,那里的绝大多数人都拥有极高的智商、极强健的体魄、极低的癌症率或其他疾病率、很长的寿命、极少的行为问题,而且都过着越来越好的生活。这应该是我们的目标,而不是应该极力避免的。针对特设婴儿的不平等论的前提是,设计更幸福、更健康、更聪明的人类的技术最终将会出现,但只会为极少数人所掌握。对此,我们的看法是,我们应该欢迎少数人掌握这一技术,这样,多数人总有一天也能掌握这一技术。

人们或许会提出这样的反对意见:事实上并非每个人都能享用此类技术。或许,穷人永远也无法确保自己的孩子得到优良基因。如果事实如此,那么不利的不平等就会永远存在。对此,我们有两个回应。

为什么我们要提倡关闭市场,而不是补贴穷人?这个问题的答案依然不明确。请看这个例子:在当今美国,有些人没钱喂养自己的孩子。没有哪个明白人会认为这表明我们应该消除食品市场。事实上,这至多只意味着我们应该在保留食品市场的同时,用食品救济券去补贴穷人,好让他们可以买得起食物。类似的,如果事实证明,在和睦家庭群体(我们希望孩子们可以在这样的家庭中成长)中,最底层的那5%永远也无法负担起特设婴儿科技的费用,但这并不意味着我们应该提倡消灭特设婴儿市场,这至多只能让我们提倡发放给此类家庭由税收补贴的特设婴儿代用券,这就跟我们的食品补贴和医疗保健补贴一样。

不平等:那又如何?

有种观点认为,才华和能力上的不平等在本质上是不利的,对此我们持反对态度。这种反对意见和针对特设婴儿的不平等论中所隐含的假设是，我们生活在一个零和世界中——如果某些人的才华更高一些，那么我们的才华就会更少一些。但是，别人拥有更高的才华于我们而言是不利还是有利，这个问题要具体问题具体看待，这取决于我们所处的环境。对于生活在好战的小型渔猎社会中的人而言，如果河对岸的部落更强大、更聪明，那这确实是个灾难。但是对于生活在市场社会中的人而言，邂逅更强壮、更聪明的人，这不仅不是灾难，反而是件**好事**。

（通常）市场并非零和游戏。在市场中，极具才能的人变得富有的方式是以其他人可以负担的价格向他们出售商品和服务。我们中极少有人像史蒂夫·乔布斯（Steve Jobs）、詹姆斯·瓦特（James Watt）、埃德温·兰德（Edwin Land）、乔治·威斯汀豪斯（George Westinghouse）或诺曼·博尔洛格（Norman Bourlaug）那样有天才，但是与此同时，如果没有他们，我们的生活就不会变得更好。

假设一个魔仆施了一个魔法，让所有人的才华都不如你。魔仆让你成了最有才华的人，但这却并没有提高你的才华，而只是削弱了其他人的才华。这个思想实验有两个版本：

1. 出于论证的目的，假设"天赋"指的是在理想条件下我们的基因天赋的潜能。假设魔仆使得所有人的天赋都不如你，但是与此同时，在某些事情上，它允许一些天赋稍逊的人拥有比你更高超的技巧。如此，如果你决定专门从事管道工并完全不学习木工，那么魔仆就会允许一些人学习如何做木工。但是，如果你选择做木工，因为你有更高的天赋，所以你将成为最好的木匠。

2. 设想一个更极端的例子：魔仆让其他所有人在任何事上都

不如你。

在上述两个例子中,魔仆都是个坏家伙。在这两个例子中,绝大多数人的生活都不如现实生活中的人们。

戴维·施密茨对这个问题作了很好的总结:

> 简的才华更高,这使得她有资格获得补偿。使这种想法合理化的一个方式(我所知的唯一方式)是,假设生活是一场零和扑克游戏,在这场游戏中,如果简的才华越高,那么乔的赢牌概率就越低。如果简更有才华,那么简得到的越多,乔得到的就会越少。但是,这是罗尔斯的看法,毕竟,社会不是一场零和游戏,而是一个合作经营的企业,这其中每人分得的利益是可变的。相比单打独斗,合作让几乎所有人都可以获得更好的生活,原因很简单:别人的才华让我们所有人获益。有才华的糕点师不只是获取派,他们还**制造**派。当有才华的人用其才华去工作时,其他人则可以拥有更多的派,而非更少。[7]

一些人不能理解这个经济学常识的原因之一是,我们有将世界看成零和的天然倾向。但是,我们需要克服这种倾向。市场经济中确实包含竞争,而且我们本人有时候也会从才华不及我们的竞争对手那儿获益。但是,作为一个整体,市场经济并不像是100个人竞争同一岗位的情况。事实上,在市场经济中,合作要远多于竞争。我或许会与400个申请者一同竞争一份乔治敦大学的工作,但是,我用来写简历的电脑却是数千万人参与生产出来的。乔治敦蛋糕店或许希望竞争者破产,但是当你从别处购买蛋糕时,你所吃的蛋糕也是数千万人参与生产出来的。

要理解这个道理,一个好办法就是考虑这样一种情况:在星际迷航中,如果地球开始与瓦坎人(Vulcans)进行贸易,那会发生什么?假设数百年后,地球的生产力水平和科技水平得到了极大的发展,而且地球人学会了如何制造星际飞船。在我们对第一台曲率引擎进行测试后不久,瓦坎人就与我们取得了联系。出于论证的目的,假设瓦坎人比地球人更有才华,即使最愚蠢的瓦坎人也比最聪明的地球人更聪明,最孱弱的瓦坎人也比最强壮的地球人更强壮,诸如此类。假设瓦坎人比地球人更擅长做一切事情——种植谷物、制造电脑、时尚设计。任何我们能做的东西,他们都能做得更好,而且他们还能制造我们所不能制造的东西。

对于那些缺乏经济学知识的人而言,似乎瓦坎人没有与我们进行贸易的理由。或者,对于那些稍微有些经济学知识的人而言,似乎与瓦肯人进行贸易就会让我们全部失业,因为所有我们能做的事情,他们都能做得更好。

但是经济学家都明白这些想法是错误的。事实上,除非在非常情况下,瓦坎人和地球人都可以从星际贸易中获得巨大的好处。每个星球都会专注于生产他们具有比较优势的产品,即那些机会成本最低的产品。

为了说明这一点,假设地球需要每年用1200万名地球工人来生产一艘星际飞船,或用200万名工人来生产1万亿吨食物。假设更聪明、更强壮、更明智的瓦坎人的生产能力远超我们,他们每年只需要100万名瓦坎工人就可以生产一艘星际飞船,或者只用100万名工人就可以生产1万亿吨食物。

为了理解贸易将对两个星球上的人们造成的影响,我们首先需要设想这两个星球不进行贸易而是选择自给自足的情况。假设两个星球今年都决定用1200万名工人生产星际飞船,用1200万工人生产食物。(为了将这个解释简化,我们忽略了其他工人或许会生产的其他商品。)表18－1展示了在不进行贸易的情况下,他们生产和消费的最大数量:

表18－1 无贸易情况下地球人和瓦坎人的产量

星球劳动力分配单	星际飞船	食物(万亿吨)
地球(12,12)	1	6
瓦坎(12,12)	12	12
总产量	13	18

现在让我们假设,在预计会进行贸易的情况下,两个星球都决定专门生产有比较优势的产品。地球停止生产星际飞船,此前参与生产星际飞船的1200万人转而生产食物。而瓦坎人的调整则略有不同:他们只让200万名原本生产食物的工人转而去生产星际飞船。正如表18－2所显示的,两种产品的总产量都因为专业化而得到了提升。但是,目前这还并不能表明瓦坎人或地球人的生活就变得更好了。

表18－2 预计贸易中地球人和瓦坎人的专业化生产的产量

星球劳动力分配(星际飞船、食物)单	星际飞船	食物(万亿吨)
地球(0,24)	0	12
瓦坎(14,10)	14	10
总产量	14(+1)	22(+4)

现在,假设瓦坎人决定用一艘星际飞船换取3万亿吨食物。如表18-3所示,这个决定将让所有人的生活都较没有专业化或贸易的自给自足时期有所提高。我们并不需要知道地球人和瓦坎人在这个交易中用了多少食物,因为正如表18-3所示,在进行贸易之后,两个星球上的两种商品的数量至少不会低于贸易之前。

表18-3 地球人与瓦坎人贸易后的消费(瓦坎人用一艘星际飞船交换地球人的3万亿吨食物)

星球	星际飞船	食物(万亿吨)
地球(0,24)	1	9(+3)
瓦坎(14,10)	13(+1)	13(+1)
总产量	14	22

现在,让我们来检视一下贸易对地球人和瓦坎人工资的影响。假设一艘星际飞船在星际市场上的售价是3万亿美元,而1万亿吨食物的售价是100万美元。(这与瓦坎人用一艘星际飞船交换3万亿吨食物的比例一致。)然后,我们就可以计算出工人的平均年收入。每个星球上的平均工资可以用以下公式来计算:

平均工资 = 消费品总价值/总劳动单位

根据这个公式,我们可以得出表18-4(见下页):

总之,对于相对愚笨、相对孱弱且拥有相对较差基因的地球人而言,与更聪明、更强壮且拥有更优良基因的瓦坎人进行贸易带来了意外的财富。瓦坎人通过与蠢笨的、孱弱的、不理性的地球人贸易也获得了好处,但是地球人通过这一贸易得益更多。

表 18-4　工人们的平均年收入

专业化和贸易前：		
平均年收入（地球）	(1 艘星际飞船 ×3 万亿美元) + (6 万亿吨食物 ×1 万亿美元) / 2400 万工人/每年	37.5 万美元
平均年收入（瓦坎）	(12 艘星际飞船 ×3 万亿美元) + (12 万亿吨食物 ×1 万亿美元) / 2400 万工人/每年	200 万美元
专业化和贸易后：		
平均年收入（地球）	(1 艘星际飞船 ×3 万亿美元) + (9 万亿吨食物 ×1 万亿美元) / 2400 万工人/每年	50 万美元（增长 25%）
平均年收入（瓦坎）	(13 艘星际飞船 ×3 万亿美元) + (13 万亿吨食物 ×1 万亿美元) / 2400 万工人/每年	216,667 万美元（增长 8.33%）

现在,让我们将这套逻辑应用到关于特设婴儿的问题上。我们可以简单地重复这一流程,不过例子不是基因相对优秀的瓦坎人与基因相对较差的地球人之间的贸易,而是基因相对优秀的特设人与由基因选择决定的平均资质相对较差的普通人之间的贸易,但结果是一样的。通常情况下,在一个运行良好的市场中,特设婴儿的才华对于别人而言不是一种诅咒,而是一种福音。如果我们找不到瓦坎人,那么我们可以将他们设计出来。

向下拉平

最后,还有一种以平等的名义反对特设婴儿的理由。假设只有富人才能负担得起基因工程服务,那么他们就可以凭此让他们的子女拥有更高的才华或更强健的体魄。一些人或许会认为这是一个禁止特设婴儿的理由。但是这么看来,反对派似乎是在提倡"向下拉平的平等主义":他们宁愿每个人都同样贫困,也不允许一些人比另一些人过得更好。

设想这样一种情况,有人发明了一种感冒疫苗,但是这种疫苗只对1/4的人群有效——它对绝大多数人仅仅是没有副作用。假设出于某种奇怪的巧合,这种疫苗只对收入最高的25%的人群及其家人有效。在这种情况下,有人或许会说:"富人会进一步得益,这是不公平的!他们已经有了很多优势了,现在,有且只有他们的感冒能够被治愈。以平等的名义,我们应该禁止这种疫苗。"

如果为富人接种感冒疫苗会侵犯其他人的利益,那么他们这种担忧还有些道理。但是,这并非事实。看上去,这种担忧只不过是纯粹的嫉妒罢了。[8]

领养权市场

现在,让我们将注意力从相对简单的特设婴儿问题上转移到相对困难的买卖亲权问题上。

婴儿并不是属于你的一样东西。一把吉他甚至一条狗可以是财产,但婴儿不是。有人或许会说,因为这个理由,所以不能买卖婴儿。

但是,"售卖婴儿"这个问题的核心并不在于我们是否可以把婴儿当作财产那样买卖。在关于商品化的争论中,这个问题的核心是,是否应该允许买卖**领养权**。

孩子的亲生父母通常拥有某种预设的对亲生子女的监护权。在一定范围内,父母们有权和子女一起生活,有权以他们认为合适的方式养育子女,诸如此类。当然,这些权利也不是绝对的。但如果父母是失职的或残暴的,那么他们就可以也应该因此而失去监护权——即作为其子女的父母的权利。监护权通常附带有一些责任和限制:父母必须能够养育他们的孩子,而且不能对子女任意妄为。

请注意,人们不仅可以失去监护权,也可以转让监护权。父母们可以自愿转让对其子女的监护权。除此之外,他们通常还可以自主选择让别人拥有这些权利。比如说,在电影《朱诺》(Juno)中,怀孕少女朱诺不仅决定转让对其子女的监护权,还特别指定转让给凡妮莎(Vanessa)。但是,即便在这个例子中,几乎所有人都认可的是,我们对领养父母的选择是有一定限制的。可以允许朱诺将孩子送给凡妮莎,但是将孩子送给恋童癖则是不能被允许的。

请回想一下,我们的观点是,如果你可以将某件东西送给某人,那么你也可以将这件东西卖给他。如果你可以免费从某人那里得到某样东西,那么你也可以从他那儿购买这样东西。让我们在这里套用这个逻辑。某些人反对领养权市场,但是如果他们的反对意见真的是针对领养权市场的,那么这些理由在以下情况下也必须成立:1.允许在不涉及金钱交易的前提下转让领养权;但是2.在这些情况下,有偿转让领养权有本质上的错误。

我们认为,这个关于领养权市场的有趣的道德问题并非关于市场本身,我们可以看到两个主要的道德问题:

1. 如果可以的话,那么在什么情况下可以允许一个人无偿自愿转让他对某个孩子的亲权?

2. 不考虑购买领养权的意愿和能力,什么条件和因素能让潜在父母有资格领养一个孩子?

在我们看来,领养市场的伦理问题可以被归结为这两个问题的答案。何时买卖领养权是错误的?市场本身不承担解释这个问题的责任。

我们并没有第一个问题的答案,也没有必要回答这个问题。但如果你认为处于困境中的父母可以自愿放弃他们的亲权,那么我们的回应是,如果这个观点是正确的,那么只有处于困境中的父母才可以出售亲权。或者,如果你和许多左派自由主义学者持同样的观点,认为如果亲生父母可以找到适合他们子女的家庭,或者可以找到保障其子女幸福的政府机构或非政府机构,那么他们就可以放弃自己的亲权,对此我们的回应是,如果这个观点是正确的,那么所有符合这些条件的父母就都可以出售他们的亲权。又或者,如果你认为父母永远不可以自愿放弃自己的亲权,对此我们回应是,如果是这样,那么他们永远也不可以出售领养权,但这并非因为出售行为本身是错误的,而是因为他们不能放弃亲权。

至于第二个问题:有些潜在父母不具备资格,所以不应该允许他们领养或照顾孩子。而其他具备资格的潜在父母则应该获准领养或照顾孩子。我们并没有一个完备的理论来阐述父母资格的标准,但是有些哲学家和其他一些人在从事解释这一问题的工作。我们认可一些常识性的概念,比如不应该让恋童癖领养或照顾孩子,比如对于具备资格的人而言,他们的孩子不应该被夺走,也应该允许他们领养孩子。但是,对于那些有争议的观点,我们并没有一套完备的理论。

但是,假设存在这样一套理论,我们姑且称其为正确合格论,这套理论可以阐明哪些希望成为父母的人是具备领养资格的,哪些则不具备。我们并不知道正确合格论是怎么一回事儿,我们也不知道是否有人知道这样一套理论。但是,这很有可能是存在的。

现在,根据正确合格论,有些想成为父母的人符合领养资格,而有些则不符合。我们的观点是,谁可以购买领养权这个问题可以被归纳为正确合格论。根据正确合格论,只要你具备成为父母的资格,那么你就应该可以购买领养权。如果根据正确合格论,你具备免费领养一个孩子的资格,那么我们认为,如果你愿意,你也可以花钱领养这个孩子。

关于领养权市场或监护权市场,我们主要担心孩子们会被不符合资格的父母领养。但是,这是一个如何设计和监管市场的问题,而不是一个永远无法解决的、市场本身所固有的问题。

领养市场上的兰德斯和波斯纳

经济学家伊丽莎白·兰德斯(Elizabeth Landes)和法学家理查德·波斯纳(Richard Posner)拥护领养权自由市场。[9] 兰德斯和波斯纳的文章备受批评,特别是有一些并未读过他们文章的人称其为"贩卖婴儿"。但是,事实上兰德斯和波斯纳认为,某种婴儿市场已经存在了。正如法学家金伯利·克拉维克(Kimberly Krawiec)所阐明的,政府"假装"此类市场并不存在,这是很危险的。[10] 兰德斯、波斯纳和克拉维克认为,因为糟糕的政府监管制度,现存的这种市场非常不正常且极为低效。他们认为,一个自由的市场对婴儿的供给者(愿意放弃监护权的母亲)、客户(希望获得监护权的潜在父母)以及婴儿本身都是有利的。

兰德斯和波斯纳指出,至少在 1978 年,领养市场在下列几个主要方面是非常不正常的:

1. 健康白种婴儿的供给严重短缺。即亲生父母所能提供的白种婴儿数量远低于希望成为父母者的需求。但是,不健康的少数族裔婴儿则供大于求。

2. 因为贩卖婴儿是完全非法的,这迫使很多婴儿出售在黑市上进行。但是,人们可以预料的是,黑市上的婴儿出售存在许多问题,这一如所有黑市所共有的那些问题:"产品"的质量和可靠性都相对较低,售卖者相对不可靠、不守信用,有些婴儿是通过非法手段获得的,而且婴儿的价格非常之高。

3. 不希望通过黑市来领养陌生人孩子的父母通常必须通过受到高度监管的领养机构来实现自己的愿望。这些领养机构可以并确实会收取一些费用,但是,他们并不会对放弃孩子的母亲提供任何补偿。这些母亲会收到一些用以支付医疗开支的钱,但是这些钱不足以补偿从怀孕到分娩的全部开支,更不用说母亲们的情感成本。除此之外,因为母亲们收到的钱很少,所以这导致了漫长的等待时间——愿意以这一低廉价格"购买"孩子的想要成为父母的人太多,但是愿意以这一价格"出售"孩子的母亲又太少。

4. 几乎所有(发生在陌生人之间的)领养都由特许的非营利性中介安排完成,他们几乎就等同于市场上的垄断者。这些领养机构也受困于非营利性机构和垄断机构的常见问题,所以他们的服务质量很低。

简而言之,婴儿市场早就已经存在了。但是,合法市场是不正常的,因为法定的白种婴儿价格被人为地设置得很低。可以预见的是,这会导致婴儿的短缺以及低效的长队。与此同时,还会导致婴儿黑市的出现,而黑市上的婴儿价格会被人为地设置得很高,此外还有所有黑市都会带来的人们不乐于见到的危险后果。

兰德斯和波斯纳认为,一个更自由的市场会消除现存市场上的很多问题。他们认为一个更自由的市场会缓解短缺、消灭或至少极大地减小黑市,并减少父母们等待领养的时间,这会导致一种更好的婴儿分配——这种分配很有可能是符合婴儿的利益的。通过对领养权进行定价,年长的或相对不讨喜的孩子被领养的可能性也会提高。如果我发现一个新生儿的价格是 2.5 万美元,但是一名 10 岁男孩的价格只有 2000 美元,那么我或许会选择领养那个 10 岁男孩,尽管在价格一致的情况下我更愿意选择新生儿。一个监管相对宽松的市场或许可以允许潜在的买家和卖家达成确保某种安全或健康结果的合约。

最后请大家注意,兰德斯和波斯纳并没有说,无视其他任何因素,出价最高者应该得到孩子。当然,竞拍者应该是具备资格的父母。不应该允许恋童癖之类的人购买孩子。

兰德斯和波斯纳并不认为领养流程的进一步商品化可以解决所有问题,但实际上他们也没有必要这么认为。他们的观点只是:进一步的商品化将会是一个进步。

还有一点值得强调的是,领养的替代方式已经高度市场化了。试管婴儿的价格是数万美元。经过筛选的优质精子和优质卵子的价格分别是数百美元和数千美元。代孕的费用是数万美元。

反对意见：为什么只有富人才能得到孩子？

每当有人提出通过市场来分配某件东西时，首先的一个反对意见就是，不管是什么东西，富人都会在市场上获得特别的竞争优势。正如迈克尔·桑德尔青睐用排队来分配公园里的莎士比亚戏票一样，想必他更喜欢通过抽签而非市场来分配领养权。在这个问题上，人们的担忧是，如果我们允许买卖领养权，那么具备资格但不那么富有的人就得不到孩子了。又或者，具备资格的富有父母将会购买到最健康、基因最优秀的孩子的领养权，而具备资格但不那么富有的父母将只能得到市场上那些不那么令人满意的孩子。

对此，我们选择承认这种指责，但是接下来我们要问的是，这种指责是否具有道德力量？很少有《朱诺》的观众会指责朱诺将她的孩子送给了富有、成功的凡妮莎，而不是给了一名具备资格但相对不那么成功的母亲。以现状来看，多数人似乎都认可这样一种情况：如果父母可以自愿放弃其子女，那么他们就可以将其子女转让给他们选择的、具备资格的任意养父母。当人们可以自由选择时，有些人就会比其他人更有优势。但是，这并不必然是错误的。无论如何，我们都需要一个可以证明所有具备资格的父母都应当获得对同一孩子的同等领养权的道德论证。

我们的另一个回应是，请注意，可供领养的婴儿的供给并不是固定不变的，这会受到市场内部因素的影响。如果可以售卖领养权，那么有些原本不愿放弃亲权的父母就会选择出售亲权。婴儿市场会增加婴儿的供给。比如，以意外怀孕的女大学生群体为例。

目前很多(或许绝大多数)这样的学生会选择堕胎而非 A. 将孩子生下来并养育他们或 B. 将孩子生下来并将之送给领养者。但是,如果女大学生们没有选择堕胎,而是选择了选项 B,并能因此而获得经济补偿的话,那么就会有更多的人选择这么做。有些人或许会认为,领养权市场会提高领养的价格,因此就更难领养到孩子了;同时,目前为获得领养权而支付的绝大部分金钱都被领养机构拿走了,而孩子的生母则所获无几。但是,正如兰德斯和波斯纳所论证的,在一个监管更为宽松的市场中,放弃亲权的母亲们将可以因此而获得更高的补偿。作为中间人的领养机构,其作用和收入将会下降。若是这样,这种情况就很有可能出现:在一个监管更为宽松的市场中,因为孩子的生母可以获得更多的收入,那么即使想要成为父母的人获取婴儿的总成本会降低,婴儿的供给也会增加。

反对意见:不道德偏好

针对领养权市场的最后一种反对意见是,价格会反映出潜在的种族偏见。毕竟,大多数人都会选择领养本种族的孩子,但是白人普遍比黑人更富有,所以白人婴儿的实际需求会更高。与此同时,可供领养的黑人孩子比白人孩子更多。因此,白人婴儿的价格会比黑人婴儿更高。至少,这似乎是有点儿令人厌恶的。

对此,我们想要提醒大家的是,在现有领养市场中,即使养父母主要付钱给领养机构,而只付给孩子生母象征性的补偿,但白人婴儿的价格已经高于黑人婴儿了。此外,排队等待领养白人婴儿的时间要高于领养黑人婴儿的时间,这意味着白人婴儿的非金钱成本已经相对较高了。除非反对者可以证明,一个监管更为宽松的市场会加剧这些问题,否则,他们就不应该反对一个监管更为宽松的市场。

据我们所知,市场并不会导致任何不道德的种族偏好的**出现**,它只会反映出潜在的种族偏好。此外,它还会反映出其他潜在的问题和不平等,比如因为历史上的不公,黑人的收入低于白人。那么,此处的问题就不在于市场。市场并不会导致原本没有问题的地方出现问题。

注释

[1] http://azstamet.com/news/local/sold-as-kids-their-lives-now-converge/artical_f4fe5e61-f226-5a63-96f9-270154a02545.html.
[2] http://stream.wsj.com/story/latest-headlines/SS-2-63399/SS-2-345438/.
[3] http://stream.wsj.com/story/latest-headlines/SS-2-63399/SS-2-345438/.
[4] Hayek 1960, 42–44.
[5] http://www.census.gov/hhes/well-being/publications/extended-11.html.
[6] http://www.genome.gov/images/content/cost_per_genome.jpg.
[7] Schmidtz 2006, 218–19.
[8] 科亨于2009年提出,不公平会导致人与人之间的隔绝。不公平会降低人们同情别人的能力,因为他们缺乏共同的生活经历。因此,不公平导致的不合会阻碍人们与别人生活在一个完全的社区中。
[9] Landes and Posner 1978; Posner 1987.
[10] Krawiec 2010.

第十九章
出售选票

出售选票的道德标准就是选举的道德标准

你会为了 50 美元而给共和党投票吗？绝大多数人都不会接受这样的提议。他们相信买卖选票在本质上是错误的。[1]事实上，在我们于此前 18 个章节中所讨论的所有"争议商品"中，选票市场或许是最饱受争议的。我们可以想象迈克尔·桑德尔可能会改变他对卖肾的看法，但是他绝对不会在选票问题上动摇。

关于买卖选票的问题，我们的观点跟对其他问题的观点一致，"如果你可以无偿做一件事，那么也可以有偿做这件事"。出售选票并不是原则错误，其本身并不具有道德状态。出售选票并不会将原本道德上为人所接受的行为**变成**不道德的行为。如果某种无偿投票是在道德上被允许的，那么此种有偿投票也应该在道德上被允许。如果某人无偿为某种结果投票是道德上为人所接受的，那么你花钱雇他为这种结果投票也应该在道德上为人所接受。[2]在某些情况下，受雇于人然后为某种结果投票是错误的，但是，在这些情况中,你也不应该无偿为这种结果投票。

反对将选票商品化的人们自有他们的一些理由。在这些反对意见中,最重要的一条或许就是,如果允许出售选票,那么这会让错误的人得到过多的权力,会导致人们错误地使用权力,或者会导致选举结果对别人造成伤害。我们也怀有这样的担忧,但是我们要指出的是,这些担忧并不能证明买卖选票就是错误的。它们至多只能证明雇人给**坏结果投票**是错误的。

假如有人这样说:"如果允许人们买卖三明治,那么一个希望自己妻子死去的人或许就会雇厨师制作有毒的三明治。因此,不应该允许售卖三明治。"或者,假设有人这样说:"如果允许人们买卖三明治,那么一个恶毒的富人或许就会买下全世界的食物,并将其放在一块大三明治里,然后非常愉快地看着其他人挨饿。我们不能让这样的事情发生。因此,不应该允许售卖三明治。"

这两种论断都是疯话。当然,如果允许售卖三明治,尽管后一种情况的可能性几乎为零,但这些可怕的事情仍**有可能**发生。但是,对此的正确反应并不是断言三明治是不能被买卖的东西,而是应该作出这样的结论:出售三明治是可以的,但是不能出售有毒的三明治;购买一块三明治是可以的,但是不能买光全部的食物并因此而引发大规模的饥荒。

但是,当谈及投票时,人们的反应就会截然相反。他们会说:"如果允许人们买卖选票,那么或许就会有人雇别人为有害的结果投票。因此,不应该允许出售选票。"他们是对的,这种事情确实有可能发生。但是,就像三明治的商品化问题一样,最合理的反应难道不是这样的吗:雇人为有害的结果投票是错误的,但是出售**好的**

选票也是可以的。

我们的观点是,出售选票的道德标准就是选举的道德标准。换言之,在我们看来,存在公正的和不公正的投票方式。没有某种具体的道德义务要求公民必须投票,他们或许负有实现公共利益或"出自己一份力"的义务,但他们也有很多种方式去履行这些义务。但是,选择投票的人有一些道德义务:要投出负责任的选票,要以严谨的社会学证据为基础,以理性的方式谨慎形成自己的政治理念,他们要对别人的投票选择及行为进行合理的判断,并以此为基础为他们有充分理由相信最能实现公平公正的结果投票。简言之,我们支持下述原则:

合乎道德的投票原则　选择投票的人必须为他们有充分理由相信最能增进公平公正的候选人或政策投票;否则,他们就必须放弃投票。

请注意,该原则并不包含下列意思:糟糕的投票是非法的,或者除非人们投好的投票,否则他们就不应该拥有投票权。这个原则的意思仅仅是,某种投票方式在道德上是错误的。

以这种原则为前提,我们支持下述关于买卖选票的观点:

可允许的选票出售　只要一个人遵守合乎道德的投票原则,那么他就可以出售他的选票。

可允许的选票购买　从任何遵守合乎道德的投票原则的选民那儿购买选票是可以被允许的。另外,如果你有理由相信为某个候选人或某个立场投票最有利于实现政府的正确目标,那么就可以花钱请人为该候选人或该立场投票,即便这些选民自己并没有理由相信这样投票最有利于实现政府的正确目标。

简而言之,我们认为很多出售选票的行为都是错误的,但是在这些例子中,问题并不真的在于出售选票,而在于人们投给了谁。[3] 真正的问题是,出售选票使得人们做了他们不应该做的事情。

什么是好的投票

在本段内容中,我们将简要呈现布伦南在他此前的《投票伦理》一书中所拥护的合乎道德的投票理论。我们将简单介绍这一理论的主要内容和主要论证。但是,我们不会深入讨论所有细微差别,也不会回应所有针对这一理论的反对意见,你们可以去读布伦南的那本书。

投票是个道德议题。我们的投票选择会让政府变得更好或更糟,相应地,它也会让人们的生活变得更好或更糟。坏的投票会摧毁经济机会并制造危机,每个人的生活水平都会因此而下降,还会导致不正义且不必要的战争(并因此而导致数百万人死亡)、性别歧视、种族歧视、恐同法案、加重贫困、严刑峻法以及一些更糟糕的东西。

投票与在餐馆的菜单上选择吃什么不同。如果一个人在餐馆里选了不好的菜,至多只有他会承担自己行为的后果。但是当选民在投票站作出糟糕的选择时,每个人都会因此而受害。不负责任的投票可以伤害无辜者。

让我们记住这一点,接下来,让我们首先阐明怎样投票才能算是好的投票,然后再让我们对这一理论进行详细论证。

布伦南提出的合乎道德的投票原则认为,当且仅当选民**有理由**相信其选票有助于实现正确的政府目标时,他的投票才是好的投票。请注意"有理由"这个定语。这个理论并不仅仅认为选民必须相信他们的选票有助于实现正确的政府目标,这个理由并不足以让他们以具有公共精神的方式投票,他们应该**有充分的理由**相信他们所选的就是政府的正确目标。

当一个人有充分且有力的证据来证明其观点时,这种观点才是正当的。比如说,假设鲍勃和查理都相信2014年的美国总统名叫奥巴马(Obama)。他们的观念是正确的。但是,假设他们有着各自不同的理由,鲍勃相信奥巴马是总统的理由是,他在很多新闻报道中读到了这个内容。而相较而言,在过去5年中,查理一直隐居在深山之中,自上次选举以来,他就没有读过报纸也没有看过新闻,没有跟别人交谈过。查理相信总统名为奥巴马的原因是因为他的占卜结果非常巧合地显示为"奥巴马"。鲍勃所相信的是有理由的,他有很充分的证据。但查理所相信的是没有理由的,他没有充分的证据。鲍勃相信奥巴马是总统,这是理性的,而查理相信奥巴马是总统,这是不理性的。

合乎道德的投票原则认为,如果选民认为他们所投的候选人和政策有助于实现正确的政府目标,那么就必须有好的证据。总体而言,有三种选民违背这一原则的方式。糟糕的选民或许会因为如下三种原因投出选票,1. 无知;2. 非理性观念;3. 不道德观念。相反,关于候选人会努力执行何种政策,以及这些政策究竟会促进还是阻碍实现政府的正确目标,好的选民对这些问题的判断都有充分的理由作为支撑。

在某种意义上,布伦南提出的合乎道德的选举理论是一种关怀伦理。以这个例子来作类比:一名想要治疗病人的医生。我们认为,这名医生需要服务于病人的利益,而不是服务于自己的利益。我们还认为,医生必须公正地以科学理性的方法来评估症状、作出诊断并制订治疗计划。医生应该科学地考量并处理所有证据。如果医生这么做了,那么就是履行了他对病人的关怀义务。如果没有这么做,那么就失职了,并要为其造成的任何伤害负责。布伦南对于投票道德的观点与之相类似。

陪审团也要受类似的关怀伦理的约束。假设一个陪审团将要决定一桩谋杀案的结果,陪审团的决定将要被(通过暴力或暴力威胁)强加给一个可能无辜的人,这个决定是至关重要的,那么这个陪审团就有明确的义务——要能胜任案件的审理。陪审团成员不应该作出自私的、任性的、不理性的或无知的判决。他们应该保持适当的谨慎,仔细权衡证据、克服自己的偏见,以公平公正为原则对这个案件作出判决。

陪审团和选民应该遵从同样的原则。一个选民的决定也会被强加给别的无辜者,这个决定也至关重要。所以选民应该保持适当的谨慎,他们投选的政策或他们投选的制定该政策的统治者不应该对别人构成不应有的危险。被统治者有不被暴露在不应有风险之下的权利。当不可靠的认知行为或不合理的道德观点决定了选举结果之时,被统治者就会被暴露在可能会造成严重伤害的不应有风险之下。因为被统治者是被迫遵从选民的决定,所以漫不经心的决策是不可被容忍的。

上述论证解释了选民作为一个整体以恰当、理性的方式作出决定的道德重要性。但是，还存在一个问题：选民作为一个整体进行好的投票的重要性或许是显而易见的，但是为什么个人也要进行好的投票？这似乎并不明确。毕竟，我们的投票结果会造成严重的后果，但是你个人的投票则不然。

在诸如美国的国会选举这样的大规模选举中，一张选票决定选举结果的可能性几乎为零。如果你是一名典型的美国选民，那么你多次赢得强力球（Power）彩票的几率就要远高于你的一张选票决定某次总统选举或国会选举结果的概率。单张选票的边际影响是逐渐递减的。那么，既然单张选票永远也不太可能改变结果，那我们凭什么认为单个选民要接受道德监督呢？如果绝大多数选民都进行了坏的投票，那凭什么认为我有理由不这么做呢？鉴于单张选票的影响微乎其微，有些人或许会据此认为，人们可以按照他喜欢的方式进行投票。

这种结论并没有正当理由。在我们参与集体活动时，即使有时个人的行为并不会造成影响，但仍然有一套道德规范决定了我们该做或不该做的事情。

以这个例子作为类比：假设一个100人的行刑队将要射杀一名无辜儿童。他们同时开枪，每颗子弹都会同时击中这个孩子，且每颗子弹都足以杀死这个孩子。你无法阻止他们，所以不管你做什么，这个孩子都会死去。现在，假设他们给你一个加入行刑队并与他们一起开火的机会，你可以射出第101颗子弹，此时，无论你做什么，这个孩子都会死去。那么你加入行刑队的行为是否可以被允许？

大多数人的强烈直觉是，加入行刑队射杀这个孩子的行为是错误的。这里有一个看似合理的解释：即使某人的个人参与并不会造成决定性的影响，但是参与此类活动是个普遍的道德禁忌。在此类情况中，至少在不作恶不会让你付出严重代价的情况下，你应该尽量不作恶。假设这个行刑队以杀死你作为威胁，要你射杀这个孩子，那么你的射杀行为或许就会得到谅解。但是，如果不参与射杀不会让你付出高昂代价，那么你就不应该参与射杀。只有坏人才会愿意杀人。

行刑队射杀那个孩子的行为是一种有害的集体活动。在有害集体活动中，一个群体造成伤害，个人的投入对该集体活动毫无影响。在这种情况下，如果我们有机会参与这种有害的集体活动，那么就应该遵守"不作恶原则"：

当不参与有害集体活动的代价很低时，个人就不应该参与这类活动。

不作恶原则是一种道德原则，它决定了参与某种集体活动是否可以被允许。事实证明，这一原则源自一系列著名的伦理学理论，比如康德主义（Kantianism）、规则结果主义（Rule Consequentialism）、幸福主义（Eudaimonism）。（不过我们不会在此回溯这些渊源。）

这个行刑队的例子与选举中的投票相类似。在行刑队中增减一人都不会造成任何影响，那个孩子都会死去。类似的，在选举中，单张选票也不会改变结果。在这两个例子中，结果是**由多种因素决定的**。不负责任的选民与自愿加入行刑队的人类似。他个人的坏的投票无足轻重——正如单颗子弹无足轻重一样——但是问题在于，他原本可以轻易地做到不作恶，但是他却选择了参与一个有害的集体活动。

然而,这只是对布伦南提出的合乎道德的投票理论的概述。在本段内容中我们没有详细讨论所有复杂情况或论证。在本章的剩余部分,我们将会假定布伦南的投票道德理论是正确的。以此为基础,我们认为,某人花钱雇他人进行坏的投票的行为是错误的,但这只是错在投票人不应该进行坏的投票。(同理,花钱请人为你的妻子制作一块有毒的三明治也是错误的。)但是,接下来我们要问的是,如果花钱请人进行**好的投票**,并**遵守**合乎道德的投票原则,那么我们有理由认为这种行为是错误的吗?

好的投票,商品化

在我们看来,投票应该受到严格的道德限定,当然,我们对买卖选票也抱有更为宽容的道德看法。相反,多数人并未对投票抱有更为宽容的道德看法,而认为买卖投票应该受到严格的道德限定。

在美国和加拿大,大多数人都认同的一种观念曾被布伦南称为"投票伦理的大众理论"。[4]根据这种观点,人们有投票的道德义务,但是极少有义务与投票行为本身相关。人们没有了解情况的义务,没有理性处理政治信息的义务,也没有为公正结果投票的义务。相反,人们可以完全不顾其投票所产生的结果,这却是在道德上(如果不是被赞许的,也是)被允许的。但是,投票伦理的大众理论也认为买卖选票是错误的。所以,只要你没有收钱,那么你就可以随你的喜好进行投票。

我们觉得大众理论令人费解。以如下三种情况为例：

1. 无知的伊格纳西奥　伊格纳西奥（Ignacio）几乎对政治一无所知，他也从没有学习过经济学或政治学。在选举日，他观看了两位主要候选人的30秒竞选广告，强烈感到其中一位候选人的理念比另一位的理念更好，于是他根据自己的感觉进行了投票。

2. 毫不在意的卡拉　卡拉（Carla）几乎对政治一无所知，她也从没有学习过经济学或政治学。在选举日，她来到投票站，看了名单上的名字，但她对候选官员（"审计官"）的职能一无所知，于是她选了个她认为听上去最有王室感觉的名字。

3. 不热衷于此的洛伦　洛伦（Loren）是位著名的政治哲学家和政治经济学家，他写过一些关于选举的世界知名的书籍和文章。洛伦对社会学有着深刻的理解，有着当世最为高明的政治理念。但是，洛伦仍然不愿意投票，很大一部分原因是他认为自己那张选票几乎不可能改变什么。在选举日，他的朋友兼同事杰森付给他200美元，让他按照自己的良知进行投票。

按照投票伦理的大众理论，伊格纳西奥和卡拉没有做错什么。他们的行为或许不值得称赞，但是也不应该受到谴责。可是洛伦及其朋友杰森的做法却很糟糕，他们应该感到抱歉。或许，他们应该因此而坐牢。

但是，这似乎令人感到费解。毕竟，伊格纳西奥和卡拉并不明白自己在做什么，而洛伦却有理由相信他所投的票会有利于实现政府的正确目标。就伊格纳西奥和卡拉所知，他们正在为一名糟糕的候选人投票，而这个人将会给所有人都带来糟糕的后果。而洛伦却与之相反，他有充分理由相信他所支持的候选人会带来好的、公平的结果。根据布伦南的合乎道德的选举原则,不论收没收钱,伊格纳西奥和卡拉都根本不该投票。但是根据这一原则,洛伦则是一个**好选民**。如果杰森付钱让洛伦去投票,那么杰森所做的就是付钱让洛伦去投了人们该投的选项。

人们或许会有这样的担忧:如果将选票商品化,那么居心不良的富人——你可以根据自己的政治偏好在此处带入乔治·索罗斯(George Soros)或科赫兄弟(Koch Brothers)——就可以收购选票以实现其邪恶目的。举个例子,假设有两位总统候选人——艾尔和鲍勃——他们之间仅有一个区别:他们处理气候变化的方式不同。假设证据压倒性地支持艾尔的立场,它非常有力,以至于任何支持鲍勃立场的行为都不能被证明是合理的。但是,现在乔治·索罗斯或科赫兄弟——选你觉得最坏的那个——花钱雇大多数选民为鲍勃投票。那么,即使我认为索罗斯或科赫兄弟购买选票的行为是错误的,而且人们将选票卖给他们的行为也是错误的,也不能认为人们**无偿**为鲍勃投票的行为是错误的,因为这种做法违反了合乎道德的投票原则。在这个例子中,我们并不认为商品化导致了原本不存在的问题的出现。

另一方面,假设你知道很多毫不在意的无知选民将给一个有害的候选人投票,而且他们不会被证据和论证说服。但是,假设你根据可靠的证据,花钱让他们为你有理由相信的最佳候选人投了票。如果你这么做了,那么你就使得我们所有人都更有可能享受到好的结果。但在投票伦理的大众理论看来,你的做法却是错误的。不过我们认为你的举动值得赞赏。你完成了一件非常重要的公共服务——你用自己的钱买来了正义。

不可让渡论反对意见

一种常见的反对出售选票的观点认为,投票权是不可让渡的,就像一个人的基本自由权和言论自由权不可让渡一样。投票权与你对一辆汽车的财产权不同。你可以出售一辆汽车,但是不能自己卖身为奴,也不能出售你的言论自由权。有一些权利是不可被出售的,投票权正是其中之一。

这种观点的问题在于,它错误地理解了我们所争论的问题。到目前为止,我们所讨论的并不是否应该允许一个人购买额外的投票权。如果茨沃林斯基想要花钱让布伦南按照某种意愿投票,这并不意味着茨沃林斯基就如同有了两张选票而布伦南则没有选票了一样。事实上,他并没有花钱让布伦南将自己的投票权转让给他,这与房契的转让不同。传统的选票买卖中所发生的实际上是一个人花钱雇另一个人完成了某种举动。花钱请人投票与买房不同,所以这并不意味着出售选票者就因此而丧失了投票权。

以同样的方式,假设多伦多大学花钱请布伦南或新泽西大学花钱请茨沃林斯基做一场关于商品化的客座讲座。当我们接受这个邀请时,也就因此而接受了某种关于讲座内容的限定。这样一来,我们就不会同意讲一些会出乎听众意料的内容,比如如何区分速度金属(Speed Metal)、鞭挞金属(Thrash Metal)、能量金属(Power Metal)、微金属(Hair Metal)、新金属(Nu Metal)和死亡金属(Death Metal)等各种不同的摇滚乐。但是,我们并不会因此而将自己的言论自由权让渡给这些大学。所以,关于投票权不可让渡性的担忧实际上与是否可以允许花钱请人投票这个问题无关。

现在，我们可以设想在一个法律体系中，投票权可以像车辆那样被买卖。一个公民不仅可以花钱请人投票，还可以购买额外的投票权。在这个体系中，或许乔治·索罗斯可以给自己买100万张票，而999999名公民则完全没有投票权。如果认为投票权不可让渡这种观点是正确的，那么按照这种观点，这种法律体系就是不公正的，而且人们不应该买卖他们的投票权。但是请注意，即使在这种情况中，问题也不在于商品化本身。如果投票权不可让渡，那么一个人不可以出售这些权利的原因就是，他不可以失去这些权利。

"人们应该无偿做这件事"

很多外行而非哲学家或政治理论家的人常常提出的一个反对出售选票的理由是，人们理应乐于无偿投票，因为这个原因，他们不应该因为投票而得到报酬。人们应该出于公共精神或社区精神，或是出于一种义务去投票，而不应该期望以此获得物质利益。

显然很多人都是这么想的，但是**原因**并不明确。一种论证或许是这样的：

1. 公民有投票的义务。
2. 如果你有做某事的义务，那么你就不应该因此而得到报酬。
3. 因此，公民不应该因投票而获得报酬。

在我们看来，这并不算是一个合理的论证。

首先，我们对前提1——认为公民有投票的义务——有异议。

我们不会花太多时间来解释为什么我们不认同前提1,因为布伦南已经在此前的研究中详细论述过这个问题。[5](但是,他的部分看法会出现在关于公民论反对意见的第十五章中。对于投票义务这个观点,布伦南的主要抗辩论点是,公民可以通过包含投票在内的许多方式来履行任何他可能要承担的义务——比如为公共利益服务、回馈社会、避免投机取巧、践行公民道德。)

我们也对前提2有异议。如果你有做某事的义务,那么你就不应该因此而得到报酬,这两者之间并没有确定的因果关系。在某些罕见的情况下,很多人会认为政府强制征兵是可以被允许的。他们认为被征募的人有从军的义务,所以不应该逃走。但是,他们也认为被征募的军人应该得到报酬。或者套用一种听起来更有道理的观点,很多人都认为在某些情况下,虽然公民不应该被强制征募,但是他们仍然有参军的义务。(比如说,在第二次世界大战时期的美国,这是一种常见的情绪。)但是,即便公民有参军的义务,他们仍然认为志愿兵应该有报酬,而非无偿参军。很多人还认为,政府要求公民参加陪审团也是可以被允许的。他们认为那些被要求履行陪审团义务的公民有担任陪审员的义务,并且应该得到酬劳。有些人甚至认为,公民有从事生产性劳动的道德义务,而且他们当然也应该因此而得到酬劳。[6]最后,一些民主理论家相信公民有投票的义务,但是履行这种义务会对穷人造成负担,所以公民应该因投票而得到酬劳。[7]或许所有这些立场都是错误的,但至少其中有些立场看起来还是有些道理的,这表明前提2的正确性还有争议。你不能因为履行义务而得到报酬,这个观点似乎并不能成为义务观的一部分。

为什么选民应该是无偿的志愿者,而其他政府行为的参与者则不然? 这个问题的答案并不显而易见。包括警务、食品生产和服装生产在内的很多重要活动——它们比投票更为重要——都是有酬劳的。此类工作几乎都不是由志愿者完成的。很多常规的践行公民道德的行为——诸如担任政治职务、从军、履行陪审团义务——都是有酬劳的。(履行陪审团义务的酬劳不高,但是会通过罚款来实行。所以陪审员也不都是志愿者。)医生和教师的工作也是有酬劳的。那么为什么选民就应该是志愿者,而其他人则不然?[8]

针对出售选票的符号论反对意见

在第二部分中,我们探讨了反对所有市场的符号论理由。一种符号论反对意见认为,在某种关系中引入金钱会令这种关系贬值或腐化。金钱会破坏这段关系对关系中各方的共同意义,也会改变这段关系对各方的重要性和价值。比如说,情侣间有时会互相帮忙,但是很多人相信,情侣间的金钱交易会以某种方式破坏这段关系的意义。正如你在第二部分中所读到的,我们怀疑这种反对意见是否能够在情侣关系中成立。所以我们也更怀疑这种反对意见是否能在选举问题上成立。

即便在婚姻关系或情侣关系中,金钱交易是错误的或不健康的,但公民与其自由民主的政府或与其同胞之间的关系仍然与他与其伴侣之间的关系不同。(如若不然,那么这个公民的婚姻真是不幸。)对于我们大多数人而言,作为某个国家的公民仅仅意味着我们(没有选择地)生于一个由陌生人构成的多元社会中。在我们的社会中,我们对他人怀有基本的人文关怀和敬意,但是绝大部分其他公民仍然是陌生人,他们中的大多数人与我们都没有什么共同之处。我们之所以成为某地公民,这是由政治边界所决定的。而这些边界大多是具有道德武断性的划界、战争和征服的结果。在多数情况下,我们与同胞公民共同承担常见的纳税义务,都可以获得一些常见的公共物品,都可以参与特定的强制性社会保险计划。(通常)公民身份是非自愿、非个人且具有工具性的。在当代的自由民主制度下,公民身份与友谊、爱情或家庭等关系不同。即便金钱会令这些关系腐化或破坏这些关系的意义——我们此前已经表达过对此观点的不认同——而公民身份则几乎与这些关系完全不同。

更进一步来说,在我们看来,只有花钱请人进行好的投票才是可以被允许的,或者更准确的说法是,只有花钱请他们对你有理由相信有助于实现政府正确目标的选项(即便出售选票的选民并不知道这一点)进行投票才是可以被允许的。所以,一个我们青睐的那种选票买卖大行其道的世界很可能是一个选民更有可能投出增加好的公正结果的世界。现在,在对第二部分中我们提出的那些行为进行总结时,我们意识到在当今的美国或加拿大的文化符号环境下,买卖这些明智的选票可能会释放出不敬的信号。但是,即便如此,我们也认为,在这个意义上来说,这表明美国或加拿大的文化符号存在道德缺陷。美国人和加拿大人应该改变买卖选票的符号意义,如果他们不愿意这样做,那么我们这些人就有理由认真地忽略这些符号。

侵蚀论和腐化论

仍然有一种与之密切相关的腐化论反对意见值得我们进一步探讨。它一般是这样的：

侵蚀论

1. 如果允许人们收钱投票（即便人们遵守原则1），这将会（极大地）侵蚀公民道德和利他主义。

2. 因此，即使人们遵守原则1，买卖选票也是错误的。

侵蚀论断定在选举中引入金钱会使人们的道德态度堕落，他们的公民道德会因此而减少。他们会相对不那么关心增进公关利益，也不那么愿意贡献自己的力量。

上述前提1是一种实证观点。正如我们在第九章中所讨论的，任何提出腐化论反对意见的人都需要提供像样的实证证据，通过细致的、经过同行审议的研究结果来证明这种腐化确实会发生。如果缺乏支持这种反对意见的实证证据，那么我们就应该将之视为一种潜在的问题，而不是一个现实存在的问题。

此外，出售选票为什么会侵蚀公民道德？这个问题的答案也不清楚。侵蚀论的原理是什么？下面是一个看起来有道理的侵蚀论的变体，它可以更好地解释侵蚀论的原理：

改良侵蚀论

1. 人们需要相信选举是神圣的（或拥有某种特殊的道德地位），而且金钱和选举绝对不能掺杂在一起。否则，人们就会丧失公民道德并进行坏的投票。

2. 如果人们买卖选票（即便他们遵守原则1），这会导致他们或别人丧失选举是神圣的这个信念。

3. 导致别人丧失公民道德并进行坏的投票,这种行为是错误的。

4. 因此,买卖选票是错误的。

这种观点认为,除非公民相信选举是具有神圣意义的公民行为或者相信选举具有特别的道德地位,否则他们就不会在投票点作出得体的选择。如果他们看见别人因投票而获得报酬——即便收钱者进行了好的投票——他们也会停止投票或进行坏的投票。

即便这是事实,这也不意味着出售选票就是错误的。这至多只能表明这会使人们相信这是错误的。举个例子,假设有这样一种诡异的心理学事实:除非大多数人都相信上帝的存在,否则他们就会变得不道德并开始互相厮杀。但即便这是事实,也不能证明一神论是真理。这只能表明,人们需要相信上帝,需要成为一神论者,否则他们就会开始互相厮杀。但是,无神论也有可能是正确的。

又或者,假设出于某种诡异的原因,除非人们相信康德的伦理理论,否则他们就会开始互相厮杀。这也不意味着康德主义就是真理。或许功利主义才是正确的伦理理论,但是人们太愚蠢、太卑鄙、太坏,不能处理好这个事实。在这种情况下,我们或许会想要欺骗他们,告诉他们康德主义才是真的,尽管这不是事实。

总的来说,"除非人们相信X,否则他们就会做出不好的行为"并不能证明X。所以,假设人们相信可以允许买卖选票,那么他们就会做出不好的行为,这并不意味着买卖选票就是错误的。或许对于那些具有足够公民道德的人而言,我们需要他们相信金钱与选举永远不能掺杂在一起,但是这并不意味着金钱与选举在事实上永远不能掺杂在一起。

有时候,即便一个人做了某件事 X 会导致他人丧失公民道德或做出错误的行为,他做这件事 X 也是被允许的。比如说,假设我们从当地的杂货店购买食物。很多旁观者在看到我们购买食物之后都开始相信一切人际关系都是纯工具性的。因此,他们失去了所有道德动机并成了小偷。这种事情的发生令人遗憾,但是这并不意味着我们购买食物是错误的,也不意味着我应该为他们的错误行为负责。相反,这些小偷才是犯了错误的人。他们不应该做出一切人际关系都是工具性的这样的结论,也不应该失去他们的道德动机并成为小偷。他们对我的无辜行为作出了堕落的反应,但我不应该为此而承担责任。

类似的,假设鲍勃花钱请艾伦进行了好的投票。乔丹目睹了这桩交易,并丧失了他的公民道德感,开始进行坏的投票。但这并不意味着鲍勃或艾伦的行为就是错误的。在这个例子中,乔丹是那个做了错事的人。他不应该丧失自己的公民道德感,也不应该进行坏的投票。看见鲍勃花钱请艾伦投票的乔丹作出了堕落的反应,这是他自己的(而非鲍勃或艾伦的)错。

某些人或许会持有不同意见,并提出这样的反对意见:如果你知道别人将会对你的行为作出不好的反应,那么这就可能将原本被允许的行为变成不道德的行为。但是,这是种危险的反对意见,因为这允许了一种道德绑架。这意味着别人可以通过发出威胁,或者更广泛地说,可以通过对你作出不好的反应来改变你的道德义务。对于那些仍然认为这种反对意见有道理的人,我们想说:

"好吧。根据你的观点,别人或许会对出售选票作出不好的回应这个事实意味着出售选票是错误的。但若是如此,那么如果人们无偿投票,我们——布伦南和茨沃林斯基——就会据此发出要对你的母校发动恐怖袭击的威胁。"如此一来,提出这个反对意见的人就必须承认,允许无偿投票的唯一原因只能是我们的威胁是假的。

注释

[1] Satz 2012, 102; Sandel 2012a, 104–5.
[2] 本章融合了布伦南 2011,第 135—160 页中的一些材料和理念。本书的论点("如果你可以无偿做某事,那么你也可以有偿做某事")是对布伦南在他此前作品中支持的选票商品化这个观点的概括。
[3] 想要了解比我们在此处论述的更为彻底的对买卖选票的捍卫,参见 Freiman 2014a。
[4] Brennan 2011, 3.
[5] Brennan 2011, 15–67.
[6] Becker 1980.
[7] E. g., Ackerman and Fiskin 2005.
[8] 存在这样一种可能:这些其他的活动需要花费大量时间,而投票则不然。但是,人们很可能不会因为投票而获得与医生同样的收入。另外,如果要进行好的投票,这也要花费大量时间,因为这需要对理性和知识进行投资,而坏的投票则不然。

第五部分　指出直觉的错误

第二十章
反市场的态度是顽固的

某些市场在感觉上就是错误的

买卖某些东西就是错误的,这种很难摆脱的感觉似乎深植于我们的内心深处。请注意反商品化的理论家们所使用的语言。萨茨称某些市场是"有害的"并称它们"非常令人反感"。[1]桑德尔将某些市场描绘为"令人厌恶的""病态的""令人反感的"或具有"道德丑陋性"或"道德庸俗性"。[2]他认同某些评论员的观点,认为拍卖国家公园的使用权是一种"亵渎",因为此类事物是"神圣的"且值得"敬畏"。[3]他引用参议员芭芭拉·博克瑟(Barbara Boxer)的话,称关于恐怖主义的信息市场"令人恶心"。[4]巴伯将反消费主义的禁欲主义称为"净化"。[5]诸如此类。某些市场冒犯了我们关于纯洁和不纯洁的非理性情感。

伦理心理学家乔纳森·海特(Jonathan Haidt)提出,人们通过六种"道德原则"来评价行为的对错:1.关怀 vs 伤害;2.公平 vs 欺骗;3.自由 vs 压迫;4.忠诚 vs 背叛;5.权威 vs 颠覆;6.圣洁 vs 堕落。[6]海特主张,对圣洁 vs 堕落这一原则的关心是道德保守的标志。这种关心的基础是厌恶心理。

保守主义者倾向于将他们的厌恶反应道德化。(很多道德保守的左派经济学家也倾向于这么做。)但是这些厌恶反应并不是判断对错的可靠依据。

我们将在最后一章中论述这一观点:对某些商品的市场或对整体市场的反对常常是基于不可靠的心理。很多反市场的论证仅仅是对厌恶反应的文饰作用而已。

我们要指出的是——并不是我们的首创——我们的演化方向并不是要人们生活在没有人情味的大规模社会里,而是要生活在有着频繁人际交流的小规模家族中。我们与生俱来的道德心理是与这些小规模社会相匹配的。我们的主张是,应该对反市场的直觉抱有深度怀疑,因为我们的道德心理还没有适应我们的新环境。我们所拥有的陈旧的道德心理并不适应这个现代社会。简言之,我们的道德直觉与我们的道德需求并不一致。过于重视一些这样的直觉可能是非常危险甚至致命的。很可能我们现今的道德心理硬件已经不能再满足现代文明的软件要求了,在这种情况下,问题在于硬件而非软件。

症状清单

让我们对反对反商品化理论家的总体情况作一下总结。在本书中,我们已经发现了反商品化理论家们对令其反感的某些市场的论证中的很多问题。他们常常会依赖有问题的经验假设或标准前提。

但是我们已经指出了他们抱怨市场的常规模式。反商品化理论家们常常会用大量各种问题来质疑市场支持者,对此,我们已经作出了许多不同的论证来解释为什么这些问题不是市场导致的,或者为什么市场不是主要因素。

1. 有害交易　有时候这只是一个含糊不清的问题。当德布拉·萨茨谈论有害市场时,她的一些抱怨却并非关于市场,而是关于一些更宽泛的交易类型。无论是通过物物交易、金钱交易还是其他一些经济交易来完成,奴役都是有害的。她与我们一样都反对自愿的奴役,也反对作为礼物的奴役。如果我们愿意的话,可以将之称为"有害的礼物"。但是,如果我们支持礼物馈赠有道德界限这一观点,那么当我们将奴隶制作为理由来质疑礼物交换的道德地位时,礼物交换的支持者就可以提出合理的反对。他们可以提出,奴隶制的错误无法由礼物交换来解释,某样东西是礼物交换的一部分,这个事实无法增进我们对奴隶制错误的理解。我们也同意,无论是礼物交换还是市场交易,奴隶制度都是错误的。

2. 符号　有时候,我们不能理解社会习俗和社会意义是具有偶然性的,它们本身是可以被批评的。

德布拉·萨茨坚持认为,在某种程度上,公民敬意的基本特征是承认并尊重礼节。这是个重要的观点。有时候,遵守礼节是一种证明我们尊敬某人的方式。一种习俗一旦形成,那么遵守这个习俗就可能是个道德问题,这与该习俗的偶然性和任意性无关。靠右行驶并不是我们在宇宙中发现的规则,但却是在我们这个世界上一部分地区的社会结构中可以发现的规则。以这个规则的偶然性和任意性为理由而无视这个规则,不仅会违背礼节,还会将合理遵守该习俗的他人置于危险境地,所以这是个道德问题。

这个例子夸大了遵守偶然文化符号的理由。至少,在靠左行驶 vs 靠右行驶这个问题上,如果你不能让别人改变习惯或改变习惯的成本太高,那么你就有理由遵从别人的做法。毕竟,如果一个人开始单方面地与别人逆向行驶,那么他就很有可能会害死别人。但是,假设我们判定将不敬与卖肾联系到一起的社会习俗会害死人,那么人们似乎就有充分合理的理由这么说:"这是个坏习俗,即便我无法改变它,也要积极地无视它。"

3. 忽视维度 其他一些时候,反商品化理论家们不能明白市场类型或市场模式的庞大多样性。正如我们所论述的,市场交易至少包含 9 个变量或"维度"。我们已经论证过,市场的基本特征是多变的时间、地点和不同的方式。我们的假设是,改变这些变量就会改变这些市场的结果,其中包括我们对某个特定市场的厌恶程度。我们明白这个观点需要实证证据的支持,但是我们相信我们已经初步证明了这个观点。更重要的是认识到市场模式的多样性,这可以使得我们辨别出厌恶感并非来源于市场本身,而是来源于例如某种特定的交易方式或交易工具。令人厌恶的并不是市场,而是这种非必要的特性或结果——理论上可以通过设计将之从市场中消除。

当然,这种观点并不是主张市场必然会自发变成不令人厌恶的形式,而是认为,以对某些市场的厌恶之情为基础的论证原则上并不是针对市场本身的。如果存在一种不令人厌恶的市场,那就足以证明即使存在问题,那也不是源于市场本身,而是与某些类型的市场有关。

4. 黑市　有时候,想要推行公共政策的反商品化理论家们会忽视一个事实:我们生活在一个非理想的世界中。让某些东西成为非法的,或禁止某个市场并不具有魔术般的力量。

在这个非理想的现实世界中,使用法律机制来禁止市场常常会让这些市场转入地下。有时候,某类市场的反对者常常会把他们在黑市上的所见与合法市场中的行为混为一谈。有时候,这是一个将选择效应与处理效应混为一谈的问题。当市场转入地下之后,守法人群就将不再参与这个市场,市场上的买卖者将会是另一个不同的人群。但是,守法人群有一个共同的特点,因为这个特点,他们更有可能会去争取更好的待遇、更好的服务和更好的规则。

在其他一些时候,人们不能理解黑市有赖于另一套执行机制,所以它会激励不同类型的行为。当你不能求助于警方时,就会求助于恶棍。在合法市场中,恶棍的名声总是有害的,但是在黑市中,这却有助于让你避免被抢。这不是市场的本质特性,而是所有黑市的本质特性。如果我们禁止咖啡,就会在咖啡黑市上看到同样的暴力、同样令人厌恶的卖家和同样令人厌恶的行径。我们曾经禁酒,而当谋杀率飙升、帮派占据街道之时,却做出了一脸惊讶的样子。我们早就应该明白这些的。当现在谈到非法药品时,我们已经没有借口了。

对于反商品化理论家们提出的各种论证,以上是我们的一些总体上的回应。在此前的三个部分中,你已经见到我们对他们提出的许多具体抱怨作出了具体回应。更具体的反市场论证可以被视为一种更宽泛观点或态度的症状。在下一章中,我们将尝试对普遍问题作出诊断。是什么让如此之多的人对市场抱有如此糟糕的看法?是什么让如此之多的人易于将问题归咎于市场?为什么如此之多的人会在内心深处觉得一些、很多甚至所有市场都是"令人厌恶的"?

注释

[1] Satz 2012, 3–5, 9–11, 91–98, 106.
[2] Sandel 2012a, 83, 133, 141, 144, 153, 166.
[3] Sandel 2012a, 37, 81, 136, 142.
[4] Sandel 2012a, 151.
[5] Barber 2008, 39.
[6] Haidt 2012.

第二十一章
反市场的态度从何而来

对市场的厌恶非常顽强,而且会抵触失验(disconfirmation)。这种厌恶之情广泛存在,多数人都对市场有着天然的质疑。在本章中,我们将检验一些关于这种厌恶之情的由来假说。

诺齐克的假说:学者憎恶市场是因为他们并非市场的宠儿

我们批评的反商品化作家大多都是学者。学者是一个奇特的群体,他们属于一种奇特的文化。这或许可以解释他们对市场的厌恶之情。

哲学家罗伯特·诺齐克(Robert Nozick)提出,学者们不喜欢市场是因为他们取得成就的环境与市场经济迥然相异。[1]问题或许在于,学者们是在独特的教学环境中获得成功的人,在这个环境中,一个权威首先制定规则,然后根据学生的聪明程度及其对规则的遵守程度来对之进行奖励。

相反,在市场中,更聪明的人并不总是能够获得更高的收入。市场并不总是奖励老师在教学中所奖励的那些技能和才华。此外，在教学中，标志某人"成功"且"应受奖励"的标准是由老师决定的，而且标准的基础是某些与教育相关的价值。一个详细的教学大纲和与老师的一次谈话都会有助于明确应该达成的目标。

而市场中的标准则不那么显而易见。"满足客户需求"是一个普遍标准，但这个标准的实质内容是不明确的。除非我们能够确定客户的愿望，否则这个标准就没有预测能力。此外，教育环境中的智力和成就与市场中的成功没有明确关联。有时候，宠物石会成为潮流，这会为某些幸运儿带来暴利。有时候，一时兴起购买的一只股票会在一夜间暴涨两三倍，让购买者变得富有。谁可以预见到宠物石的流行？谁能预见到 VHS 制式录像机会击败 Betamax 制式录像机？谁又能预见到某只股票会暴涨？有时候，购买决策会像传染病一样席卷市场，而聪明的、富有经验的、受过大学教育的精英却无力预测也无法根据预测获利。

诺齐克认为这解释了学者群体普遍对市场抱有厌恶之情的原因。在教育领域，学者是成功者，这个领域对于他们而言有着重大意义。若是如此，他们或许会希望这个领域可以涵盖我们生活的更多方面，他们更希望经济环境也像教学环境那样，友好的精英型技术型权威管理者会根据规则的遵守程度和品德来奖励参与者。

但是，市场领域并不是由教育工作者和那些按照教育环境中的规则和条例培养出来的人管理的。市场与教育结构不同，这使得市场会让一些人产生深深的挫败感。它意味着市场会奖励不理性者,或者至少非理性者。除了消费者需求之外,市场中不存在其他明确标准,而消费者的需求通常又是难以预料的。如果诺齐克是对的,那么这或许就会促使学者们去寻找市场的问题,并使得他们更容易受到各种反市场理论的影响,也使得他们相对较少地批判这些理论。

但是,有一个理由让我们必须谨慎看待这个解释。例如,史蒂芬·莱德(Stephen Leider)和阿尔文·罗思(Alvin Roth)研究过各种人群对特定市场及市场总体的态度。研究结果表明,广义的反市场偏见不能解释对特定市场的厌恶之情。有时候,有些在总体上认可并支持市场的人会对某些市场怀有极深的厌恶之情,比如肾脏市场和性服务市场。[2]

另一方面,心理学家菲利普·泰特洛克也进行了一系列研究,旨在找出是什么因素使得不同意识形态的人群都倾向于认为市场在本质上是错误的。[3]哲学家杰拉德·高斯(Gerald Gaus)是这么总结泰特洛克的研究成果的:"毫不令人惊讶的是,自由论者相信不应该禁止几乎任何交易,泰特洛克发现,即便常规市场交易……会在一定程度上激起道德谴责,但他们仍然是典型的'吹毛求疵的好事者'。"高斯总结道,"所以,我们要对某类交易会冒犯'我们的'道德情感这种说法持谨慎态度,因为'我们'对特定交易的道德性抱有非常不同的态度。"[4]根据泰特洛克而非罗思的观点,人们对待不同交易的道德可行性的态度与他们的意识形态相关。

总体而言,很多保守主义者都对市场抱有积极的态度,但是他们也强烈地反感性服务市场、色情市场、毒品市场和与宗教及家庭有关的许多商品和服务的市场。他们非常不喜欢将他们认为"神圣的"东西市场化。所以,鉴于他们并不抱有对市场的普遍偏见,所以他们似乎更认同左翼自由主义学者的观点,都对市场的侵蚀性和腐化性抱有担忧。

这并不出人意料。左翼自由主义者和保守主义者在大体上都认可这种观点。他们都认为市场具有侵蚀性和腐化性,他们只是对神圣、纯洁或神性之物的区分有所分歧,对怎样才能防止腐化的认识有所不同。左翼自由主义者更关心不平等和剥削,而保守主义者更关心家庭和神圣之物。所以,想要更多的平等或是想要避免利用穷人,左翼自由主义者就认为需要限制市场,而保守主义者则认为需要让市场远离性、家庭和宗教。

此外,还有一个需要谨慎看待诺齐克的解释的理由。学术界的共识曾经并非如此,尽管学术界的构成并没什么大的区别。A. O. 赫希曼(A. O. Hirschman)曾在《经济学文献杂志》(*Journal of Economic Literature*)上解释过,在 18 世纪—19 世纪的学术界,关于市场的流行观点是市场具有文明的、积极的影响。[5]市场会让我们变得更好、更有礼貌、更友善、更容易相信别人(且更值得信赖),并能减少我们的暴力倾向。这曾被称为"和气贸易"(gentle commerce),这个词源于法语 doux commerce。直到 19 世纪末马克思主义兴起之前,这都是学术界的主流共识。如果对学术界不信任且不喜欢市场的原因的解释确实与令他们感到舒适的体系和制度有关,那么我们就很难解释史上任意时期中和气贸易理论在学术界的流行。不过,诺齐克的观点就是如此,所以我们不能将他的观点当作我们的答案。

经济理论与市场相混淆

另一种可能性是,旨在解释和预测经济行为的经济学行为假设和态度假设被与现实世界市场中人们的实际行为和态度混为一谈了。例如,理解安德森对女性生殖市场的反对意见的一种方式是,将之描述为对此种情况的担忧:市场会导致或助长经济人式的态度、性情和行为。在她关于代孕的研究中,她似乎很关心市场交易的影响和意义。她相信市场交易的本质意义中包含这样的意思:市场参与者会抱有这样的实际态度,认为交易品仅仅具有工具价值,是用来满足我们的非道德需求的。类似地,她有时似乎也会担心,尽管我们在进入市场前并不这么认为,但现实市场交易可以影响我们,会让我们以这种态度来看待人和婴儿。或许,我们不会在市场外遇到经济人。诚然,她也明确批评过,很多经济学原理和假设所描述的并不是现实世界中活生生的人类。但是她似乎相信,市场会将我们变成自私的、精于算计的、工具理性的生物,认为市场上的交易品只具有工具价值。尽管她认为很多出于经济建模、经济解释、经济预测目的的对人类的假设在市场外是错误的,但她似乎有时也相信市场会将我们变成假设中的那样。

但是,这种普遍信念的基础又是什么?有什么实证证据可以支持市场会把我们变得自私或将我们变成夸张的经纪人那样的理论呢?我们需要反省一下。但是,正如我们在第十一章中所看到的,这种观点的证据不仅单薄,而且有助于证明其预测的错误。此外,与我们交谈过的反商品化理论家们反复告诉我们,如果让他们去经营公司,他们绝不会像经济人那样行事。在我们的商业伦理课上，我们让学生为模拟公司设计企业社会责任活动。我们的学生们总是会在他们的企业社会责任说明中加入各种非营利性社会承诺，尽管他们都知道，我们这些给他们评分的教授并不认为企业必须践行这些承诺。（我们认为企业具有许多消极的道德义务，但是从严格意义上来说，高尚的积极义务在道德上是非强制性的。我们会让学生们明白，他们并不会因为设计出高尚的公司而得到高分。）当我们询问他们加入这些承诺的理由时，他们的回答都是这样的：某些东西比营利更重要。我们相信他们（恰巧我们也同意他们的观点）。

所以，他们一定会谈及**他人**，[6] 谈及那些为数众多的底层人民——他们容易受到市场需求的影响，他们在那些将我们从智人变成经济人的制度性激励前无能为力。但是，反商品化理论家们多年来一直试图在经济自由度更高的国家里寻找人们更为自私的实证证据，可是他们一无所获。事实更为糟糕，因为我们发现的证据与之恰恰相反。

正如我们在第十一章中所讨论的，在经济自由度更高的国家中，人们更为慷慨。他们给慈善事业的捐赠更多，还会贡献更多的空闲时间。尽管在资本主义国家中存在很多由社会弊端或道德堕落而使人们产生模糊不安意识或不满意识的故事，但是经济自由度更高国家的居民们普遍反映他们比经济自由度较低国家的居民们更幸福。尽管存在对市场会使人疏离和使人失去人性的担忧，但是经济自由度更高国家的人们普遍反映他们对人际关系的满意度更高。尽管根据左翼自由主义理论家的社会学理论预测，市场会破坏信任和公平的基础，但是实证证据所表现的却恰恰相反。

约瑟夫·亨里奇及其同事曾在 15 个非洲的小规模社会里探访并"寻找经济人"。[7]在那里,他们与村民们进行了最后通牒博弈、公共物品博弈及其他一些游戏。尽管他们努力寻找经济人,但却未能找到狡猾的、精明的、同流合污的人。他们发现,在控制了宗教狂热、文化、教育和其他可能因素的情况下,一个小社会的市场整合度越高,其中的成员就更值得信赖、更公平。这个证据有力地证明了市场交易甚至会让我们更不像经济人,而会让我们愈发接近互惠者、慷慨的回馈者,让我们公平地与别人交易且具有合作精神,我们不仅信任别人,也同样值得别人信赖。

简言之,几乎没有任何证据能证明反商品化论点的正确性。有证据表明有些特定的市场会让我们变得更自私。但也有证据表明,在即将进行经济学博弈的学生面前展示单纯的金钱的屏保图片会让他们的行事风格更接近经济人。但是,我们可以通过设计将这些特性和特定元素从现实世界的市场中排除掉。

现实情况是,虽然**学习**经济学或许会将我们变成经济人,[8]但是参与现实市场活动则不会。有证据表明,当学生学习经济学时,他们会在囚徒困境或信任博弈的实验中表现得更自私,且更有可能欺诈或背叛。但是这与市场中确实发生的情况并没有什么关系。在买卖某件东西时,人们并不一定要抱有商品化的态度。我们可以在敬畏、尊重并保持交易品尊严的情况下使用金钱和市场。学习经济学可以让我们将他人视为满足自己的工具,但是参与市场活动则会让我们更善待他人。市场会锻炼我们,让我们为他人着想、尽力满足别人的偏好,并将他人视为值得我们关心和尊敬的、独立自主的人。

对于反商品化的理论家们而言,所有市场都将某些商品或服务的买卖表述为一个商业决定,所以市场总是在一种商业模式下运行。在反商品化理论家们看来,在市场环境下,利润是决定性的考量因素,所以过度理由效应或挤出效应发生的可能性很大。

但是,尽管在实验室中的市场可以被表述为商业决策,尽管利润导向是用经济学工具分析和预测市场的核心,但是在现实世界中,市场参与者极少会用这种方式进行决策,而且他们也极少会像经济学模型预测的那样追求自己和他人的利益。在一定程度上,这是市场设计的结果。在拍卖中,珍稀拍品的展示方式会突出它们的独一无二性。拍卖方描述拍品的方式实际上是在对拍品进行去商品化。拍卖仪式会进一步突出拍品的独特性。尽管是金钱交易,但是参拍方很少会认为自己是在参与一场争夺可替代投资机会的粗鲁战斗。他们是不会这么想的。

在多数情况下,市场制度的结构是自发秩序的产物,而不是由市场参与者认真地计划或设计出来的。但是,即便在一些可以看到经济人的特殊情况中,我们也可以凭借有洞察力的市场设计,从而引入一种非商业模式或克服挤出效应。市场的时间、地点和方式,连同其他一些有社会意义的习俗,可以改变表述并能保留内在动机。

当然,只有当我们与正在改变其正派本性动机的普通人打交道时,这种观点才能成立。至于在黑市以及普遍的市场中,我们则需要区分选择效应和处理效应。如果我们用经济人来参与经济学博弈或市场,那么得到的短期结果就会不尽如人意。但是这里的根结不在于市场。如果让这些人拥有政治权力,我们所得到的结果也不会尽如人意,但是不能仅以此为由就抨击市场。如果让经济人来教书,那会导致学生们不满,但是这也不足以成为抨击教育体系的理由。所以,我又为什么要抨击市场呢?

广义上的反市场偏见不能解释我们的反商品化直觉。总体上支持市场的人也会有这些反商品化直觉。或许,很多人混淆了选择效应和处理效应。或许,人们确实将经济学假设当成了现实世界市场中的实际结果。但是,即便我们已经成功地说服了你,让你相信所有这些错误都是正确无误的,但我们怀疑你仍然会对肾脏市场、阅读市场、尸体市场、文化遗产市场或宗教偶像市场感到不适。对这种不适的最佳描述或许就是厌恶或憎恶或恶心。

既然如此,那么或许许多反商品化的直觉都不是我们与描述性的、规范性的现实进行理性的、深思熟虑的互动的结果,而是因为我们是生活在极度复杂的现实世界中的愚蠢的猴子。我们的道德直觉是在一种非常复杂的环境下演化而来的,所以这其中应该有很多是错误的。反商品化直觉就是其中之一。

道德错愕和厌恶

人们会觉得某些市场——比如肾脏市场——令人感到厌恶。但是,肾脏市场到底哪一点令我们感到厌恶? 如果我们能够指出其原因,那么就可以消除它,这是我们在上一个章节中提出并支持的观点。让我们尝试在肾脏市场的问题上运用这一策略,看看是否可以找出令你感到厌恶的原因,然后再看看能否消除它。

下列是一些对肾脏市场可能存在的担忧及我们的相应回应:

1. **剥削** 肾脏市场令人感到厌恶的原因是,人们担心穷人会逐渐成为或逐渐被认为是富人的"器官农场"。穷人会因为经济困境而出售器官,而富人则会得到这些器官。为了消除这种担忧,我们可以限定器官出售者的年收入必须在一定数额以上,同时限定器官购买者的年收入必须在一定数额以下。如此一来,只有富人才可以出售他们的器官,只有穷人才可以购买这些器官。理论上,这将消除此类担忧。

2. **强制** 这种情况与剥削关系密切,我们或许会担心,穷人会因为其经济困境而被迫做一些原本不愿意做的事情。有几种方式可以消除此类担忧。一种方式是限定器官出售者的年收入必须在一定数额以上,这样经济困境就不再是个因素。或者,我们可以制定一个普遍性基本收入。

3. **商品** 我们或许会担心人们不再将自己的身体视为"神圣的"或"特别的",而是转而将自己的身体视为潜在的赚钱机会和获利工具。在此前一章中,我们探讨并否决了这种担忧,我们的理由是社会意义具有偶然性,在市场、金钱与一些具有社会意义的特殊习俗之间并没有必然联系。除此之外,我们还可以在器官买卖中增加一些仪式,以此来消减其商品性并增加其神圣性,或者以此来去商品化。在市场中,老师们会获得酬劳,但是我们并不会仅仅将老师们视为商品。好的市场设计可以消除此类担忧。

4. **使用权** 我们或许会担心,穷人们会买不起器官。我们或许会认为,人们不应该以购买能力为依据,而是应该根据其他标准来接受器官移植。对使用权的担心并不关乎市场本身。我们或许会认为一个自由的肾脏市场会导致这种结果,那么,我们只需要对市场进行某种限制以避免这种情况即可。比如说,我们可以利用市场通过社保或慈善来购买肾脏,并以需求度为标准来进行分配。我们可以对肾脏购买进行补贴,可以建立一个针对肾脏的代金券项目。不论我们采用何种机制,理论上都可以消除此类担忧。

5. 价格　人们还会担心价格过高。如果价格确实过高,我们或许就会再度担心使用权的问题。然而有趣的是,我们或许也会担心价格过低。如果价格确实过低,我们或许就会得出物品——比如肾脏——估值过低的结论。我们或许会将肾脏与其他物品——比如二手的本田汽车——进行对比,并坚持认为肾脏比本田汽车更重要、更不可或缺。若是如此,那么我们或许就会担心价格过低。但是价格显然是会变化的,所以理论上与价格相关的反对意见可以被轻易地驳倒。

对于任何你可能怀有的担忧,我们都可以这样一一回应。但是我们怀疑对于许多读者而言,我们这种策略将会导致持续的道德分歧。哲学家和心理学家称之为"道德错愕"。[9]道德错愕是指当我们每个人独特的道德反对意见都被人很好地回应之后,我们仍旧坚持认为这件事有其不道德之处。我们怀疑,即使我们可以驳斥每个反对意见,但很多读者仍然会坚持认为肾脏市场存在问题。

如果我们的怀疑是正确的,那么针对肾脏市场的反对意见,其结构和结果将与关于同性婚姻或近亲结婚的不道德之处的问题相似。这些事就是错,这种直觉有时是"顽固的",而且似乎不会因为理性诉求、相关背景的再描述、引入缓和因素等行为而动摇。如果这也是你对某些市场的反应,那么你或许就会觉得市场与某些商品或服务结合在一起(你对市场上正在发生什么的理解起到了中介作用)有**令你感到厌恶**之处。

在下一章里,我们将会提出这样的问题:为什么我们应该相信自己的感觉? 我们的答案是:我们不应该。

注释

[1] See Nozick 1998.
[2] Leider and Roth,10.
[3] Tetlock 2000.
[4] Gaus 2003, p. 89. Cf. to Walzer 1984, 23, 110, 116. 沃尔泽认为,市场与政治之间有着不可逾越的界限,以防其扰乱我们对这些商品的理解。鉴于沃尔泽差不多算是个相对主义者,所以有些通情达理的人并不同意他这个观点的这个事实会令他感到有些苦恼。他认为一种物品不可用来交易另一种物品的理由是,因为一个社区的人都这么认为。但是,如果并非所有人都这么认为呢? 如果有些人认为大多数人对此是感到迷惑的呢?
[5] Hirschman 1982.
[6] 或许不是。关于为什么很多学者对市场抱有厌恶之情的原因,布伦南有个拿手的理论作为解释:绝大多数专家学者都没有学术圈之外的生活经验。但是他们在职业生涯中很快就会发现,从管理者乐于违反"第七条"中关于录取决定的规定,到其同事们乐于免费利用别人的服务成果,学术圈也充满了道德腐败。他们心中盘算着:"学术是非营利性的,所以商业或许会比这更糟。"相反,布伦南认为其前雇主、汽车保险公司 GEICO 甚至比其最好的学院雇主都更为圣洁。
[7] See Henrich et al. 2001.
[8] 举例来说,参见 Frank et al. 1993(表明接触"自私的榜样"会鼓励自私的行为),Wang et al. 2001(发现经济学专业或学习经济学课程的学生更有可能做出贪婪的行为,且更有可能对"贪婪"持肯定态度),和 Gandal et

al. 2005(表明计划学习经济学的大学生最初与其他学生一样看重诚实、忠诚和乐于助人等品质,但是到了大三时,经济学专业的学生则不如其他专业的学生看重这些品质)。

[9] See, for example, Haidt et al. 2000.

第二十二章
厌恶的伪道德性

厌恶的原理

作为一种道德情绪,厌恶与诸如愤怒这样的道德情绪有着重要的区别。愤怒是在遭到伤害或遭受不公时会感受到的典型道德情绪。对于不平等的担忧通常会引起愤怒,而非厌恶。当遇到撒谎、欺骗、暴力袭击、剥削等情况时,我们常常会表现出愤怒而非厌恶。人们仍然会将被我们认为会违反被某些人称为"自主伦理"的市场描述为"有害的"或"令人厌恶的"。但是,这并非因为厌恶是一种典型的回应感受。或许称这些市场为有害的或令人厌恶的是基于一种审美判断。有些人使用这种描述的原因不仅仅是因为每个此类市场都会导致一种令人厌恶的反应,还因为"有害的市场"或"令人厌恶的市场"构成了一种好的分类。

如果你非常关心平等和剥削,例如,你想到一个市场并相信它确实会导致不平等和剥削时,就会感到气愤。某些东西会违反一项重要的道德规范,你的这种看法通常会让你感到愤怒。但是愤怒并不归于道德错愕的范畴之内。你有你愤怒的理由,比如说,经验让你相信某个市场会导致不平等,或该市场本身具有这个倾向,并且,你还坚信不平等在道德上是糟糕的。如果我们试图说服你,让你相信这不是一个现实中会发生的结果,如果你可以心服口服地相信该市场并不会扩大不平等,或者相信虽然市场有不平等的倾向,但其他因素更支持市场,那么你就不应该再对市场感到愤怒了。

而减轻厌恶感则困难得多。鲁塞利(Rusell)和基纳-索洛拉(Giner-Sorolla)已经证明,当愤怒者被要求在各种缓和环境下重新评估一个明显违背道德的东西时,他们的愤怒反应相对更容易消除。同样的,对他们所认为的违背道德的东西——比如某些性关系——感到愤怒的人们相对更容易解释其愤怒的理由。但是那些感到厌恶的人们相对更难以解释他们的厌恶之情,而是会选择回避问题。当被问到为什么某些同性伴侣会让他们感到厌恶时,这些人常常会这么说,"因为他们不道德",这不过是用另一种说法来表达因为这令人厌恶所以这是错误的,或者因为这是错误的所以这令人厌恶罢了。[1]

厌恶直觉的奇怪历史

在尝试"证明"被一些反商品化观点倚为基石的厌恶直觉的"错误"之前,我们觉得有必要强调一下过往曾经激怒过反商品化理论家们的一些各式各样的商品和服务。事实表明,很多曾经令反商品化理论家们担忧的东西,我们都不再对它们抱有同样的担忧了。克里斯·弗莱曼（Chris Freiman）[2]和玛莎·努斯鲍姆[3]提供了一长串例子，其中包括有偿歌剧演出、有偿体力劳动、有偿教学和有偿体育运动。人们还曾经对收取利息以及包括儿童保险在内的各种保险抱有担忧。在美国，连计时停车也曾一度被视作是令人厌恶的。

亚当·斯密的歌剧演唱者　亚当·斯密曾为歌剧演唱者和歌剧舞者感到担忧。他写道："有一些非常讨人喜欢的、美妙的才华，拥有这些才华的人会得到人们的某种钦慕；但是，不论是出于理性还是偏见，凭借这些才华进行营利性活动会被认为是一种公开卖淫。"[4]

亚当·斯密的目的是解释这些职业的较高收入。在亚当·斯密看来，这些职业受到非难的部分原因并非与歌剧演唱、歌剧表演或歌剧舞蹈的演出有关，而是在于以赚钱为目的从事这些活动。"因此，以这种方式从事这些职业的人的经济报酬不仅必须足以支付时间、人力和获取才能的成本，还必须足以补偿从业者的名誉损失。"[5]

换言之，这些职业是高贵的。演唱、表演、舞蹈都是"更高"且"更有尊严的"追求。这些人如此高贵且有尊严，所以亚当·斯密时代的人们认为他们应该超脱于市场的贪婪。亚当·斯密因此而认为，买卖这些技能的人们会因此而面对羞耻感，所以必须有额外的酬劳才能吸引他们从事这些职业。

但是，时代已经发生了变化。如今我们不再认为付给演唱者、演员和舞者酬劳是一种堕落。当我们去看歌剧演出时，会欣赏其中的演唱，而不会去想舞台上的演出者会得到多少票房分成这件事情,尽管他们当然会得到分成,但这是他们理所应得的。[6]

如果仔细思考一下他们的酬劳,那么我们的顾虑(如果我们对此有所顾虑的话)就基本上与他们是否应该获得任何报酬无关,我们实际上应该关注的是他们获得酬劳的方式和酬劳的数额。我们或许会认为某些演员的酬劳过高,但没有人会认为他们不应该得到酬劳,也没人会因为别人靠艺术谋生而感到困扰。当一些人为了赚钱而从事艺术工作时,我们并不会因为某些人为了赚钱而非因为热爱而演唱或跳舞就认为艺术因此而变得堕落。如果我们今天对人们进行问卷调查,他们的回答很可能是,认为其丢脸只是毫无理由的偏见。

体力劳动 在亚当·斯密之前的时代,丢脸是与普通计薪工人毫无休闲的生活联系在一起的。努斯鲍姆解释称,在古希腊,人们对体力劳动者怀有一种普遍的厌恶之情。甚至亚里士多德(Aristotle)也这么认为:"……在他看来,他们每日活动中没有休闲时间的特点以及他们对赚钱的不可避免的关切都将破坏他们的政治判断力,让他们变得贪婪且心胸狭隘。"[7]

这是否是阶级偏见?亚里士多德和"古希腊绅士们"或许有他们对"更高级的"且"更高贵的"生活的偏好,他们对等级制度的看法或许也是正确的,但是这绝对不能构成他们对使用金钱和有偿劳动的顾虑和反对的理由。

教学 在体力劳动者遭受辱骂时,亚里士多德的时代和中世纪教会中的教师和教育也遭受了同样的境遇。智者派学者会为教授哲学知识而收费,而这些酬劳正是他们不受信任、不受喜爱的一个重要原因。对有偿教授宗教或哲学知识的厌恶之情也曾让一些中世纪教会领袖感到愤怒。[8]直到 11 世纪,在欧洲大部分地区,人们仍然常常用金钱来交换或购买教会里的神职职位。比如说,纳博讷(Narbonne)大主教职位的价格曾经是 10 万先令。教皇利奥九世曾将谴责并禁止此类买卖——也被称为"买卖圣职(买卖圣物)"——作为其在理姆斯会议(Rheims)上的改革运动的一部分。[9]有些人对买卖圣职罪有着宽泛的定义。按照科尔曼(Klerman)的说明,克莱尔沃的贝尔纳(Bernard of Clairvaux)认为出售知识本身是一种"低劣的职业"。他有这样一句格言:"一个人因为五种原因而学习:为了掌握知识、为了被人知晓而掌握知识、为了出售、为了教授、为了被教授。为了掌握知识是好奇,为了被人知晓而掌握知识是虚荣,为了出售是买卖圣物,为了教授是慈善,为了被教授是谦逊。"[10]按照努斯鲍姆的说明,教学被认为是一种亲密的精神活动,因此它应该是一种被无偿赠予的"纯粹的精神礼物"。[11]

时至今日,学院和大学里的哲学家和神学家都有酬劳这个事实已经几乎不值得谴责了。我们在本书中反驳的每个人——桑德尔、萨茨、雷丁、安德森等——教书的年收入都在 6 位数。迈克尔·桑德尔并不认为值得在他的书中提到他因为教书而获得酬劳这件事,我们认为原因是因为这种事已经不具备对每个人造成困扰的力量了。

体育运动 奥林匹克运动会曾经是没有报酬的业余人士之间的一场竞赛。后来,他们允许专业人士参与,而当今的奥运会则是不可救药的堕落且令人厌恶的。在允许拥有杰出运动才能的人获得酬劳之前,奥运会是高贵的,且没有任何贪污、贪婪和腐败,而当今的奥运会只不过是有钱人的游乐场罢了。

实际上,上述观点都不是事实。又或者,如果我们认为奥运会确实很腐败,但其原因也与允许有酬劳的运动员在世界舞台上角逐毫无关系。不论反商品化理论家们有何种忧虑,职业运动员都表现得与业余运动员一样重视代表国家和尽力而为。事实上,如果我们不知道一组人是全职运动员,而另一组人没有任何利益激励,那么仅看表现和品格,我们并不能区分出职业运动员与业余运动员。腐败问题的原因更多在于政治和国家主义而非市场,在于政府希望通过耗资数十亿美元的体育场馆——此后几年间这些场馆就会被废弃——展示他们的国家精神,在于某些评委不愿意根据运动员的实际表现来进行评分,而是以幕后的选票交易为依据打分。(这些评委没有遵守正当的选票出售伦理。)

正如人们对演唱、钓鱼、香水、教学和舞蹈的担忧一样,他们仍会产生这样的忧虑:"金钱的介入会成为使人腐败的因素,因此运动的纯粹内在追求必然会被扭曲。"[12] 不过,正如我们此前所论证的,付人酬劳与酬劳使得进行该活动的所有其他动机都消失之间并没有必然联系。很多歌剧演唱者被歌剧的内在价值所打动,这些价值包括表达的喜悦及艺术本身的美感。他们收到酬劳这个事实与这些内在价值无关。在加拿大和美国,高中的辅导老师会给出下列建议:找到你爱做的事情,然后找到以此谋生的方式。这才是常规情况,而不是别的什么情况。其他看法都是一种偏见。

收取利息 银行会收取利息,贷款是有利息的。你可以用信用卡买东西,但是如果你不能按时全额还款,那么欠款就会被收取利息。很多国家的政府都提供助学贷款,但是要注意的是,你需要付利息。

某些利率有时会令人憎恶。但是收取利息这件事本身已经不再被普遍认为是令人憎恶的事情。不过以前并非如此。就在距今不算太久之前,收取利息这件事还是为人所不喜的。宗教典籍反对此事,人们对此的解读是,要禁止收取利息。

时至今日,世界上有信仰基督教的银行家,银行也有信仰基督教的客户。大多数人都认为他们必须付利息,而不会想到这种做法是违背了上帝的意愿。

我们可以继续列举其他例子,比如付给律师酬劳、购买儿童保险和付费计时停车。

律师费 当我们需要打官司时,会雇用一名代理律师。很多人担心富人可以雇用更好的代理律师,因而更有可能得到对他们有利的判决。但是极少有人认为律师应该无偿服务,人们也不会认为原告律师或辩护律师都应该是不计报酬的职业。

但以前并非如此。在 12 世纪时,律师出售其服务是否应该被算作买卖圣物罪这个问题被广泛讨论。乔巴姆的托马斯(Thomas of Chobham)及其他一些人将司法列入宗教类别之下,且认为有必要解释一下为什么雇用律师不能算是买卖圣物罪:"律师所出售的不仅仅是辩护,还有进行辩护的劳动,因为他要在学习及其他方面付出劳动。"[13]但是,认为律师应该不计酬劳的直觉依然很强烈。比如说,在中世纪时期的法国,用金钱购买法律服务就是以迂回的方式完成的:律师代理客户进行辩护且没有报酬,而客户因为受到感动而以"酬金"的形式"自发地"赠给律师"礼物"。[14]这看起来是达成了目的,尽管我们并不知道为什么不能用令反商品化理论家们感到厌恶的方式来达成同样的目的。或许广告人并不是因为收了钱才在体育馆打广告的,他们只是提供了一些文字和图片,而体育馆的主人是因为受到了感动才在清爽的公众视线中放上了这些美妙的图片,这是一种自发的礼物。人们不会花钱雇妓女做爱,他们是因为受到感动才以酬金的形式自发地赠予妓女礼物的。

不管怎样,当我们或反商品化的理论家们以 1000 美元甚至更高的时薪出售客座讲座的时候,这些款项都被称为"酬金"。

儿童保险　从 19 世纪末到 20 世纪初,在反商品化理论家和保险公司之间爆发过一场战争。儿童保险这种奇怪的新型保险被设计出来并开始推行。保险公司认为应该为儿童投保以防夭折,而反商品化理论家们则认为这种保险给儿童标注了经济价值,因此这是用赤裸裸的经济价值来替换儿童的非货币价值及非经济价值。[15]《波士顿晚报》(*Boston Evening Transcript*)于 1895 年 3 月 14 日写道:"任何真正的男人和真正的女人都不应该认为他们的孩子有金钱上的价值。"

但时至今日,我们几乎不会再认为这是个问题。甚至在迈克尔·桑德尔那本充满旨在令我们倒胃口的商品化例子的书中,他都没有提及这个例子。或许这才是问题所在,儿童保险已经不再是一个将经济价值与有物价的物品联系在一起的奇怪且新颖的方式了。我们不再对此感到厌恶,而是将之看作负责任的行为。我们不相信父母会为了领取保费而期望自己的孩子死去。我们曾经这么认为,这难道不奇怪吗?事实证明,对儿童保险的担忧也是一种偏见。

即便没有用一笔钱来与早逝作交换的明确约定,一些死亡——如果是不当死亡——也会导致法院作出经济补偿的裁决。在不当死亡的诉讼中,原告可以要求弥补死亡造成的损失,其中包括医疗和丧葬开销、预期收入的损失、诸如退休金这样的福利损失、死者预期本会提供的商品和服务的损失,等等。此外,可能要求弥补的损失还包括精神创伤、痛苦、养育和照护的损失、爱和伴侣的丧失,甚至包括"配偶权利"(包括性)的损失。

曾有一度,普通法并不保护以不当死亡提起诉讼的权利。如果某人受了伤但并未死亡,那么你可以以伤害罪提起诉讼。通过立法的方式,人们才可以通过法律途径提起不当死亡诉讼。当我们关心沿着某条道路驾驶意味着什么之时,我们所需要操心的内容已经少了很多。很多人认为,成功的不当死亡诉讼至少是为一场可怕的悲剧做了些什么。很多人也认为,做些什么总胜过袖手旁观。

计时停车 在20世纪初,美国人见证了计时停车的出现。1932年,卡尔·马吉(Carl Magee)发明了第一台停车计时器Park-o-meter以帮助缓解俄克拉荷马城(Oklahoma City)市中心的交通状况。1935年7月,这些计时器安装完成,但遭到了激烈抵制。很多人认为这些计时器违背了美国人的价值观和传统。[16] 很多人认为这是一种令人厌恶的方式,它牺牲了每个美国人免费使用公共道路的权利,以此为市政府增收。当时的人们提出的反对看法及对应的回应,与当今反对为机场排队定价或为其他稀缺品定价的看法基本类似。

在今天的人们看来,将计费停车视为令人厌恶的东西是一种奇怪且不寻常的反应。我们不会多想计费停车这件事,这当然是理所当然的。

为什么我们不信任厌恶感

在《反感的智慧》("Wisdom of Repugnance")一文中,利昂·卡斯(Leon Kass)提出,内心深处的嫌恶或反感可以揭示一些有关伦理的事实。当我们想到某些行为,并因为感到厌恶而退缩时,有时至少是在对一种根深蒂固的、深奥的智慧作出回应——厌恶和反感是这种智慧的"情感表现",而"理性的力量不足以充分表述清楚这种智慧"。[17]在我们的课上,很多学生似乎都认同卡斯的看法。他们告诉我们,有些东西令人感到厌恶。无论令人厌恶的东西是什么,坚持认为这件东西令人厌恶就足以让他们得出这样的结论:这是错误的,或至少乍看之下是错误的。

卡斯也承认,感到厌恶并不是一个理由:"嫌恶并不是一个理由;一些曾经令人感到厌恶的东西如今已经被人接受——不过,必须补充的一点是,这并不总是向好的方向发展。"[18]我们该如何评价后一种观点?我们今天不再对有些东西感到厌恶,比如计时停车或儿童保险,这究竟更好还是没有变好?标准是什么?如果存在一个这样的标准,那么又何必为嫌恶、反感和厌恶而操心?为什么不立即采用这一独立标准,并以此来评估我们的厌恶反应?

在利昂·卡斯之前,帕特里克·德尔文勋爵(Lord Patrick Devlin)提出了与他相反的观点,他认为反感并不是好的道德准则。作为厌恶的一种,反感频频发生变化。在不同的文化中,令人反感的东西也是不同的。对于同一个人而言,她在年轻时反感的东西——橄榄或亲吻一个男孩——或许会在此后的人生中让她感到愉快或美妙。甚至在同一种文化中,我们会在某一个历史时期觉得某些东西令人反感和厌恶,而此后就不会这么觉得了。但是,回顾反感直觉的历史并不足以让我们宣称其为不可靠的准则。作为一个好的批判策略,我们需要证明作为一个道德准则,反感通常都是不可靠的,并详细阐明反感反应的由来。正如玛莎·努斯鲍姆所说,当谈及反感和厌恶直觉时,"……我们必须评估它们所体现的认知,正如我们对待任何信仰那样,在考虑到其特定对象及典型形成过程的情况下,追问其可靠程度"。[19]

这正是我们在物理学领域所做的事情。在物理学领域,当涉及对某些东西的非道德厌恶感时,有关厌恶的最佳分析认为,厌恶感的演化是为了帮助我们避开不可见的病菌和其他污染物。厌恶感的演化是为了帮助我们避免得病。在物理学领域,人们可以不受厌恶反应的影响,单独对引起厌恶的东西进行评估。所以,明白厌恶是帮助我们避开病菌及避免得病的演化结果这个事实,我们就可以测试厌恶的对象是否会对我们的健康产生危害。[20]

诚然,在某些环境下,人们可以且应该克服他们的厌恶反应。比如说,我们认为医生不应该因为其自身的厌恶感而不做某些有医疗必要的手术。他或许无法抑制这种感觉,但是他可以控制自己对这种感觉的反应。如果手术——比如肾脏移植手术、心肺复苏术、紧急剖腹手术——可以带来好的医疗结果,那么即便感到厌恶,我们认为他仍然应该为病人进行手术。

当我们明知某个特定对象不会给我们造成疾病时,当我们明知该对象并没有被污染时,我们就不应该让厌恶感引导我们的行为。我们或许可以说,这种感觉是错误的。粉虱或许会让我们感到厌恶,但是它们完全是可食用的。糖块不会令我们感到厌恶,但是它们对我们的健康无益。

道德厌恶一直在非常保守的道德领域中发挥着作用。当我们感受到对神圣、纯洁、极具神性之物和宗教之物的冒犯时,更有可能表现出厌恶而非愤怒。虽然这被称为一个保守的道德领域,但是显然政治上的非保守派也将之视为其道德规范的基础组成部分。比如说,似乎左翼自由主义者伊丽莎白·安德森在其反对商业代孕的论证中就是这么做的。在关于市场的道德界限的书中,左翼共产主义者迈克尔·桑德尔显然也是认可这一做法的。虽然存在一些形式上的相似性,但是在关于哪些商品和服务可以被视为宗教的、神性的或深刻的这一问题上,自由主义者与保守主义者有时仍有分歧。自由主义者更倾向于将健康护理服务归于此类,而对出售此类服务有所存疑。保守主义者则不倾向于对健康服务市场心存顾虑。[21]虽然有些自由主义者对他们为什么反对及何时反对健康护理市场作出过非保守的道德基础解释,但是至少仍然有一些人认为"健康"是一种神圣的东西,不应该被金钱或市场所亵渎。

在反驳厌恶和反感是有用的道德准则这一观点的过程中,有些人想要一并消灭保守的道德领域。他们提出,这种领域根本上就不是道德领域,而只是一种偏见或是某种胡言乱语。对自主权的侵犯、存在或不存在伤害,或者某些东西对我们福祉的影响才是真正重要的,认为某些东西是"神圣的"或"不纯洁"不过是种奇幻思维罢了。

我们已经在本书中论述了很多不对道德基础作任何限制的情况。我们论证了这一观点：无论你接受何种合理的道德基础，市场在理论上都是与你的道德基础相一致的。我们已经认可了你选择的道德基础，并也已尝试向你证明了市场并不与之相冲突。我们的策略一直是在抽象层面而非道德基础层面进行论战。我们并没有试图让你相信最重要的事情就是意见一致，或意见一致就是胜利。我们也没有试图让你相信，只有在面对伤害时限制市场活动才是合理的。我们没有试图让你放弃对不平等、剥削、怀有敬意的交流的道德重要性的关心。我们试图向你证明的是，在理论上及现实中，市场不需要也常常不会加剧不当的不平等，它们不需要也常常不会导致不当剥削，它们不需要也常常不会表现出不敬的态度。

在反驳厌恶感的过程中，我们没有弃用我们的策略。我们都不认为保守的道德基础会有可能成功，同时，我们想要将这场争论扩张到其他书籍涵盖的领域，而不仅限于本书。针对厌恶对道德是一种启发的观点，我们的反驳并不同于对认为某些事是神圣的或深刻的这种观点的反驳。我们可以接受肾脏、性等等是神圣的这种想法，但与此同时，我们还会论证这样一种观点：以某些方式设计和构建市场就可以保留商品的神圣、圣洁和纯洁。

费斯克的结构和弗莱曼的批判策略

关于对市场交易的厌恶感和反感，有一种不错的解释。一些心理学家已经论证并展示过一些证据以证明以下观点：我们的道德反应取决于我们对某些社会关系进行的道德分类。艾伦·佩奇·费斯克(Alan Page Fiske)区分了四种不同类型的心理学模型：共享(在这种关系中,"人们将所有成员视为平等的")、威权等级(在这种关系中,"人们的地位是一种线性排序")、平等匹配(在这种关系中,"人们会关心他们之间的不平衡")和市场定价(在这种关系中,"人们以某一标尺来衡量相对价值")。[22]费斯克坚持认为,在我们转让物品时——包括交换、捐献和分配——是这四种类别或"结构"在发挥作用,它们"明确了社会正义的基准"。[23]

这种观点解释了以下现象：当某些商品或服务被归入某些类别时,我们会感到喜悦,而当某些商品或服务被归入其他一些类别时,我们会感到气愤或反感。比如说,性和肾脏属于共享类型。而有些习惯将哲学教学也归入此类的人则会坚持认为,哲学教学应该是一种精神馈赠。在绝大多数人看来,将肾脏赠予另一半或家庭成员或密友是完全恰当的。我们也认为将性作为赠予伴侣的礼物是完全恰当的。但是,当某些"商品"或"服务"被归于市场定价这一类别时,我们就会感到反感。一个在本质上属于某个类型的物品被归入了另一个(错误的)类别。

当我们想到现实世界中的市场交易时,有可能会将其归入市场定价这一类别。当我们被问到是否应该有肾脏市场或性服务市场或儿童保险市场时,很有可能会将这个问题转化为另一个问题：将这些"商品"或"服务"归于市场定价这一类别是否恰当？因为这些"商品"或"服务"并不属于市场定价这一类别,所以我们对此的反应是愤怒和厌恶。这是一个错误的分类,或者按照弗莱曼的话来说,这是"错配"。[24]性应该属于共享关系这一类别。肾脏也是如此。我们要依靠的是朋友和家庭的支持和安慰,而不是因为孩子去世而获得的保险赔偿金。所以,按照共享的原则免费交换性和肾脏是完全可以的,但是在市场中为此而进行金钱交易则不行。

弗莱曼提出,这种心理学模型也有助于解释这种现象:当我们被问到器官市场或儿童领养市场是正确的还是错误的时,有时会陷入道德错愕。我们或许会以种种担忧作为反对这些市场的理由,比如对剥削、不平等等问题的担忧,但是即便研究人员谨慎地消除了出现这种担忧的可能性,也有些人仍然会坚持认为这在道德上是错误的。这就是菲利普·泰特洛克在他的一项研究中的发现。他询问受访者是否介意一个器官市场或一个儿童领养市场。几乎90%的回答者都对此类市场表现出道德愤慨。泰特洛克这样解释他们的愤慨:"这些政策建议之所以会引起如此强烈的负面反应,其原因在于它们违反了一些禁忌;它们允许人们对一些东西进行标价,比如人类的身体和婴儿,而在完全社会化的人们看来,这些东西是神圣的。"[25] 禁忌就是无须解释而遭到绝对禁止的东西。泰特洛克提到,对于反对此类市场的群体中的大概60%的人而言,"禁忌"都是一个恰当的描述。他们没有任何理由,"即使在有责任且迫切需要提供理由时",他们也不觉得应当作出解释。[26]

另外40%的提供理由者则表达了他们的担忧:穷人会迫于经济压力而出售他们的器官,这样他们就会遭受富人的剥削。还有一个人提出了这样的担忧:在领养拍卖中,只有健康且讨人喜爱的婴儿会"被买走"。他们担心价格的上涨会使得只有富人才买得起器官或婴儿。如果这些顾虑都能被解决,那么人们是否可以改变他们的想法?为了检验这个问题,泰特洛克添加了一系列问题,其中包括关于器官市场的这些问题：

> 你是否仍然会反对身体器官市场：(a)如果你生活在一个有着很好社会福利政策的社会中,这个社会中四口之家的年收入绝对不会低于3.2万美元(按照剔除通胀的1996年美元计算)？(b)如果社会福利稍逊于a,但是会提供"器官购买代金券",接受者的收入越低则代金券的价值越高(接受者越贫穷,代金券的数额就越大)？(c)如果可以证明其他所有鼓励器官捐赠的办法都无法产生足够的器官,且唯一可以拯救众多生命的方式就是实施器官市场？[27]

在最初一群实验对象中,90%的人最初持反对态度,并且大概60%的人一直持反对态度。泰特洛克的结论是,对于超过半数的参与此次实验的大学生而言,器官市场是个"禁忌"。称之为禁忌的意思是,不存在证明其立场合理性的普遍原则,换言之,除非某样东西与我们理解社交生活的模式或类别不符,那么我们就没有任何理由去反对这样东西。正如弗莱曼所论述的,费斯克的结构可以对此进行解释：在泰特洛克的实验中,将器官市场视为禁忌的实验对象,将器官市场归入分享类别,所以他们会对将器官市场归于市场定价类别的建议感到愤怒和厌恶。但当我们可以对禁忌作出解释时,这些解释也是如此。它们并不能成为正当的理由,禁忌是没有正当理由的。

大量社会心理学文献似乎都表明,我们有时候会在作出决定之后再为某些道德观点——比如对器官市场的反对——寻找合理性。换言之,我们会为我们的厌恶反应、模式匹配、对某些交易的分类寻找借口,而这些借口其实并不能解释或合理化我们的反对意见。用海特的话来说,就是一只被厌恶感包围的狗在追逐理性的尾巴。[28]

这就是对弗莱曼的"市场化悖论"中的核心悖论——没有反对免费送出某样东西的道德理由,但与此同时却反对在市场上交易该物品——的解释:我们将某些类型的交易归于某些道德类别,而当某个交易被归于错误的类别时,我们会反感,有时会感到厌恶。但是,因为我们无法为自己的道德厌恶构建正当理由,同时也鉴于我们的厌恶直觉曾产生过如此之多的"错误肯定",所以我们应该忽略或摈弃厌恶直觉。它们已经被证明是错误的。

我们应该指出的是,我们并非主张厌恶是不可改变的或厌恶永远是错误的反应。我们也并非主张厌恶是在一个完全缺乏理性的领域里发挥影响的。毕竟,我们的厌恶反应一直在随着时间而发生变化,我们很多人在对粉虱或粪便状巧克力感到厌恶时或许仍然会食用它们,这证明了一种凭借理性克服厌恶的能力。我们所主张的是,很多反商品化的直觉很有可能是建立在厌恶反应之上的,而这种反应又非常可能受到了道德错愕和道德黏性的影响。

分类的混淆

反商品化理论家们常常会为他们的厌恶反应寻找借口。更糟糕的是,感到厌恶的人会做出清洁行为和回避行为。我们没有深入探讨这个问题,我们拒绝接受这种行为,甚至不认可这能避免很多可怕的事情和悲剧,比如在肾脏等待名单上的那些人所遭受的痛苦和死亡,而市场原本可以轻易地化解这些不幸。

我们曾在开始时说过我们不会拒绝保守的道德基础,但是现在在本书的结尾,我们提出了一个应该拒绝基于厌恶的直觉的理由。开始与结尾之间有矛盾吗?

为了证明不存在矛盾,让我们暂停一下,再复述一下我们在此前的章节里做出的一些论证的结论,特别是关于尝试证明很多反商品化理论家们是如何混淆分类的论证的。

现实世界中的市场交易并不完全是由参与者使用"商业框架"来完成的。认为现实世界中的市场交易完全在此框架内完成,这是一种混淆。根据市场的设计,参与者也可以在道德框架内进行市场交易。在所有市场交易的可能性集合中,商业框架与道德框架之间没有差别。在这个集合中没有市场交易与非市场交易的区别。当谈到礼物交换的相关特性时,这种分类上的混淆就会出现。典型的礼物交换与典型的市场交易差异巨大,但是并非所有现实世界中的市场交易都是典型性的。在现实世界的市场交易中也可以且常常会呈现出礼物交换中的与道德相关的特性。

与之完全相同的分类上的混淆也可能出现在这里。我们怀疑,反商品化的理论家们会认为市场定价的结构是一个可以涵盖所有市场交易的集合,而分享的结构与市场交易本身有着本质上的分歧。至此,本书应该已经证明了事实并非如此。有些现实世界中的市场交易被错误地归类为市场定价这一类别,但是迈克尔·桑德尔很有可能将"作为哲学教授"分入分享这一类别。在这个问题上,他的分类混淆并不明显,因为仅凭价格还不能确定就属于市场定价这一类别。

肾脏市场或性服务市场是否应该存在这个问题并不等同于是否适合将肾脏和性服务归于市场定价这一分类。这是关于不同事物的不同问题。理论上,"我们应该有肾脏市场"和"肾脏不属于市场定价这一分类"这两种想法可以互有交集。所以说,我们可以在保留保守的道德基础的同时支持神圣之物的市场。神圣的东西也可以被售卖,将之出售与其神圣性并不冲突,我们只需仔细地对市场进行设计即可。

小　结

"在令我们感到不安甚至厌恶的现象、态度和行为与有理由被判定为不道德的现象、态度和行为之间并没有必然联系,"约翰·哈里斯(John Harris)所写的这段话是正确的。而且我们确信不道德的事情也并不必然要受到法律或规定的禁止。[29]

理论上,愤慨是一种可以被公众共享的道德情绪,努斯鲍姆坚持认为我们的社会"应该将厌恶感投射到垃圾堆上面"。[30]我们也这么认为。

如果这还不算太过冒失,那么我们想要改述一下玛莎·努斯鲍姆的话:

在很长一段时间里,像其他很多社会一样,我们社会中的市场和市场交易一直会面对一些人,他们会用厌恶的观点来实现其目的,就像很多人对令他们感到不舒服的企业家、投资人和中间商怀有深深的厌恶感——这种厌恶感与排泄物、黏滑的虫子和变质的食物所引起的那种感觉类似——那样,然后他们还会用这种反应来合理化一系列法律限制——从高利贷法到禁止售卖肾脏和性服务。这些利用厌恶来实现其主张的人几乎不支持人们去考虑资本家与自愿的他人做了什么;他们会说,"这东西让我想吐",然后拒绝接受现实的市场,就像拒绝接受令全体国民都感到厌恶的污染物一样。[31]

如果肾脏市场和性服务市场令你感到厌恶,那么你就应该克服这种厌恶感,就像我们在目睹婴儿出生时克服我们的厌恶感一样。这可能会令人感到厌恶,但又怎么样呢?无论这件事多么令人感到恶心,但稍微反思一下正在发生的事情,反思一下一个小婴儿即将来到这个世界的事实,这些都应该足以让我们克服这种厌恶感。

与其让原始过往中那些粗略的、探索而来的理由来告诉我们对错,我们更应该依赖经过深思熟虑的判断。如果确实有什么东西是令人感到厌恶的,那就是这个事实:因为缺乏理性和反思,很多能够挽救生命、能够改善生命质量的市场被法律所禁止。

最后我们想告知大家我们的厌恶感。我们二人并非不感到厌恶,也不是厌恶感较低。我们跟其他大多数人有着一样或至少类似的本能厌恶感或反感,只是我们厌恶的对象不同。

肾脏市场、性服务市场、毒品市场、色情市场、阅读市场以及其他数千种市场都不会令我们感到厌恶。令我们感到厌恶的是这样一个事实:人们厌恶这些市场,而当面对充分的证据——可以证明市场利大于弊、市场可以挽救或改善我们的生命或生活、我们可以在市场中保留馈赠关系、可以在售卖神圣的东西的同时不破坏其神圣性或不会引起对其神圣性的质疑——时也不能克服他们的厌恶感。我们已经知道——人们也可以在一定程度上知晓——肾脏市场可以挽救生命。这些都是活生生的、正在呼吸的、有血有肉的生命。这些生命也有父母和孩子,他们的未来生活也是有价值、有意义的,他们有名有姓。但是第三方,那些可憎的大声叫嚷的旁观者却在对这些垂死者高喊,挽救他们的生命带来的高昂代价是他们会感到不舒服。他们站在露天看台的座位上,无意亲自参与到市场中去,却一直要求裁判将让他们感到厌恶的市场扼杀在襁褓之中。他们令我们感到厌恶。

与器官市场不同,反对此类市场才真正让人感到厌恶。

注释

[1] Russell and Giner-Sorolla 2013. See Haidt 2001.
[2] See Freiman 2014b.
[3] See Nussbaum 1998.
[4] Smith 1776, at I. 10. 28.
[5] 全文如下:"因此,以这种方式从事这些职业的人的经济报酬不仅必须足以支付时间、人力和获取才能的成本,还必须足以补偿从业者的名誉损失。运动员、歌剧演唱者、歌剧舞者等等所获得的高额报酬基于两个原则:才能的稀有和美妙,以及以该种方式利用这些才能所造成的名誉损失。我们应该鄙视这些人,但应该极为慷慨地奖励他们的才能,这种观点乍看之下似乎是荒谬的。但是,我们必须同时做这两件事。一旦公众对这些职业的看法或偏见有所改变,这些职业的酬金就会迅速减少。尽管这些才能都远非寻常,但也没有想象中那么罕见。很多人都精擅于此,但却耻于借此谋生;如果这些才能可以让某些东西变得值得敬佩,那

么更多的人就会去获得这些才能。"
- [6] 努斯鲍姆,1988,第694—695页写道:"我们认为,高雅艺术应该获得高报酬这件事是完全正确且合理的。如果以因为才能而获得报酬包含对这些才能不合理的商品化甚至市场异化为理由,一名歌剧制作人认为演唱者不应该获得酬劳,那么我们认为这名制作人就是个圆滑的剥削者,他试图以不公正的方式对待易受伤害且易受影响的艺术家,并以此牟利。总体而言,我们认为合约绝不会令才能贬值也绝不会破坏这些才能,相反它能为艺术家提供一种保障,使得他们可以有足够的空闲时间和自信去精进其才能,以追求最高的艺术成就。"
- [7] Nussbaum 1998, 697.
- [8] 感谢 Klerman 在 1990 年谈及这段历史。
- [9] 当时,"买卖圣物罪"被认为是试图购买圣灵的罪行。Klerman 在 1990 年提到,Thomas of Chobaham 将买卖圣物罪定义为"达成一个以凡世之物[比如金钱]来交换神圣之物[比如神职]的合约"。
- [10] Nussbaum 1998, 697.
- [11] Klerman 1990.
- [12] Schneider and Butcher 1993, 468.
- [13] Quoted in Klerman 1990.
- [14] 比如说,参见 http://www.barreau-saintnazaire.fr/professionhistoire.php:"律师不会向得到其知识帮助的人收取费用。相反,得到其帮助的人会以'酬金'表达其感激。"或者参见 htrp://www.avocats-picovschi.com/le-metier-d-avocat_article-l.html:"于是,这个职业就披上了人道主义的外衣,因为律师通常都拥有财务自由,所以对客户没有任何义务,不受法官和政策权力的影响,同时也不索要报酬(酬金是客户表达感谢的一种自发的礼物)。"(这些例子都是由 Adam Allouba 提出的。)
- [15] 关于这场争论的分析,参见 Zelizer 1981.
- [16] Crossen 2007.
- [17] Kass 1997.
- [18] Kass 1997.
- [19] Nussbaum 2009, 74.
- [20] 一些关于厌恶性质的杰出理论认为厌恶是一种疾病抵御机制。比如,参见 Oaten, Stevenson, and Case 2009 or Curtis, de Barra, and Aunger 2011.

[21] Tetlock 2000, 251.
[22] Fiske 1992, 689.
[23] Fiske 1992, 690.
[24] Freirnan 2014b, 15.
[25] Tetlock 2000, 252.
[26] Tetlock 2000, 252.
[27] Tetlock 2000, 253.
[28] 参见海特2001。弗莱曼在2014b中写道:"……这些心理学模型[费斯克的四种模式]解释了我们为何无法找到关于我们反商品化直觉的可接受的、可以作为支持的普遍原则。原因就是,事实上这些直觉并不以某些普遍原则为基础,我们或许会将这些直觉称为'无理性的'或'简单的'东西。直觉上,我们可以捐献肾脏而非将其出售,这仅仅是因为肾脏属于共享这一类别而非市场定价这一类别。此外没有其他原因。"See Freiman 2014b, 12.
[29] Harris 1997, 358.
[30] Nussbaum 2009, 75.
[31] 努斯鲍姆(2010, xiii)的原话是:"在很长一段时间里,像其他很多社会一样,我们社会中的市场和市场交易一直会面对一些人,他们会用厌恶的观点来实现其目的,就像很多人对令他们感到不舒服的同性恋怀有深深的厌恶感——这种厌恶感与排泄物、黏滑的虫子和变质的食物所引起的那种感觉类似——那样,然后他们还会用这种反应来合理化一系列法律限制——从鸡奸法到禁止同性婚姻。这些利用厌恶来实现其主张的人几乎不支持人们去考虑同性恋少年与其伙伴做了什么;他们会说,'这事儿让我想吐',然后拒绝接受同性恋者的现实生活,就像拒绝接受令全体国民都感到厌恶的污染物一样。"

第二十三章
结 语

如何证明我们是错误的

　　金钱不能购买什么？有些事情是人们不应该做的，因为这些原因，金钱不能购买那些东西。有些东西是人们不应该拥有的，金钱不该购买那些东西。但是在这些情况下，金钱只是附带品。

　　我们的论点是，市场并没有固有的界限。这并不意味着每笔市场交易都是好的或是被允许的。有些东西是人们不应该拥有的，比如奴隶或儿童色情内容，在这些情况下他们不应该买卖这些东西。但这里的问题并不在于这些东西的**市场**，而在于这些东西本身。有些事情是人们不应该做的，比如杀害无辜者，在这些情况下人们不应该买卖做出此类事情的服务。但是，这里的问题也不在于这些服务的**市场**，而在于这些服务。有些生产和销售商品的方式是不道德的，有时这是我们避免与某些供应商交易或避免购买某些商品的理由。但是，这并非因为这些商品和服务是不可以被买卖的，而是因为它们的生产或销售方式违背了基本的商业伦理。所以,借用我们此前提到的一个例子,如果所有营利性学院的质量都不道德且低劣,而且还剥削它们的客户,那么它们就是不道德的生意。但是这并不意味着买卖教育在本质上就是错误的,这只意味着所有当前销售者的商业伦理都很糟糕。

关于商品化的争论所关注的是,什么东西可以被售卖。更准确地说,它关注的是,是否有些东西可以被交易、被赠予和被交换,但买卖这些东西却是不道德的。

在此前的22个章节里,我们已经检验过许多一般被认为有害或令人厌恶的市场,也检验了许多据称能证明这些市场不道德的论证。在每种情况中,我们都发现了这些论证中的缺陷。在明确地解释了我们为什么要质疑某些反商品化的论证之后,我们摆出了质疑的理由。我们多次论证过,当反商品化理论家们抱怨某些商品的市场时,他们只是在抱怨该市场的特定形式。并且,我们也已经指出,似乎总有一种不同的买卖该商品或服务的方式可以消除反商品化理论家们的抱怨。我们还表达了对反商品化理论家们所依赖的简单直觉的担忧。我们的论证并不以这些担忧为基础,但是,我们仍然抱有这样的担忧:很多反商品化理论家们正在将厌恶反应具象化,或者他们在总体上质疑市场的理由是我们人类并不应该生活在市场社会中。

现在我们想做的是,列出一个成功的反商品化论证应该具备的东西。可以按照这种方式来证明我们是错误的。假设你认为某些商品或服务 G 绝不应该被出售,那么请思考下列问题:

1. **不对称性** 可以允许人们拥有 G 吗?或者可以允许人们送出 G 或者免费获得 G 吗?你必须向我们证明这些问题的答案是

"是的"。你需要在一个例子中找到不对称性,即你可以拥有并交换某件东西,但是不能在市场上进行。否则,你的抱怨就并非真的是针对市场的。

2. 设计的不灵敏性　不论你反对买卖 G 的理由是什么,是否存在另外一些市场形式可以消除反对理由?理论上,是否有人可以在不同的时间、不同的地点以不同的方式出售 G,而你的反对意见会因此而被消除?你需要向我们证明这些问题的答案是"否"。你需要证明的是,任何市场的设计都不能战胜反对的理由。

这虽然难办,但必须这么做。否则,这些反对意见就偏离了目标。我们要么就不是在抱怨市场,要么就是在抱怨市场在某些条件下的特性,我们所抱怨的是方式,而不是市场本身。

对　话

迈克尔·桑德尔说,关于什么东西应该和不应该被售卖的问题,他不能承诺给出"确定的答案"。但是他说,他希望"至少能促进对这些问题的讨论……"[1]他还在别处说过,关于这些问题,关于给怀孕和繁殖标价意味着什么的问题,或关于我们应该如何表达我们重视教育和学习的方式的问题,我们应该就这些问题展开对话。[2]

本书和我们关于此话题的其他文章是我们对这个对话的贡献。我们也欢迎这样的对话。(我们甚至可以为这个对话标价。布伦南理性估算过,参加这个对话可以在 2016 年给他带来至少 4.5 万美元的额外收入,并在接下来的 30 年里给他带来 30 万美元的收入。[3]）

　　一个好的对话的一个组成部分是回应参与对话的其他人。几年前，桑德尔在讨论商品化争论的一期《波士顿评论》(*Boston Review*)中写过封面标题文章。他认为，市场对道德有挤出效应，并会让我们变得更自私、更堕落。[4]赫伯特·金迪斯（参见第十一章中关于他对此问题研究的概要）指出，桑德尔不仅缺乏支持该主张的证据，而且与桑德尔的主张相反，现有的证据（有些是金迪斯本人提供的）强有力地表明桑德尔是错误的。事实上，据我们所知，市场更有可能让我们变得高尚而非让我们变得堕落。[5]但是在一年后的一些演讲中（比如2013年10月在布朗大学的一次演讲），桑德尔继续提出了同样的批评。我们希望看到桑德尔可以认真对待别人对他的批评，而非无视它们。我们想要知道他为什么认为金迪斯的研究没有说服力。[6]

　　最后一点：进行对话意味着不用采取激烈的措施。当桑德尔让我们谈一谈什么东西应该或不应该被售卖时，我们希望他是真心地想进行这样的对话：即使在对话中我们不能达成一致，也不会强迫对方接受我们的观点。我们希望，如果桑德尔不能说服别人接受他的观点，那么他也不会强迫别人接受他的正确的和错误的观点。所以，我们认为桑德尔不希望人们用投票来解决这个问题。毕竟，当我们投票决定什么可以或不可以被售卖时，我们就不会再进行对话了。彼时，那些持少数派意见的人只得听任摆布，我们只会用强制性的政府权力来强迫他们接受我们的观点。

　　但是，如果我们的判断是错误的，如果桑德尔确实希望用投票来解决这个问题,那么让我们接受投票的条件就只有一个:允许选票市场的存在。

附言:我们将这本书商品化了

大部分书都被商品化了,而这本书的商品化程度尤其高。

看一看本书的致谢部分。你或许会注意到一些奇怪之处。除了你常见的那一类感谢,我们还将感谢分成了三个等级。每个被列入感谢名单的个人或团体都为此花了钱。最高等级银薄荷级(Silvermint Tier)的价格是 25 美元,相应的,每位赞助者的名字都会被印在这一级别中,他们可以提前获得本书的一些章节,也有权在致谢中发布一些简短的消息。(有些赞助者拒绝发布消息。)银薄荷级是根据在康涅狄格大学进行哲学和女性研究的教授丹尼尔·希尔维明特(Daniel Silvermint)的姓命名的,他为此支付了一笔款项,但数额不便透露。次一等的是白金级,价格是 10 美元。相应的,赞助者的名字会被印在这一级别中,他们可以提前获得本书的第一部分。最低一等是黄金级,价格是 1 美元。相应的,赞助者的名字会被印在这一级别中。你或许会注意到,有些赞助者的名字出现了 5 次。这些赞助者付给我们 5 美元,并要求让其名字出现 5 次。我们总计收到了 600 美元的赞助。此前我们明确告知了赞助者,虽然我俩会将钱捐给慈善机构,但是我们的本意是为了个人目的而使用这笔钱,是为了增进我们自己狭隘的个人利益。

我们想要感谢克里斯·纳尔逊(Chris Nelson),是他建议我们将致谢部分商品化的。(但他没有为致谢部分付钱。)

以这种方式将我们的书籍商品化是否是被允许的？我们认为答案是肯定的。但是与其让我们自己去证明其合理性，我们更愿意将之留给读者去做，作为他们的"期末考试"。我们还要感谢读者们，无论这本书是买来的、借来的还是偷来的。

注释

［1］ Sandel 2012a, 11.
［2］ http://www.theguardian.com/books/2012/may/27/michael-sandel-reason-values-bodies. 他还于 2013 年 10 月 24 日星期四在布朗大学的一次讲座上陈述了这一点。
［3］ 乔治敦大学的麦克多诺商学院付给在顶级刊物上发表文章的教员一大笔夏季研究奖金。此外，因为发表文章有助于加薪，而且加薪的基础是过往的加薪，所以一篇好文章或一本好书在职业生涯中的价值可以轻易地达到 30 万美元。
［4］ Sandel 2012b, https://www.bostonreview.net/forum-sandel-markets-morals.
［5］ Gintis 2012, https://www.bostonreview.net/gintis-giving-economists-their-due.
［6］ 在《波士顿评论》的辩论中，桑德尔写了一段给金迪斯的回应，但是他似乎忽略了金迪斯提出的主要批评。所以，虽然技术上来看桑德尔对金迪斯作出了回应，但实际上他并没有。

参考文献

Ackerman, Bruce, and James Fiskin. 2005. *Deliberation Day*. New Haven: Yale University Press.

Allan, Bradley M., and Roland G. Fryer, Jr. 2011. "The Powers and Pitfalls of Education Incentives," *The Hamilton Project*. Washington, D. C.: Brookings Institution.

Al-Ubayli, Omar, Houser, Daniel, Nye, John, Paganelli, Maria Pia, and XiaoFei Sophia Pan. 2013. "The Causal Effect of Market Priming on Trust: An Experimental Investigation Using Randomized Control," *PLoS One* 8(3): e55968. doi: 10.1371/journal Pone. 0055968.

Anderson, Elizabeth. 1990. "Is Women's Labor a Commodity?" *Philosophy and Public Affairs* 19: 71 – 92.

——1995. *Value in Ethics and Economics*. Cambridge, MA: Harvard University Press.

——2000a. "Why Commercial Surrogate Motherhood Unethically Commodifies Women and Children: Reply to McLachlan and Swales," *Health Care Analysis* 8: 19 – 26.

——2000b. "Beyond Homo Economicus: New Developments in Theories of Social Norms," *Philosophy and Public Affairs* 29: 170 – 200.

Appadurai, Arjun. 2005. "Commodities and the Politics of Value," in *Rethinking Commodification: Cases and Readings in Law and Culture*, ed. Martha M. Ertman and Joan C. Williams. New York University Press, 2005.

Archard, David. 2002. "Selling Yourself: Titmuss's Argument against a Market in Blood," *Journal of Ethics* 6: 87 – 103.

Ariely, Dan. 2013. *The Honest Truth about Dishonesty: How We Lie to Everyone, Especially Ourselves*. New York: Harper.

Austen-Smith, D., and R. Fryer. 2005. "An Economic Analysis of 'Acting White'," *Quarterly Journal of Economics* 120: 551 – 83.

Barber, Benjamin. 2008. *Consumed*. New York: W. W. Norton and Company.

Becker, Gary. 1957. *The Economics of Discrimination*. Chicago: University of Chicago Press.

Becker, Lawrence. 1980. "The Obligation to Work," *Ethics* 91: 35 – 49.

Berggren, Niclas, and Therese Nilsson. 2013. "Does Economic Freedom Foster Tolerance?" *Kyklos* 66: 107 – 207.

Bertrand, M., Goldin, C., and Lawrence Katz. 2010. "Dynamics of the Gender Gap for Young Professionals in the Financial and Corporate Sectors," *American Economic Journal: Applied Economics* 2: 228 – 55.

Birch, Sarah. 2009. *Full Participation*. Manchester: University of Manchester Press.

Bloch, Maurice, and Jonathan Parry. 1989. "Introduction: Money and the Morality of Exchange," in *Money and the Morality of Exchange*, ed. Maurice Bloch and Jonathan Parky, pp. 1 – 33. New York: Cambridge University Press.

Bowles, S. 1998. "Endogenous Preferences: The Cultural Consequences of Markets and Other Institutions," *Journal of Economic Literature* 36: 75 - 111.

Brennan, Andrew. 1992. "Moral Pluralism and the Environment," *Environmental Values* 1: 15 - 33.

Brennan, Jason. 2011. *The Ethics of Voting*. Princeton: Princeton University Press.

——2012a. *Libertarianism: What Everyone Needs to Know*. New York: Oxford University Press.

——2012b. "For-Profit Business as Civic Virtue," *Journal of Business Ethics* 106: 313 - 24.

Brennan, Geoffrey, and Alan Hamlin. 1995. "Economizing on Virtue," *Constitutional Political Economy* 6: 35 - 60.

Buchanan, James. 2003. "Politics without Romance," *Policy* 19: 13 - 18.

Burtt, Shelley. 1990. "The Good Citizen's Psyche: On the Psychology of Civic Virtue." *Polity* 23: 23 - 38.

Camera, Gabriele, Casari, Marco, and Maria Bigoni. 2013. "Money and Trust among Strangers," *Proceedings of the National Academy of Science of the United States of America*, early online edition, 2013. Available at http://www.pnas.org/content/early/2013/08/21/1301888110.

Cameron, Judy, and W. David Pierce. 1994. "Reinforcement, Reward, and Intrinsic Motivation: A Meta-Analysis," *Review of Educational Research* 64: 363 - 423.

Campbell, David E. 2001. "Making Democratic Education Work," in *Charters, Vouchers, and Public Education*, ed. Paul E. Peterson and David E. Campbell, pp. 254 - 55. Washington, DC: Brookings Institution.

Carlisle-Frank, Pamela, and Joshua M. Frank. 2005. "Owners, Guardians, and Owner-Guardians: Differing Relationships with Pets," *Anthrozoos* 19: 225 - 42.

Carruthers, Bruce G., and Laura Ariovich. 2010. *Money and Credit: A Sociological Approach*. London: Polity Press.

Carruthers, B. G., and W. N. Espeland. 1998. "Money, Meaning, and Morality," *American Behavioral Scientist* 41: 1384 – 1408.

Charity Aids Foundation. 2012. *World Giving Index* 2012. Available at https://www.cafonline.org/publications/2011 – publications/world-giving-index-2011.aspx/.

Christiano, Thomas. 2008. *The Constitution of Equality*. New York: Oxford University Press.

Cohen, G. A. 2009. *Why Not Socialism?* Princeton: Princeton University Press.

Conly, Sarah. 2013. *Against Autonomy*. New York: Cambridge University Press, 2013.

Cowen, Tyler. 1998. *In Praise of Commercial Culture*. Cambridge, MA: Harvard University Press.

Credeur, Mary Jane, and Mary Schlangenstein. 2013. "Airlines Fight for First-and Business-Class Passengers," *Bloomberg*, May 30, 2013. Available at http://www.businessweek.com/articles/2013 – 05 – 30/airlines-fight-for-first-and-business-class-passengers.

Crittenden, Jack. 2007. "Civic Education," in *Stanford Encyclopedia of Philosophy*, ed. Edward Zalta. Available at http://plato.stanford.edu/entries/civic-education/.

Crossen, Cynthia. 2007. "When Parallel Parking Was New and Meters Seemed UnAmerican." *Wall Street Journal*, July 30, 2007. Available at http://online.wsj.com/news/articles/SB118574808780081653?mod=hps_us_editors_picks&mg=reno64-wsj&url=http%3A%2F%2Fonline.wsj.com%2Farticle%2FSB118574808780081653.html%3Fmod%3Dhps_us_editors_

picks.

Curtis, Valerie, de Barra, Micheal, and Robert Aunger. 2011. "Disgust as an Adaptive System for Disease Avoidance Behavior," *Philosophical Transactions of the Royal Society B* 366: 389 –401.

Dagger, Richard. 1997. *Civic Virtues: Rights, Citizenship, and Republican Liberalism.* New York: Oxford University Press.

Deci, E. L., Koestner, R., and Ryan, R. M. 1999. "A Meta-Analytic Review of Experiments Examining the Effects of Extrinsic Rewards on Intrinsic Motivation," *Psychological Bulletin* 125: 627 –68.

Delong, Brad. 2002. *Macroeconomics.* New York: McGraw Hill.

Easley, David, and Jon Kleinberg. 2010. *Networks, Crowds, and Markets: Reasoning about a Highly Connected World.* Cambridge: Cambridge University Press.

Eisenberger, Robert, and Judy Cameron. 1996. "Detrimental Effects of Reward: Reality or Myth?" *American Psychologist* 51: 1154 –66.

Ekelund, Robert, Ressler, Rand, and Robert Tollison. 2006. *Microeconomics: Private and Public Choice.* New York: Prentice Hall.

Fabre, Cecile. 2006. *Whose Body is it Anyway?* New York: Oxford University Press.

Finnis, John. 1997. "Law, Morality, and 'Sexual Orientation'," in *Same Sex: Debating the Ethics, Science, and Culture of Homosexuality,* ed. John Corvino. New York: Rowman and Littlefield.

Fiske, Alan Page. 1992. "The Four Elementary Forms of Sociality: Framework for a Unified Theory of Social Relations," *Psychological Review* 99: 689 –723.

Frank, Robert H., Gilovich, Thomas, and Dennis T. Regan. 1993. "Does Studying Economics Inhibit Cooperation?" *The Journal of Economic Perspectives* 7:

159 – 71.

Franklin, Mark N. 2001. "Electoral Participation," in *Controversies in Voting Behavior*, 4th edition, ed. Richard Niemi and Herbert Wiesberg, pp. 83 – 100. New York: CQ Press.

Freeman, Samuel. 2007. *Rawls*. New York: Routledge Press.

Freiman, Christopher. 2014a. "Vote Markets," *Australasian Journal of Philosophy* 92: 759 – 774.

——2014b. "The Paradox of Commodification," unpublished manuscript. Williamsburg. VA: College of William and Mary.

Frey, Bruno S. 2002. *Inspiring Economics: Human Motivation in Political Economy*. Northampton: Edward Elgar Publishing.

Fry-Revere, Sigrid, and Bahar Basanti. 2014. "Desperate Times Demand Innovative Solutions: Compensated Kidney Donations." Best Thinking. Available at https://www.bestthinking.com/articles/medicine/internal _ medicine/nephrology/desperate-times-demand-innovative-solutions-compensated-kidney-donation? tab = versions.

Galston, William. 2007. "Pluralism and Civic Virtue." *Social Theory and Practice* 33: 625 – 35.

Gandal, Neil, Roccas, Sonia, Sagiv, Lilach, and Amy Wrzesniewski. 2005. "Personal Value Priorities of Economists," *Human Relations* 58: 1227 – 52.

Gaus, Gerald F. 2003. "Backwards into the Future: Neo-Republicanism as a Post-Socialist Critique of Market Society," *Social Philosophy and Policy* 20: 59 – 91.

——2008. *On Politics, Philosophy, and Economics*. Belmont, CA: Thomson-Wadsworth.

Gauthier, David. 1987. *Morals by Agreement*. New York: Oxford University Press.

Gell, Alfred. 1992. "Inter-tribal Commodity Barter and Reproductive Gift-Exchange in Old Melanesia," in *Barter, Exchange and Value: An Anthropological Approach*, ed. Caroline Humphrey and Stephen Hugh-Jones, pp. 1 – 20. Cambridge: Cambridge University Press.

Gilbert, Pablo. 2012. "Is There a Human Right to Democracy? A Response to Cohen," *Revista Latinoamericana de Filosofta PoKtica* 1: 1 – 37.

Gintis, Herbert. 2012. "Giving Economists Their Due," *Boston Review*, June 25, 2012. Available at http://www. bostonreview. net/gintis-giving-economists-their-due.

Goldin. C. , and Lawrence Katz. 2008. "Transitions: Career and Family Life Cycles of the Educational Elite," *American Economic Review* 98: 363 – 69.

Gorman, Linda. 2013. "Discrimination," *The Concise Encyclopedia of Economics* 2013 online edition. Available at http://www. econlib. org/library/Encl/Discrimination. html.

Gregory, Christopher A. 1982. *Gifts and Commodities*. London: Academic Press.

Grier, Katherine. 2006. *Pets in America: A History*. Chapel Hill: UNC Press.

Gwartney, James, Lawson, Robert, and Joshua Hall. 2012. *Economic Freedom of the World: 2012 Annual Report*. Toronto, ON: Fraser Institute. Available at http://www. freethe-world. com/2012/EFW2012 – complete. pdf.

Haidt, Jonathan. 2001. "The Emotional Dog and its Rational Tail: A Social Intuitionist Approach to Moral Judgment," *Psychological Review* 108: 814 – 34.

———2012. *The Righteous Mind: Why Good People are Divided by Politics and Religion*. New York: Pantheon Press.

Haidt, Jonathan, Bjorklund, Fredrick, and Scott Murphy. 2000. "Moral Dumbfounding: When Intuition Finds No Reason. " Unpublished manuscript.

Hanson, Robin. 2013. "Should We Vote on Values but Bet on Beliefs?" *Journal of Political Philosophy* 21: 151 – 78.

Harris, John. 1997. '"Goodbye Dolly?' The Ethics of Human Cloning," *Journal of Medical Ethics* 23: 353 –60.

Hayek, F. A. 1960. *The Constitution of Liberty*. Chicago: University of Chicago Press.

Hazlitt, Henry. 1988. *Economics in One Lesson*. New York: Three Rivers Press.

——1998. *Economics in One Lesson*. 50th Anniversary Reprint Edition. New York: Laissez-Faire Books.

Healey, Kieran. 2006. *Last Best Gifts: Altruism and the Market for Human Blood and Organs*. Chicago: University of Chicago Press.

Henrich, Joseph, Boyd, Robert, Bowles, Samuel, Camerer, Colin, Fehr, Ernst, Gintis, Herbert, and Richard McElreath. 2001. "In Search of Homo Economicus: Behavioral Experiments in 15 Small-Scale Societies," *American Economic Review* 91: 73 –78.

Hirschman, Albert. 1970. *Exit, Voice, and Loyalty*. Cambridge, MA: Harvard University Press.

——1982. "Rival Interpretations of Market Society: Civilizing, Destructive, or Feeble?" *Journal of Economic Literature* 20: 1463 –84.

Hoffman, Mitchell, and John Morgan, "Who's Naughty? Who's Nice? Experiments on whether Pro-Social Workers are Selected Out of Cutthroat Business Environments," October 25, 2013. Available at http://ssrn.com/abstract=2345102 or http://dx.doi.org/10.2139/ssrn.2345102.

Hoxby, Caroline. 2003a. "School Choice and School Productivity: Could School Choice be a Tide that Lifts All Boats?" in *The Economics of School Choice*, ed. Caroline Hoxby, pp. 287 –342. Chicago: University of Chicago Press.

——2003b. "School Choice and School Competition: Evidence from the United States," *Swedish Economic Policy Review* 10: 9 –65.

Hussain, Waheed. 2012. "Is Ethical Consumerism an Impermissible Form of Vigilantism?" *Philosophy and Public Affairs* 4: 111–43.

Jameson, Alistair. 2009. "Brain-Eating Tribe Could Help Find Treatment for Mad Cow Disease," *The Telegraph*, November 19, 2009. Available at http://www.telegraph.co.uk/news/worldnews/australiaandthepacific/papuanewguinea/6603676/Brain-eating-tribe-could-help-find-treatment-for-mad-cow-disease.html.

Jha, Saumitra. 2013. "Trade, Institutions, and Ethnic Tolerance: Evidence from South Asia," *American Political Science Review* 107: 806–32.

Kaman, Vicki S., and Charmine E. J. Hartel. 1994. "Gender Differences in Anticipated Pay Negotiation Strategies and Outcomes," *Journal of Business and Psychology* 9: 183–97.

Kass, Leon R. 1997. "The Wisdom of Repugnance." *New Republic* 216: 17–26.

Kelman, Steven. 1981. "Cost-Benefit Analysis: An Ethical Critique," *AEI Journal of Government and Society Regulation*, January/February 1981: 33–60.

Klerman, Dan. 1990. "Slavery, Simony, and Sex," unpublished manuscript. Chicago: University of Chicago Law School.

Krawiec, Kimberly D. 2010. "Price and Pretense in the Baby Market," in *Baby Markets: Money and the New Politics of Creating Families*, ed. Michele Bratcher Goodwin, pp. 41–56. New York: Cambridge University Press.

Krugman, Paul. "The CPI and the Rat Race," *Slate*, Sunday, Dec. 22, 1996. Available at http://www.slate.com/articles/business/the_dismal_science/1996/12/the_cpi_and_the_rat_race.html.

Krugman, Paul, and Robin Wells. 2009. *Economics*, Second Edition. New York: Worth Publishers.

Lacetera, N., Macis, M., and R. Slonim. 2013. "Economic Rewards to Motivate

Blood Donation," *Science* 40: 927 –28.

Landes, Elisabeth M., and Richard Posner. 1978. "The Economics of the Baby Shortage," *The Journal of Legal Studies* 7: 323 –48.

Leider, Stephen, and Roth, Alvin E. 2010. "Kidneys for Sale: Who Disapproves, and Why?" *American Journal of Transplantation* 10: 1221 –27.

Levitt, Steven, and Stephen Dubner. 2008. *Freakonomics*. New York: William Morrow.

——2009. *Superfreakonomics*. New York: Harper Collins.

Luckner, Stefan, Schroder, Jan, and Christian Slamka 2012. *Prediction Markets: Fundamentals, Designs, and Applications*, Berlin: Gabler Verlag.

Lue, Todd W., Pantenburg, Debbie P., and Phillip M. Crawford. 2008. "Impact of the Owner-Pet and Client-Veterinarian Bond on the Care that Pets Receive." *JAVMA* 232: 531 –40.

Maddison, Angus. 2003. *Contours of the World Economy: 1 –2030 AD: Essays in Microeconomic History*. New York: Oxford University Press.

Mankiw, Gregory. 2008. *Principles of Economics*, 5th Edition. New York: Southwestern College Publishers.

Mauss, Marcel. 1954. *The Gift: Forms and Functions of Exchange in Archaic Societies*. London: Cohen and West.

Mazar, Nina, Amir, On, and Dan Ariely. 2008. "The Dishonesty of Honest People: A Theory of Self-Concept Maintenance," *Journal of Marketing Research* 45: 633 –44.

McCloskey, Deirdre. 1991. *If You're So Smart: The Narrative of Economic Expertise*. Chicago: University of Chicago Press.

——2008. *The Bourgeois Virtues*. Chicago: University of Chicago Press.

——2011. *Bouigeois Dignity*. Chicago: University of Chicago Press.

McConnell, Campbell, Brue, Stanley, and Sean Flynn. 2014. *Economics*, 20th Edition. New York: McGraw-Hill.

Mellstrom. Carl, and Magnus Johannesson. 2008. "Crowding Out in Blood Donation: Was Titmuss Right?" *Journal of the European Economic Association* 6: 845 –63.

Mickel, Amy E., and Lisa A. Barron. 2008. "Getting 'More Bang for the Buck': Symbolic Value of Monetary Rewards in Organizations," *Journal of Management Inquiry* 14: 329 –38.

Milanovic, Branko. 2007. *The Haves and the Have Nots.* New York: Basic Books.

Mitchell, Terence R., and Amy E. Mickel. 1999. "The Meaning of Money: An Individual-Difference Perspective," *Academy of Management Review* 24: 568 –78.

Molotch, Harvey. 2012. *Against Security: How We Go Wrong at Airports, Subways, and Other Sites of Ambiguous Danger.* Princeton: Princeton University Press.

Mueller, Dennis. 2003. *Public Choice III.* New York: Cambridge University Press.

Mueller, John, and Mark G. Stewart. 2011. *Terror, Security, and Money: Balancing the Risks, Benefits, and Costs of Homeland Security.* New York: Oxford University Press.

Murray, Charles. 2012. *Coming Apart: The State of Uhite America*, 1960 –2010. New York: Crown Forum.

Nordhaus, William. 1996. "Do Real-Output and Real-Wage Measures Capture Reality? The History of Lighting Suggests Not," in *The Economics of New Goods*, ed. Timothy F. Bresnahan and Robert J. Gordon, pp. 29 –70. Chicago: University of Chicago Press.

Norris, Pippa. 2000. *A Virtuous Circle: Political Communications in Postindustrial Societies.* New York: Cambridge University Press.

North, Douglas. 1990. *Institutions, Institutional Change, and Economic Performance*. New York: Cambridge University Press.

Nozick, Robert. 1998. "Why Do Intellectuals Oppose Capitalism?" Cato Policy Report, January/February.

Nussbaum, Martha. 1998. "'Whether from Reason or Prejudice': Taking Money for Bodily Services," *The Journal of Legal Studies* 27: 693 – 724.

——2009. *Hiding from Humanity: Disgust, Shame, and the Law*. Princeton: Princeton University Press.

——2010. *From Disgust to Humanity: Sexual Orientation & Constitutional Law*. Oxford: Oxford University Press.

Oaten, M., Stevenson, R., and T. Case. 2009. "Disgust as a Disease Avoidance Mechanism: A Review and Model," *Psychological Bulletin* 135, 303 – 321.

Ostrom, Elinor, ed. 2003. *Trust and Reciprocity: Interdisciplinary Lessons from Experimental Research*. New York: Russell Sage.

Pateman, Carol. 1998. *The Sexual Contract*. Stanford: Stanford University Press.

Paulhus, D. L. 1991. "Measurement and Control of Response Biases," in *Measures of Personality and Social Psychology Attitudes*, ed. J. P. Robinson, pp. 17 – 60. San Diego: Academic Press.

Pillutla, M., and X. P. Chen. 1999. "Social Norms and Cooperation in Social Dilemmas," *Organizational Behavior and Human Decision Process* 78: 81 – 103.

Posner, Richard. 1987. "The Regulation of the Market in Adoptions," *Boston University Law Review* 67: 59 – 72.

Radin, Margaret Jane. 1997. "Market-Inalienability," *Harvard Law Review* 100: 1849 – 1937.

——2000. *Contested Commodities*. Cambridge, MA: Harvard University Press.

Ramcharan, Thigarajan, and Arthur J. Matas. 2002. "Long-Term (20 – 37 years)

Follow-Up of Living Kidney Donors," *American Journal of Transplantation* 2: 959–64.

Rasmussen, Dennis. 2008. *The Problems and Promise of Commercial Society: Adam Smith's Response to Rousseau.* University Park, PA: Pennsylvania State University Press.

Rawls, John. 1971. *A Theory of Justice.* Cambridge, MA: Harvard University Press.

——1993. *Political Liberalism.* New York: Columbia University Press.

——2001. *Justice as Fairness: a Restatement.* Cambridge, MA: Harvard University Press.

Richerson, Peter J., and Robert Boyd. 2008. "The Evolution of Free Enterprise Values," in *Moral Markets*, ed. Paul Zak, pp. 107–41. Princeton: Princeton University Press.

Roback, Jennifer. 1986. "The Political Economy of Segregation: The Case of Segregated Streetcars," *Journal of Economic History* 56: 893–917.

Rosenfield, David, Folger, Robert, and Harold F. Adelman. 1980. "When Rewards Reflect Competence: A Qualification of the Overjustification Effect," *Journal of Personality and Social Psychology* 39: 368–76.

Rus, Andrej. 2008. "'Gift vs. Commodity' Debate Revisited," *Anthropological Notebooks* 14: 81–102.

Russell, P. S., and R. Giner-Sorolla. 2013. "Bodily-moral Disgust: What it is, How it is Different from Anger and Why it is an Unreasoned Emotion," *Psychological Bulletin* 139: 328–351.

Sandel, Michael. 1998. What Money Can't Buy: The Moral Limits of Markets: The Tanner Lectures on Human Values Delivered at Brasenose College, Oxford, May 11 and 12. Available at http://tannerlectures.utah.cdu/_documents/ato-z/s/sandel00. pdf.

———2012a. *What Money Can't Buy*. New York: Farrar, Straus, and Giroux.

———2012b. "How Markets Crowd Out Morals: Opening the Debate," *Boston Review*, May 1, 2012. Available at https://www.bostonreview.net/forum-sandel-markets-morals.

Satz, Debra. 2012. *Why Some Things Should Not Be for Sale*. New York: Oxford University Press.

Schmidtz, David. 2006. *Elements of Justice*. New York: Cambridge University Press.

———2013. "Property," in *The Oxford Handbook of the History of Political Philosophy*, ed. George Klosko, pp. 599–610. New York: Oxford University Press.

Schmidtz, David, and Jason Brennan. 2010. *A Brief History of Liberty*. Oxford: Wiley-Black well.

Schneider, Angela J., and Robert B. Butcher. 1993. "For the Love of the Game: A Philosophical Defense of Amateurism," *Quest* 45: 460–69.

Shariff, Azim F., and Ara Norenzayan. 2007. "God is Watching You: Priming God Concepts Increases Prosocial Behavior in an Anonymous Economic Game." *Psychological Science*, 18: 803–9.

Slater, Margaret, di Nardo, Antonio, Pedocini, Ombretto, dalla Villa, Paulo, Candeloro, Luco, Alessandrini, Barbara, and Stefania del Papa. 2008. "Cat and Dog Ownership and Management Patterns in Central Italy," *Preivntative Veterinary Medicine* 85: 267–94.

Smith. Adam. 1776 (1904). *An Inquiry into the Nature and Causes of the Wealth of Nations*. Edwin Carman, ed., Methuen & Co., Ltd.

———1981. *An Inquiry into the Nature and Causes of the Wealth of Nations*, Vol 1. Indianapolis: Liberty Fund.

Smith, Charles W. 1990. *Auctions: The Social Construction of Value.* Berkeley: University of California Press.

Somin, Ilya. 2013. *Democracy and Political Ignorance.* Stanford: Stanford University Press.

De Soto, Hernando. 2000. *The Mystery of Capital.* New York: Basic Books.

Stevens, Cynthia K., Bavetta, Anna G., and Marilyn E. Gist. 1993. ''Gender Differences in the Acquisition of Salary Negotiation Skills: The Role of Goals, Self-efficacy, and Perceived Control," *Journal of Applied Psychology* 78: 723 –35.

Stevenson, Betsy, and Justin Wolfers. 2008. "Economic Growth and Subjective Well-Being: Reassessing the Easterlin Paradox," *Brookings Papers on Economic Activity* 39: 1 – 102.

Stoebenau, Kirsten. 2010. "'Côtier' Sexual Identity as Constructed by the Urban Merina of Antananarivo, Madagascar," *Études Océan Indian* 45: 93 – 115.

Taylor, James Stacy. 2005. *Stakes and Kidneys: Why Markets in Human Body Parts are Morally Imperative.* Surrey: Ashgate.

Tenbrunsel. Ann E., and Max Bazerman. June 1, 2011. "Launching into Unethical Behavior: Lessons from the *Challenger* Disaster," *Freakonomics. com.* Available at http://www.freakonomics.com/2011/06/01/launching-into-unethicaJ-behavior-lessons-from-thechallenger-disaster/.

Tetlock, Philip E. 2000. "Coping with Trade-Offs: Psychological Constraints and Political Implications," in *Elements of Reason: Cognition, Choice, and the Bounds of Rationality*, ed. Arthur Lupia, Matthew D. McCubbins, and Samuel L. Popkin, pp. 239 –263. New York: Cambridge University Press.

——2005. *Expert Political Judgment.* Princeton: Princeton University Press.

Titmuss, Richard. 1971. *The Gift Relationship.* New York: Pantheon Press.

Tomasi, John. 2012. "Response: Markets as Fairness," *Boston Review*, May/June 2012. Available at http://new.bostonreview.net/BR37.3/ndf_john_tomasi_markets_morals.php.

Transparency International. 2012. *Corruption Perceptions Index* 2012. Available at http://cpi.transparency.org/cpi2012/results.

Vansteenkiste, Maarten, Lens, Willy, and Edward L. Deci. 2006. "Intrinsic versus Extrinsic Goal Contents in Self-Determination Theory: Another Look at the Quality of Academic Motivation," *Educational Psychologist* 41: 19 – 31.

Von Neumann, John, and Oskar Morgenstern. 1944. *Theory of Games and Economic Behavior*. Princeton: Princeton University Press.

Walzer, Michael. 1984. *Spheres of Justice*. New York: Basic Books.

Wang, Long, Malhotra, Deepak, and J. Keith Mumighan. 2011. "Economics Education and Greed," *Academy of Management Learning & Education* 10: 643 – 60.

Weil, David. 2009. *Economic Growth*, Second Edition. New York: Prentice Hall.

Zak, Paul, ed. 2008. *Moral Markets*. Princeton: Princeton University Press.

Zak, Paul, and Stephen Knack. 2001. "Trust and Growth," *Economic Journal* 111: 295 – 321.

Zelizer, Viviana. 1981. "The Price and Value of Children: The Case of Children's Insurance." *American Journal of Sociology* 86: 1036 – 56.

——1989. "The Social Meaning of Money: 'Special Moneys'," *American Journal of Sociology* 95: 342 – 77.

——1994. *Pricing the Priceless Child: The Changing Social Value of Children*. New York: Princeton University Press.

——1995. *The Social Meaning of Money*. New York: Basic Books.

——1997. *The Social Meaning of Money*. Princeton: Princeton University Press.

——2007. *The Purchase of Intimacy*. Princeton: Princeton University Press.

——2013. *Economic Lives: How Culture Shapes the Economy*. Princeton: Princeton University Press.

Zwolinski, Matt. 2008. "The Ethics of Price-Gouging," *Business Ethics Quarterly* 18: 347–78.

索 引

（索引页码为英文原书页码，即本书页边码）

access issues　使用权问题　207
admissions, college　入学,学院　134-137
adoption rights, selling　领养权,出售　177-182
Anderson, Elizabeth　安德森·伊丽莎白
 market criticisms　对市场的批评　12-13
 mere commodity objection　仅为商品论反对意见　52, 58-59
 objections to markets　反对市场　203-204
 overjustification effect　过度理由效应　107
 prostitution　卖淫　76, 78
 semiotic objections to markets　反对市场的符号论理由　48-49
 surrogacy　代孕　36-38, 153-155
 Swiss waste facility case　瑞士的废料处理厂案例　80-82
anticipation of trade　贸易的预期　175
anti-commodification theorists　反商品化的理论家们
arguments　论证　225-226
 disgust reactions　厌恶反应　197-198
 dislike of markets, reasons for the　不喜欢市场的理由　201-203
 essential *vs.* contingent exploitation　必然的剥削 vs 偶然的剥削　150-151
 essential *vs.* incidental objections　根本性反对意见 vs 偶然性反对意见　156-157
 exploitation objections　剥削论反对意见　148-149

objections to markets 反对市场 7–8, 19–22, 198–200
see also disgust reactions 另见厌恶反应
Archard, David 戴维·阿查德 49
Ariely, Dan 丹·艾瑞里 125
asymmetry arguments 不对称性论证 225
auctions 拍卖 112–115, 205
autonomy 自主 49
awards 奖励/报酬 110–111

Barber, Benjamin 本杰明·巴伯 139–144
Barron, Lisa A. 丽莎·A. 巴伦 112
Becker, Gary 加里·贝克尔 101
Benedikt, Allison 阿利森·贝内迪克特 131
black markets 黑市 199–200
Bloch, Maurice 莫里斯·布洛克 64–65
blood donation 献血 107, 133–134
brands 品牌 45–46
Brennan's theory of ethical voting 布伦南的合乎道德的投票理论 184–188
burden of proof 举证责任 90–91, 156
business ethics 商业伦理 23–25, 87–88, 130, 155–156
business frame vs. ethical frame 商业框架 vs 道德框架 219–220

Camera, Gabriele 加布里埃尔·卡梅拉 98
categorization 分类 217–220
causation 因果 91–92
character 品格
    corruption objection 腐化论反对意见 93
    "fudge factor" 容差因素 125
    market societies 市场社会 96–99, 99
children's insurance 儿童保险 213–214
civic respect 公民尊重 198–199
civic respect objections 公民敬意论反对意见 82–83
civics objection 公民论反对意见 139–144
clean hands principle 不作恶原则 187–188

索 引

coercion 强制 207
Cohen, G. A. G. A. 科亨 92-93
Cohen, Murray 默里·科恩 25
college admissions 大学入学 134-137
colleges, for-profit 营利性大学 128-129, 131
commodification of organs 器官的商品化 207
commodification of this book 本书的商品化 226-227
common good 公共利益 143
comparative advantage 比较优势 175
competition 竞争
 inequality 不平等 172-175
 quality, effect on 对质量的影响 138
Conly, Sarah 莎拉·康利 149
consent 同意 23
consequentialism 结果主义 62, 72-73
 blood donation 献血 133
conservatives 保守派 202
contingent *vs.* essential exploitation 偶然剥削 vs 必然剥削 150-151
control issues 控制问题 105-106, 109
corruption objections 腐化论反对意见 21
 burden of proof 举证责任 90-91
 business majors 商科专业 87-88
 causing *vs.* revealing corruption 引起腐败 vs 揭露腐败 91-92
 civics objection 公民论反对意见 139-144
 data 数据 91
 immoral preference objection 不道德偏好论反对意见 120-127
 selfishness objection 自私论反对意见 96-102
 types 类型 88-89
 vote selling 出售选票 192-194
 weaknesses 劣势/弱点 92-94
 see also crowding out objection; low quality objection 另见挤出论反对意见；劣质论反对意见
crowding out objection: auctions 挤出论反对意见：拍卖 112-115
 gifts *vs.* commodities 礼物 vs 商品 115-117

good grades, paying for 花钱购买好成绩 117 – 118
money 金钱 110 – 112
overjustification effect 过度理由效应 104 – 108
time, place and manner 时间、地点与方式 108 – 110
wages 工资 104
cultural issues 文化问题 62 – 68, 199

decision-making and the overjustification effect 决策与过度理由效应 106 – 107
designer babies 特设婴儿 169 – 172, 177
design-insensitivity 设计的不灵敏性 225
discrimination 歧视 101 – 102
disgust reactions 厌恶反应
　anger vs. disgust 愤怒 vs 厌恶 209 – 210
　market modes 市场模式 199
　to organ selling 对器官售卖 206 – 208
　past products and services 过去的产品和服务 210 – 214
　unreliability 不可靠性 197 – 198, 214 – 216
distribution 分配 166

Easley, David 大卫·伊斯利 113, 114
economic theory 经济理论 203 – 205
elite universities 顶尖学府 134 – 137
empirical evidence 实证证据 92 – 93
equality 平等 158 – 161, 177
erosion objection 侵蚀论反对意见 192 – 194
essential vs. contingent exploitation 必然剥削 vs 偶然剥削 150 – 151
essential vs. incidental objections 根本性反对意见 vs 偶然性反对意见 156 – 157
essentialism 本质主义 75 – 82, 75 – 84, 150 – 151, 154 – 155
etiquette 礼仪 198 – 199
exploitation objection 剥削论反对意见 20, 148 – 156, 206 – 207
Fabre, Cécile 塞西尔·法布雷 134
fairness 公平 204 – 205
　market societies 市场社会 96 – 97
　markets vs. queues 市场 vs 排队 158 – 162

financial incentives 经济激励 78-82
First Amendment cases 第一修正案案例 30-32
Fiske, Alan Page 艾伦·佩奇·费斯克 217
"Folk Theory of Voting Ethics" 投票伦理的大众理论 188-189
for-profit higher education 营利性高等教育 128-129, 131
framing 表述 106-107, 110, 205-206, 219-220
freedom 自由
 civics objection 公民论反对意见 139-140
 prostitution, effects of 卖淫的影响 76-78
 time, place, and manner limits to 时间、地点和方式对……的限制 30-35
Freiman, Chris 克里斯·弗莱曼 210, 217, 219
Fryer, Roland 罗兰·弗赖尔 117-118

Gaus, Gerald 杰拉德·高斯 202
gifts *vs.* commodities 礼物 vs 商品 115-117
Gintis, Herbert 赫伯特·金迪斯 97, 226
Gorman, Linda 琳达·戈尔曼 101
grades, paying for 花钱买成绩 117-118

Haidt, Jonathan 乔纳森·海特 197
Haifa daycare case 海法日托所的例子 78-79
harm to others objection 伤害他人论反对意见 19
harm to self objection 自我伤害论反对意见 149
Harris, John 约翰·哈里斯 220
Harvard University 哈佛大学 136-137
Hayek, F. A. F. A. 哈耶克 171
Hazlitt, Henry 亨利·黑兹利特 163
Henrich, Joseph 约瑟夫·亨里奇 204
higher education 高等教育 128-129, 131, 134-137
Hirschman, A. O. A. O. 赫希曼 203
Hobbes, Thomas 托马斯·霍布斯 78

ignoring the dimensions 忽视维度 199
immoral preference objection 不道德偏好论反对意见 120-127

inalienability objection 不可让渡论反对意见 189 – 190
incentives, financial 经济激励 78 – 82
incidental limits to markets 在一定条件下对市场的限制 13 – 15
incidental *vs.* essential objections 偶然论 vs 必然论反对意见 156 – 157
inefficiency and queues 低效与排队 166 – 167
inequality 不平等 170 – 171, 172 – 175
information markets 信息市场 6, 70 – 71, 120 – 127
inherent limits to markets 市场的固有界限 13 – 15, 16
instrumental value 工具价值 124 – 126, 204
interest, charging 收取利息 212
intrinsic motivation and the overjustification effect 内在动机与过度理由效应 104 – 108
intrinsic *vs.* instrumental value 内在价值 vs 工具价值 124 – 126
intuition 直觉 197 – 200, 201 – 208

Johnson, Gregory Lee 格雷戈里·李·约翰逊 30, 31

Kantian autonomy 康德论中的自律 49
Kass, Leon 利昂·卡斯 214 – 216
Klein, Naomi 内奥米·克莱因 45
Kleinberg, Jon 乔恩·克莱因伯格 114
Krawiec, Kimberly 金伯利·克拉维克 179

labor market 劳动力市场 112, 152 – 153
Landes, Elisabeth 伊丽莎白·兰德斯 179 – 180, 181
laws 法律 28
lawyer's fees 律师费 213
Left-liberals 左翼自由主义者 203
legacy admissions 传承录取 134 – 137
leveling down 向下拉平 177
libertarianism 自由主义 22 – 23
life insurance 人寿保险 123 – 124, 126, 213 – 214
line-standing services 排队服务 158 – 167
lobbyists 说客 167

索　引

low quality objection：blood donation　劣质论反对意见：献血　133 - 134
　competition's effect on quality　竞争对质量的影响　138
　examples　例子　129 - 130
　legacy admissions　传承录取　134 - 137
　morality　道德　129 - 130
　school choice　择校　131 - 133

manner of exchange　交易方式　34 - 35, 38 - 41
manual labor　体力劳动　211
market modes　市场模式　199
markets and market societies：auctions　市场与市场社会：拍卖　112 - 115
　benefits　好处　3 - 4
　discrimination, effects on　歧视对……的影响　101 - 102
　dislike of markets, reasons for the　不喜欢市场的理由　201 - 203
　incidental vs. inherent limits　在一定条件下的界限与固有的界限　13 - 17
　inequality　不平等　172 - 175
　lack of corruption　缺乏腐败　99
　meaning of　……的意义　54 - 55, 62 - 68
　outcomes　结果　17 - 18
　political participation　参政议政　140 - 141
　queues vs. markets　排队 vs 市场　158 - 166
　regulated vs. free markets　受管控的市场 vs 自由市场　25 - 26
　scope of markets　市场的作用　4 - 5, 10 - 11
　standard of living　生活水平　174, 175
　time, place, and manner limits　时间、地点与方式限制　32 - 35
　trust and fairness　信赖与公平　96 - 99, 204 - 205
　wages　工资　175, 176
Marx, Karl　卡尔·马克思　115, 152 - 153
Marxists　马克思主义者　202
Mauss, Marcel　马塞尔·莫斯　115
meaning　意义
　cost of　……的成本　68 - 73
　markets　市场　54 - 55
　money　金钱　110 - 115

money and exchange　金钱与交易　62 – 68
　　prices　价格　55 – 59
　　semiotic objections　符号论反对意见　83 – 84
　　semiotic objections to markets　反对市场的符号论理由　48 – 50
mere commodity objection　仅为商品论反对意见　51 – 59
metered parking　计时停车　214
Mickel, Amy E.　艾米·E. 米克尔　112
misallocation objection　分配不当论反对意见　20, 149
mismatching　错配　217
money　金钱
　　meaning　意义　62 – 68
　　vs. time　vs 时间　160 – 162
moral dumbfounding　道德错愕　208, 217
morality and wrongness: business ethics　道德与不道德：商业伦理　23 – 25
　　corruption　腐败/腐化　93 – 94
　　disgust reactions　厌恶反应　216
　　incidental *vs.* inherent　一定条件下的 vs 固有的/原则　13 – 15
　　incidental *vs.* inherene limits　一定条件下的界限 vs 原则上的界限　13 – 15
　　law *vs.* ethics　法律 vs 道德　28
　　low quality objection　劣质论反对意见　130 – 131
　　organ selling objections　反对器官售卖的理由　208
　　right to sell *vs.* rightness of selling　售卖权 vs 售卖的正当性　26 – 28
　　wrongful possession, principle of　不当占有的原则　11 – 12
　　motivation and the overjustification effect　动机与过度理由效应　104 – 108

nobody cuts principle　无人插队原则　164
non-instrumental value　非工具性价值　51, 52 – 53
noxious markets　有害的市场　5 – 7, 198
Nozick, Robert　罗伯特·诺齐克　201 – 202, 203
Nussbaum, Martha　玛莎·努斯鲍姆　210, 220 – 221

objection types　反对类型　19 – 22
opportunity costs　机会成本　70 – 72
ordinal scale of value　价值的顺序量表　57

organ selling: disgust reactions　器官售卖:厌恶反应　219-221
　　exploitation objection　剥削论反对意见　148-149
　　objections　异议　206-208
　　organ shortages　器官短缺　8
overjustification effect　过度理由效应　108
overjustification effect　过度理由效应　104-108
　　time, place and manner　时间、地点与方式　108-110

paradox of commodification　商品化的悖论　219
parental rights　亲权　177-178
paternalism objection　家长作风论反对意见　20, 149
Perry, Jonathan　乔纳森·佩里　64-65
pets　宠物　99-101
place limits　地点的限制　32-34
Policy Analysis Market　政策分析市场　70-71, 120
political morality　政治道德　23
political participation　参政议政　140-144
Posner, Richard　理查德·波斯纳　179-180, 181
predictions and the immoral preference objection　预测与不道德偏好论反对意见　120-123
prices　价格　55-59
　　adoption rights　领养权　182
　　organ selling objections　反对器官售卖的意见　207
　　substitutes　替换　165
　　value, effect of　价值,……的影响　159-160
property rights　财产权　26-28, 38
prostitution　卖淫　74-78, 151-152

quality issues　质量问题
　　see low quality objection　另见劣质论反对意见
queues　排队　158-167

race: adoption rights　种族:领养权　182
　　grades　成绩　117

Radin, Margaret Jane: anti-commodification stance　玛格丽特·简·雷丁:反商品化立场　7
    prostitution　卖淫　76
rationality　理性　56 – 57
    auctions　拍卖　114
rationalization　合理化　219
regulated markets　受管制的市场　25 – 26
relationships　关系　204 – 205
    essentialist objections　实在论反对意见　74 – 80
    gifts *vs.* commodities　礼物 vs 商品　116
    prostitution　卖淫　76 – 78
    semiotic objections　符号论反对意见　61, 66
    vote selling　出售选票　191 – 192
    wrong currency objection　错误货币论反对意见　61
rent seeking　寻租　167
repugnance　反感
    see disgust reactions　参见厌恶反应
respect and disrespect　尊敬与不敬　63, 68
    see semiotic objections　参见符号论反对意见
    rights　权利　19, 26 – 28
Roth, Alvin　阿尔文·罗思　202
Rothbard, G. A.　G. A. 罗斯巴德　25
Roxby, Caroline　卡罗琳·罗克斯比　132 – 133

Sandel, Michael: anti-commodification debate　迈克尔·桑德尔:反商品化争论　225 – 226
    awards　奖励　111
    information markets　信息市场　120 – 121, 123, 125, 126 – 127
    legacy admissions　传承录取　135 – 137
    line-jumping　插队　160, 163 – 164, 166 – 167
    market criticisms　对市场的批评　12 – 13
    money and meaning　金钱与意义　67, 68
    prices and incentives　价格与激励　80
    semiotic objections　符号论反对意见　48

Satz, Debra: anti-commodification stance　德布拉·萨茨:反商品化的立场　7
　　civic respect　公民敬意　198 - 199
　　market criticism　对市场的批评　12
　　prostitution　卖淫　76
　　semiotic objections to markets　反对市场的符号论意见　48
school choice　择校　131 - 133
scope of markets　市场的作用　4 - 5, 10 - 11
self-determination theorists　自决理论者　105 - 106
selfishness objection　自私论反对意见　96 - 102
semiotic objections　符号论反对意见　21 - 22
　　cost of meaning　意义的成本　68 - 73
　　cultural codes　文化准则　198 - 199
　　culture and meaning　文化与意义　62 - 68
　　essentialism　本质主义　75 - 84
　　examples　案例　48 - 49
　　mere commodity objection　仅为商品论反对意见　51 - 59
　　types　类型　49 - 50
　　wrong currency objection　错误货币论反对意见　61
　　wrong signal objection　错误信号论反对意见　60 - 61
sex, money for　金钱性交易　61, 66
signaling　信号　106
Singer, Peter　彼得·辛格　49
singers　歌唱者　210 - 211
Smith, Charles W.　查尔斯·W. 史密斯　114
social constructs　社会建构　62 - 68
social justice principle　社会正义原则　164
Somin, Ilya　伊利亚·苏明　133
specialization　专业化　175, 175
speech, freedom of　言论自由　30 - 32
sports　运动　212
Spurlock, Morgan　摩根·斯珀洛克　13
standard of living　生活水平　3 - 4, 174, 175
substitutes　替换　165, 166
surrogacy　代孕　36 - 38, 153 - 155

Swiss waste facility case　瑞士废料处理厂案例　80 – 82
symbolism　象征主义
　　see meaning　参见意义

taboos　禁忌　218 – 219
teaching　教学　211
technology　科技　169 – 172
Tetlock, Philip　菲利普·泰特洛克　122 – 123, 202, 217 – 218
time, place, and manner of markets　市场的时间、地点与方式　30 – 35, 108 – 110, 114 – 117, 205 – 206
time *vs.* money　时间 vs 金钱　160 – 162
Titmuss, Richard　理查德·蒂特马斯　49, 133 – 134
overjustification effect　过度理由效应　107
Tomasi, John　约翰·托马西　163 – 164
tradeoffs　权衡　93
trust　信赖/信任　204 – 205
　　market societies　市场社会　97 – 99

utility function　效用函数　57 – 58

value and the mere commodity objection　价值与仅为商品论反对意见　51 – 59
vote selling: duty to vote　出售选票：投票义务　190 – 191
　　erosion objection　侵蚀论反对意见　192 – 194
　　"Folk Theory of Voting Ethics"　投票伦理的大众理论　188 – 189
　　inalienability objection　不可让渡论反对意见　189 – 190
　　principle of ethical voting　合乎道德的投票原则　184 – 188
　　semiotic objections　符号论反对意见　191 – 192
voter turnout　选民立场转变　140, 140 – 141

wages: crowding out objection　工资：挤出效应　104
　　discrimination　歧视　102
　　exploitation　剥削　152 – 153
　　markets　市场　175
　　overjustification effect　过度理由效应　112

symbolic meaning 符号意义 112
Walzer, Michael 迈克尔·沃尔泽 49
wealth 财富 3-4
women's wages 女性工资 102
wrong currency objection 错误货币论反对意见 61
wrong signal objection 错误信号论反对意见 60-61
wrongful possession, principle of 不当占有的原则 11-12, 15
wrongness 不道德
 see morality and wrongness 参见道德与不道德

Zak, Paul 保罗·扎克 96-97
Zelizer, Viviana 维维安娜·泽利泽 64-65, 112-113, 126
Zwolinski, Matt 马特·茨沃林斯基 166

致　谢

我们从许多讨论、手稿论坛、会议、作者—评论家见面会等活动中获益良多。

布伦南非常感谢乔治·梅森大学(George Mason University)莫卡特斯中心(Mercatus Center)的 F. A. 哈耶克项目在哲学、政治学、经济学方面的深入研究,也非常感谢这些研究对他的研究提供的帮助。

茨沃林斯基要感谢布朗大学(Brown University)的政治理论项目给他时间去完成这个项目,也感谢大家对其论文的激烈辩论。

我们特别要感谢 Pete Boettke,Claire Morgan 和 Aurelian Craiufu 在本书初稿阶段组织并主持的研讨会,还要感谢 Pete Boettke 和 Claire Morgan 为我们在南方经济学会(Southern Economic Association)安排的关于本书相对成熟手稿的作者—评论家见面会。

我们还要感谢下列个人和单位给予我们的有益意见和反馈:Andrew Botterrel, Ted Burczak, Eric Campbell, Simone Chambers, Zac Gochenour, David Faraci, Andrew Farrant, Christopher Freiman,

Bill Glod, Richard Greenstein, Joshua Hall, John Hasnas, Joseph Heath, Kendy Hess, Steve Horwitz, Hartmut Kleimt, Cathleen Johnson, Michael Kates, Kimberly Kraweic, Daniel Layman, Peter Loewen, Loren Lomasky, Ed Lopez, Adam Martin, Stephen Miller, Aaron Novick, Mark Pennington, Douglas Rasmussen, Mario Rizzo, David Schmidtz, Daniel Shapiro, David Sicilia, Daniel Silvermint, James Stacey Taylor, John Tamasi, James Ullmer, Steven Wall, and Matt Zwolinski。感谢布朗大学、纽约大学、加州大学洛杉矶分校、宾夕法尼亚大学、布法罗大学、多伦多大学、麦吉尔大学、乔治·梅森大学、西弗吉尼亚大学、圣劳伦斯大学、新泽西学院、南方经济学会、私人企业教育学会（Association for Private Enterprise Education）的听众、两位《伦理学》杂志的匿名推荐人以及编辑们，他们提供了有益的意见和反馈。

我们还要感谢下列人士，他们每个人都用实际行动给予了我们极大的帮助。

银薄荷级致谢名单

我们将最高级别的感谢致予下列高贵的好人和组织：

Jacob Levy	Philip Magness
Businessethicsblog.com	Sean Starcher
Christopher Nelson	Cris Hemandez
Michael Lopiansky	Art Carden
Jeremy McClellan	Michael Thomas

Benjamin Kirkup
Alex Krimkevich
Jared Silver
Thomas Sewell
Sarah and Sofia Inkapool

Hugh MacEroy
Chad Swarthout
Brad Wall
Tom Palmer

白金级
我们将次一级别的感谢致予下列支持者:

Tracy Wilkinson
Rebecca Lees
Carrie Figdor

Jo-Are Bjerke
Aristotle Magganas
Matthew Manning

黄金级
我们将第三级别的感谢致予下列支持者:

Michael Wiebe
Kyle J. Hartz
Peter McCaffrey
Daniel Bier
John Palmer
Pierre Lemieux
Pierre Lemieux
Pierre Lemieux

Pierre Lemieux
Pierre Lemieux
Peter McCaffrey
Ekin Can Genç
Andrew Pearson
Sven Gerst
Derrill Watson
Mark Roh

@FakeNassimTaleb Matt Bufton
Ian Stumpf Matt Bufton
Nick Partington Sally Jurica
Mart Bufron Shiraz Allidina
Mart Bufton Samuel Bowman
Mart Bufton Kyle Walker

图书在版编目（CIP）数据

道德与商业利益／（美）贾森·布伦南（Jason Brennan），（美）彼得·M.贾沃斯基（Peter M. Jaworski）著；郑强译.—上海：上海社会科学院出版社，2016

　书名原文：Markets without Limits: Moral Virtues and Commercial Interests

　ISBN 978-7-5520-1549-2

　Ⅰ.①道…　Ⅱ.①贾…　②彼…　③郑…　Ⅲ.①商业道德　Ⅳ.①F718

中国版本图书馆 CIP 数据核字（2016）第 211309 号

启蒙文库系启蒙编译所旗下品牌
本书文本、印制、版权、宣传等事宜，请联系：qmbys@qq.com

Jason Brennan & Peter M. Jaworski
Markets without Limits: Moral Virtues and Commercial Interests
Copyright © by Routledge
All Rights Reserved.
Authorized translation from English language edition published by Routledge, an imprint of Taylor & Francis Group LLC.
Copies of this book sold without a Taylor & Francis sticker on the cover are unauthorized and illegal.

上海市版权局著作权合同登记号：图字09-2016-631

道德与商业利益

著　　者：〔美〕贾森·布伦南　彼得·M.贾沃斯基
译　　者：郑　强
责任编辑：唐云松
出 版 人：缪宏才
出版发行：上海社会科学院出版社
　　　　　上海顺昌路 622 号　　　　邮编 200025
　　　　　电话总机 021-63315900　　销售热线 021-53063735
　　　　　http://www.sassp.org.cn　　E-mail: sassp@sass.org.cn
印　　刷：上海新文印刷厂
开　　本：890×1240 毫米　1/32 开
印　　张：12.5　　插　　页：3　　字　　数：263 千字
版　　次：2017 年 7 月第 1 版　　2017 年 7 月第 1 次印刷

ISBN 978-7-5520-1549-2/F·436　　　　　　　　定价：48.00 元

版权所有　翻印必究

读者联谊表

姓名：　　　　大约年龄：　　　性别：　　　宗教或政治信仰：
学历：　　　　专业：　　　　　职业：　　　所在市或县：
通信地址：　　　　　　　　　　　　　　　　邮编：
联系方式：邮箱＿＿＿＿＿＿＿QQ＿＿＿＿＿手机＿＿＿＿＿
所购书名：＿＿＿＿＿＿＿＿＿在网店还是实体店购买：＿＿＿
本书内容：满意　一般　不满意　本书美观：满意　一般　不满意
本书文本有哪些差错：
装帧、设计与纸张的改进之处：
建议我们出版哪类书籍：
平时购书途径：实体店　　　网店　　　其他（请具体写明）
每年大约购书金额：　　　藏书量：　　本书定价：贵　不贵
您对纸质图书和电子图书区别与前景的认识：

是否愿意从事编校或翻译工作：　　　愿意专职还是兼职：
是否愿意与启蒙编译所交流：　　　　是否愿意撰写书评：

此表平邮至启蒙编译所，可享受六八折免邮费购买启蒙编译所书籍。最好发电邮索取读者联谊表的电子文档，填写后发电邮给我们，优惠更多。
本表内容均可另页填写。本表信息不作其他用途。
地址：上海顺昌路622号出版社转齐蒙老师收（邮编200025）
电子邮箱：qmbys@qq.com

启蒙编译所简介

　　启蒙编译所是一家从事人文学术书籍的翻译、编校与策划的专业出版服务机构，前身是由著名学术编辑、资深出版人创办的彼岸学术出版工作室。拥有一支功底扎实、作风严谨、训练有素的翻译与编校队伍，出品了许多高水准的学术文化读物，打造了启蒙文库、企业家文库等品牌，受到读者好评。启蒙编译所与北京、上海、台北及欧美一流出版社和版权机构建立了长期、深度的合作关系。经过全体同仁艰辛的努力，启蒙编译所取得了长足的进步，得到了社会各界的肯定，荣获"新京报2016年度致敬译者""经济观察报2016年度致敬出版人"，初步确立了人文学术出版的品牌形象。

　　启蒙编译所期待各界读者的批评指导意见；期待诸位以各种方式在翻译、编校等方面支持我们的工作；期待有志于学术翻译与编辑工作的年轻人加入我们的事业。

　　联系邮箱：qmbys@qq.com

　　豆瓣小站：https://site.douban.com/246051/